2017年国家社科基金青年项目
国际体育自治的法治化研究（17CFX049）

国际体育组织自治的法治化研究

乔一涓◎著

中国法治出版社
CHINA LEGAL PUBLISHING HOUSE

目　录

引　言

随着体育运动商业化、全球化进程不断加快，体育运动得到了推广与发展，体育组织在该过程中不仅在数量上有所增加，其组织架构也不断扩展和延伸，国际奥林匹克委员会、世界反兴奋剂机构、国际足球联合会等主要国际体育组织在国际社会的诸多领域中发挥着越来越重要的作用。体育组织作为管理体育行业最重要的主体，自诞生之初始终坚持对体育事务自治的传统，即以自我管理为主，外部管理为辅。尽管体育组织自治促进了体育行业的发展，但在管理过程中暴露出诸多的问题，诸如体育组织内部腐败、过于集中的权力无法受到约束、成员权益无法得到有效保障等，显示出体育组织内部自治模式的瑕疵。究其根本，是体育组织在内部未能处理好体育自治过程中相关主体的权责关系。鉴于体育行业的特殊性、专业性，体育事务应当始终坚持以体育行业自行管理为主，实践证明这种方式更能推动体育行业的发展，也推动了体育法的进步，而体育组织自治同样也需要外部力量的支撑。

本书根据组织有效运行中“事务分工—职能分定—问责分置”的基本逻辑，首次对体育组织自我治理的三个重点要素即规则自治、组织自治和纠纷解决自治进行剖析，并从国际和国内两个层面的相关规则制定和机构设置展开论述，结合静态自治规范与动态司法实践，对国际体育组织和域外典型代表国家的体育组织的自治现状进行分析，总结出体育组织在自治过程中受到外部法律限制而引发的问题，探析三个重点要素的自治法治化发展路径。

在此研究基础之上，积极比较并总结体育组织自治的成功经验，综合考察体育组织自治法治化解决办法，较系统地对我国体育组织的名称和范围进行梳理，结合我国体育行政改革目标，试图分析我国体育组织治理的问题，并就行业法治理念新发展对体育组织治理的实质影响，以及多个体育组织的纠纷解决机制、内外部监督、与政府衔接等治理的具体问题提出完善建议，以期推动我国体育组织治理的法治化进程，实现依法治体的整体目标。

第一章

体育组织自治概述

第一节　体育组织自治的内涵

一、自治

自治的含义包括两个方面，首先是“自”，其次是“治”。“自”通常指代自己，自我。真正的“自我”是指人的行动或意志的完全独立或自由。[①]“自”强调自我的独立或自由，而“治”通常指“治理”。治理是指管理事务的方式，也是公私机构管理其共同事务的多种方式的综合。自治是内部治理的一种方式，是调和各主体不同利益冲突并采取持续行动的过程。它既具有强制全体成员服从的正式制度和规则，又包括成员共同认可且符合其利益需求的、各种非正式的制度安排。

在我国现实社会中，“自治”一词也经常和行政地区划分制度相联系，包括民族区域自治、特别行政区自治、基层群众自治等自治体系，其本质是国家从纵向上调配权力的结果，即个人或组织是通过自上而下的权力分配而获得的自治权。内生自发的个人自治或社会自治的精神内涵相对微弱。封建社会以家庭、国家为基础的伦理道德、传统思想、国家君主权威将个人紧紧束缚在“家国一体”的伦理纲常之网，个人价值无法张扬，独立自治的氛围自然也就无法生长。由此可知，我国现有的自治制度是一种政治意义上的自治，是国家权力主体通过划分自身的权力，让其他主体独立行使国家部分职能权力的地方自治。

---

① 黄璐:《国际体育组织自治问题审视——以奥林匹克善治改革为背景》，载《天津体育学院学报》2016 年第 1 期，第 7 页。

在西方语境下，“自治”所对应的英文单词为“self-governing”，对其主要含义应从四个方面加以了解：“在最低层次上，人们的兴趣局限于文化自主，即个人在文学、艺术信仰和教育领域毫无限制的自我表达的权利。第二个层次则是法律的自主和权利，这集中反映在土生土长的法官、不受限制的司法程序以及法律面前人人平等上，种族歧视和社会偏见被视为是对个人和集体尊严以及自我表现的专横限制。第三个层次是内部政治自主或本土管辖，即由共同体代表来控制本共同体的经济、社会和政治事务，虽然这种自治不包括防务、法律和秩序以及外交事务，但是本土管辖使各种族成员能在很大程度上控制共同体的资源和社会政策。最后，自治在单独一个共同体组成国家的形态上，等同于永久性的独立，因此是民族国家。”① 此处，“自治”之意展示的是西方民主政治国家得以形成的逻辑进路：从单纯的个人自治到法律自治，再到共同体自治，最后是民族自决国家。② 这是一个自下而上的过程。在西方国家的社会实践中，“自治”一词往往与社会、行业相联系，如社会自治、行业自治，其本质是个人主体或群体主体通过契约而获得的自治权，这是区别于政治自治的一种社会意义上的自治。

结合中西方不同的语境与实践，自治具体可分为政治意义上的自治和社会意义上的自治。政治意义上的自治主要是国家权力主体划分自身权力，使其他主体独立行使部分国家职能的地方自治。例如我国的民族区域自治和特别行政区域自治。社会意义上的自治主要包括个别意义和群体意义上的自治，③ 即个人自治和团体自治，也是本书重点探讨的自治模式。个人自治指某个人的“自主决定权”，其出发点在于一个智力健全的人是一个理性的人，因为每一个人都具有独立的人格，对自己的行为和利益具有独立的判断与决策能力，每一个人都是自己利益最大化的最佳判断者和决策者，个人自治即自我决定。团体自治也可称为行业自治，既是个人自治的联合，也是个人自治的一种自然延伸和扩展形式。自我的力量是有限的，通过联合形成具有相同利益诉求的人的集合才能够获得更大程度的发展。

二、体育自治

体育自治是体育行业自治的简称，性质上属于团体自治，肇始于19世纪拉格比公学校长托马斯·阿德诺的理论。他提出“没有身体运动的教育就不能成为教

---

① 邓正来：《布莱克维尔政治制度百科全书》，中国政法大学出版社2011年版，第601—602页。

② 罗思婧：《体育行业自治与法律规制问题研究》，武汉大学2014年博士学位论文，第8页。

③ 周安平：《社会自治与国家公权》，载《法学》2002年第10期，第15页。

育”的教学理念，引导学生参与并开展体育竞技运动，让学生建立自我管理的组织，以“竞技运动自治”为原则让学生自主管理和组织比赛，制定纪律规范。并且，他还将公平公正、诚实守信的道德观念引入竞技比赛之中，使学校体育活动进入一个有组织、有纪律规范体系之中，[①] 即最早期的体育自治是一场体教融合的教育改革，通过建立有组织、有纪律、自我管理的组织来进行体育竞技活动，促进学生养成公平公正、诚实守信的品质。随着该教育理念在大学校园的不断传播，以建立组织自治管理体育运动为核心的思想也影响到社会竞技体育运动。

后来，随着奥林匹克运动的不断推广与发展，体育组织的力量不断壮大，自治程度也不断提升。国际奥林匹克委员会（International Olympic Committee，IOC，以下简称国际奥委会）于 1949 年提出体育组织应坚持政治上独立自主，于 1955 年提出国际体育组织应完全独立，不受宗教或商业干预，强调体育自治包括政治、法律等自治权力。20 世纪 80 年代末，作为外部机构的欧洲委员会体育发展理事会最先承认体育自治，随后大部分欧洲国家也开始承认体育自治，[②] 此时，体育行业的高度自治性不但要求体育组织从经济、宗教特别是政治方面独立开来，受到外部尊重和认可，还要求在体育行业内部建立自我管理的组织，通过制定规则来规制组织或成员的行为。由此可见，体育自治的产生和发展是一个由内到外的过程，其独立性在不断发展，独立的内容也在不断丰富，自治性的内容也不断扩增，不再是一个确定的概念和范围。

在性质上，体育自治属于社会自治范畴中的行业团体自治，由行业内部的组织或机构自主制定非法律性、自治性的规则和规范，并在行业内部实施，外部力量特别是政治力量不能加以干预。行业是指从事国民经济中同性质的生产或其他经济社会的经营单位或者个体的组织结构体系的详细划分。[③] 在现代社会，体育已经从单纯的娱乐、健身活动发展成为一个集健身、娱乐、经济于一体的庞大的生产体系，推动体育纳入国家经济发展的整体当中。[④] 另外，我国国家统计局也于 2019 年修订后的《国民经济行业分类与代码》（GB/T 4754—2017）中将文化、体育和娱乐业作为一个行业大类列出。因此，从性质上看，体育自治属于社

---

① 韩丹：《阿诺德“绝非现代体育之父”——兼答熊斗寅同志的商榷之三》，载《体育与科学》2005 年第 2 期，第 14 页。

② Jean-Loup Chappelet, Autonomy of sport in Europe, Council of Europe Publishing (2010), p. 16.

③ 周青山：《论体育法的行业法属性》，载《武汉体育学院学报》2017 年第 11 期，第 61 页。

④ 苏力：《体育：从事业到产业》，载《中国政法大学学报》2008 年第 4 期，第 28 页。

会自治范畴中的行业自治。

作为一种社会自治的方式，有别于国家构建治理方式这类“他治”的外在强加性，体育自治所维持的秩序内生于体育活动之中，表现出浓重的“契约论”色彩，同时又具有“自生自发秩序”的特性。依据“契约论”的理念，人生而自由，而为实现权利，就必须通过权利让渡的方式建立机制、制定规则，并自愿遵守。该理论的内生逻辑强调权利的行使和个人的自由有一定的边界，无边界的自由不是自由。换言之，自由需要在一个稳定的秩序中行使，稳定秩序的维系需要强制性规则与事实，但这种强制性规则的效力本质上是来源于人对自由意愿的认可。“自生自发秩序”是由哈耶克提出的由规则形成的秩序，是一种“自生自发”“组织或人造”建构性的秩序。据此理论，体育行业的秩序维持在于将体育事务的权力或权限交给热爱、熟悉体育的人，完成对内自我治理权的让渡。人们很自然地进行体育运动，而后产生竞技体育，又逐步发展出职业体育。这一进程与业余体育并行不悖，只是职业体育的“磁场”越来越大，吸附的主体和利益与日俱增。为了更好地开展体育事务，应有专门的人员、机构进行管理和组织，制定专门的准则予以规制。于是，参与者可将机构管理权、规则制定权等基础性权力让渡给一定的主体。在受让主体的选择上，出于业务熟悉程度的考量，受让主体显然更愿意把权力交与熟悉并热爱体育的人。其实这也是采用“个人契约”的方式，将体育自治的权力让渡与移交。

与此同时，凭借体育的特殊性，在同为社会自治的自治团体内部，体育自治与其他团体自治相比又具有以下三个明显特征：

第一，体育自治的制度具有更彻底的自治性。以体育领域内的国际体育仲裁制度和商事行业的国际商事仲裁制度对比，虽然两者在各自领域都具有普遍适用的效力，但国际体育仲裁制度所具有的强制性，国际商事仲裁制度并不具有。在现代国际商事交往中，若双方产生商事纠纷，由于国际商事仲裁制度的便捷性、保密性、迅捷性，当事人往往选择通过商事仲裁解决纠纷，但是这种选择是任意的，不具有强制适用的效力。而国际体育仲裁制度除了拥有商事仲裁制度的优越性，还具有国际商事仲裁制度所不具有的强制效力，即发生体育纠纷的双方当事人对内部裁决不服时，须提交国际体育仲裁机构进行仲裁，一裁终局。尽管这种强制性在一定程度上有违仲裁自主性的一般原则，但考虑到体育行业的特殊性，这种强制性要求将纠纷提交行业内的纠纷解决机构，真正做到了将纠纷解决在内部，避免外部机构过度干预纠纷解决过程，其自治因此也更具有彻底性。

第二，体育自治的目标具有更明确的公益性。尽管行业自治源于同行组织为维护行业经济利益成立自治组织、建立自治制度促使行业规范有序发展的理念，但体育自治的根本目的是为增进全人类身心健康的事业。历史上，竞技体育产生伊始曾被赋予“停战”的和平使命，并产生了“奥运停战协议”。近代至今，体育在国际政治交往中更是起到了至关重要的作用，比如中美的“乒乓外交”，“足球”“橄榄球”等甚至成为某些民族和国家精神的象征。[①] 尽管深受商业化的限制，体育的商业属性仍为体育行业带来巨大的经济效益，但其所宣扬的和平、共赢的价值观，依然是体育最终的内在追求。与大量的以实现经济利益为主要目的的行业自治相比而言，体育领域内的行业自治更强调公益性，商业领域的行业自治虽然也涉及社会利益，但这种社会责任的实现往往也是为了树立良好形象从而获得更大的经济效益，这明显与体育治理的公益性诉求相去甚远。

第三，体育自治的运作具有更显著的独立性。近年来，部分行业与公共权力的关系出现交融的倾向，即公共权力将部分权力交予团体组织行使，将部分职能委托团体组织履行，行业自治和公共权力通过行使主体的趋同在某些领域实现了统一。相较而言，体育领域对政治的参与更为敏感，独立自主、不受外部干预始终是体育治理的基本原则。《奥林匹克宪章》（Olympic Charter）中也多次强调管理奥林匹克运动的体育组织应保持政治中立，并认为这些组织有自治的权利和义务，其中包括自由制定和控制体育规则，决定其组织的结构和管理，享有不受任何外部影响的选举权利，并有责任确保善政原则得到实施。2010 年，国际奥委会前主席罗格将运动自主权解释为体育界体育管理不应受到外界，尤其是政治或政府的直接干预。换言之，体育组织有权依法自由成立社团、联合会和俱乐部，有权自由决定体育运动的规则，并为进行体育运动建立结构和程序，再次明晰体育领域坚持自我管理的决心。

由此可见，体育自治作为社会自治的模式之一，不仅具有一般行业团体自治的共通点——自我管理、自我制定规则，强调以“契约”为基础的自生自发建构制度，同时也具有特殊性——自治的彻底性、公益性、独立性。

---

① 王涛、朱熙来：《体育自治思想的历史与价值取向研究》，载《少林与太极（中州体育）》2012 年第 1 期，第 25—26 页。

三、体育组织自治

体育行业的自治离不开各类体育组织（国内体育组织和国际体育组织），这些组织在内部管理中发挥着至关重要的作用。本课题研究区别于上述对体育行业的自治研究，聚焦于行业自治主体——体育组织，通过体育组织自治职能展开，以探析体育组织自治的法治化发展路径。在全球体育领域内，以国际奥委会、国际单项体育联合会、世界反兴奋剂机构为核心的国际体育组织通过本组织所制定的内部管理规范，对本组织范围内的体育事务行使管理权和治理权，这些规范纵横交错，共同形成了一张界定体育参与者权利与义务的“法网”。其中，以《奥林匹克宪章》为核心的奥林匹克规则体系对世界体育行业秩序的形成和发展发挥了积极作用。这些组织由利益相关者自愿共同构成，建立了分工明确的内部管理机构，并在征求成员意见之前提下制定相关的规章制度，形成了具有约束力的组织内部“法规”，影响力可以辐射至整个行业的管理模式。

（一）体育组织的属性

体育组织具体可分为全球性质的管理组织、洲际管理组织以及国家或地区管理组织，包括国际奥委会、国际单项体育联合会、各洲或地区单项体育联合会等。

按照传统的国际法理论，国际组织可以划分为政府间国际组织和非政府间国际组织。政府间国际组织是指其成员主要是由主权国家组成（包括单独关税区）的国际组织，非政府间国际组织是指主要由非主权国家依照一国国内法设立的民间组织。在体育领域中，政府间国际组织主要是联合国科教科文组织（United Nations Educational，Scientific and Cultural Organization，UNESCO），国际奥委会和国际足球联合会（Fédération Internationale de Football Association，FIFA，以下简称国际足联）一类的单项联合会属于依据一国国内法设立的非政府间国际组织。在这种国际法理论项下，政府间国际组织具有国际法律人格，享有国际法上的权利，承担国际法上的义务，其制定的法律文件具有国际法上的普遍约束力，而非政府间国际组织不具有国际法律人格，其制定的“自治规则”（非政府间组织制定的所有规则规范）不具有国际法上的强制约束力，仅仅对同意的成员产生约束力。

根据“全球体育自治法”理论（lex sportiva），以非政府间国际组织为主的第三部门在国际社会中不断兴起与发展，影响力日益加强，因此其建立的一系列规则和标准在实践中具备了与法律相当的效力，从而冲击了原有的国际国内二分的法律秩序，形成了独立的“全球法”秩序。[①] 在法理层面，这一理论为非政府间国际组织在国际体育运动中享有国际法上的法律主体资格提供了理论支撑。具体而言，非政府间国际体育组织的自治规则属于“全球体育自治法”的范畴，构成独立的法律部门。非政府间国际体育组织作为制定自治规则的主体，享有“全球体育自治法”赋予的权力，承担“全球体育自治法”上的义务。在现实层面，国际体育组织已经覆盖在国际社会的诸多领域，对国际社会经济、文化、健康等领域发挥着不可言喻的作用。1981 年瑞士联邦议会授予国际奥委会正式的法律地位，承认其具有国际法人格。在区域国际法文件中，欧盟《尼斯宣言》对体育运动的支持尤为突出。在此宣言的宗旨下，欧盟执行委员会共同讨论了《欧盟体育白皮书》的内容，不但确认体育运动具有重要的社会性地位，还确定了所有公民参与体育运动的权利。作为欧洲关于体育领域的重要法律文件，《欧盟体育白皮书》第七条指出，欧洲理事会支持体育组织独立并同意其通过适当的方式对其内部事务进行自治管理。可见体育组织的自治独立在法律文件中获得了权威机构的认可。

虽然有的国际体育组织与国内体育协会都是根据一国法律设立而存在，在法律属性上都属于国内组织。但是与国内体育协会相比，国际体育组织自治权的强制力和支配力更强。在组织结构方面，国际体育组织按照设立国社团法人的相关组织法的规定履行设立和运作的基本程序即可，设立国在其他方面对国际体育组织的自主自治活动一般不加以干预，国际体育组织的组织管理活动一般不受设立国行政机关行政权力的束缚，设立国的法院原则上也不干预国际体育组织的内部事务。而一国国内体育协会的自治权的强制力和支配力的范围较窄，仅及于一国内部。在一些国家，特别是在一些非洲、亚洲和拉丁美洲国家，国家奥委会只是“体育部”的附属物，国家奥委会的负责人是体育部部长甚至是国家总统。[②] 在规则效力方面，全球性的体育组织的效力范围跨越国界。国内的体育协会是对应的国际体育组织的成员，受其对应的国际体育组织的管理和约束，应遵守该国际体育组织制定的规则，服从该国际体育组织的处罚。相对于其他非政府间国际组织来说，国际体育组织与国际政治的“亲缘性”较低，更容易得到主权国家的

---

① 张文闻、吴义华：《法律多元视野下的国际体育组织基本法理问题》，载《体育科学》2014 年第 1 期，第 16 页。

② 康晓磊：《法律视角下国际体育组织自治研究》，载《南京体育学院学报（自然科学版）》2017 年第 6 期，第 14 页。

认可，其拘束力也能获得国家的承认与支持。

总而言之，虽然对于国内和国际体育组织的属性的学理探析角度和实践做法各有不同，但是作为体育行业利益的维护者，体育组织能够在成员自由表达意思的基础上制定自治规则、确立组织架构、建立独立的组织。由此，国内和国际体育组织已具备社会合法性。不过，这些体育组织在合法性方面仍需要进一步努力。随着体育运动的发展，特别是诸如国际足联一类的国际体育组织已经形成能与国家抗衡的巨大力量，如若法律上没有明确其地位和功能，施之以必要的限制，则难以避免体育组织滥用其成员让渡的权利，损害其成员的合法利益。

（二）体育组织自治的现状分析

各国政府并未对国际体育组织自治的合法性予以法律确认，赋予其政治身份和地位。但凭借着丰富的资金来源，国际体育组织基本具备在国际政治环境中周旋的能力，在价值链高端具有一定的影响民族国家决策和议价的能力，具备一定的政治自治（Political Autonomy）条件。随着世界体育商业发展环境的改善，国际体育组织在经济保障方面处于独立和自给自足的状态，这种经济独立性体现在体育赛事转播权收益以及主动选择赞助商的权利上。赛事赞助招标的替代性较强，即使某一赞助商退出后，短期内也能找到新的同类赞助伙伴签约。这种自给自足并不是一种简单的“外部援助”，更多的是由体育赛事产品的核心竞争力形成的“自我造血”功能，是由体育的内在价值和组织化体育活动（国际体育组织的治理体系和治理能力）产生的盈利能力。借此，体育组织从其产生到发展逐步实现了政治上和经济上等多领域的独立。

以国际足联为例，20世纪的民族解放运动成为直接引发国际足联力量变革的重要因素，新独立的国家渴望得到国际社会的认可，增强民族自豪感。较之复杂的政治局势和过程性较强的经济实力增长，国际体育运动成为一个新的突破口，被赋予重要的民族主义意义，成为争取民族独立的象征性成果，国际体育机构成为新独立的民族国家想要加入的重要国际组织。时任国际足联主席阿维兰热先生敏锐地认识和顺应这一需求，采取一系列的机构和赛事改革，扩大足球运动的影响力，把小小的足球变成民族自豪感和国家凝聚力的象征。① 国际足联在获取各国信任的同时，也扩张自身实力，不断实现政治上的独立。

---

① 李智：《国际足联腐败案冲击下体育自治的反思与完善》，载《天津体育学院学报》2016年第4期，第304页。

近年来，国际体育组织采取多种行动，如召开相关会议、迎合民族独立需求，进一步维护其自治地位。在2009年，哥本哈根召开的奥林匹克代表大会明确提出“奥林匹克运动的自治”议题，并指出体育运动的组织、管理和运作必须由独立的体育组织控制。[①] 2014年12月8日，国际奥委会第127次全会一致通过了《奥林匹克2020议程》，其中第28条提议，“支持自治”（Support Autonomy）作为国际奥委会新世纪的政治成果，在捍卫组织自治的立场上获得极大的宣示。

然而，随着体育自治的地位逐步稳固，体育组织内部管理不善、组织官员贪污腐败的事件不断发生，国际体育组织的“霸权地位”备受质疑。而国家公权力尤其是政治权力和司法权力对国际体育组织自治权的介入也让国际体育组织在面临巨大压力的同时失去了“自治”原有的光泽。为了规范体育组织日益膨胀的自治权，20世纪90年代起，希腊政府试图通过修改国家体育法案，对专业运动协会实施更多的监督，包括纪律委员会组成人员的详细规定、希腊足协管理人员的选举与罢免程序，以及其他涉及足协管理人员体制方面的内容。[②] 国际足联则指出，希腊政府的行为构成了对希腊足球事务的干预，要求停止法案的执行，并对希腊政府以一系列的禁赛决定相威胁。二者的冲突前后持续了20余年。其间，国际足联因希腊政府的政治干预而中止了希腊足协的会员资格。最终，希腊国会决议通过体育法案修正案，明确：对于足球运动的管理，即使希腊体育法案作出了不同规定，但希腊足协及其下属机构的与职能相关的事务以及部分需要由欧洲足联和国际足联决定的事务，均由希腊足协及其机构自我管理。希腊体育法修正案通过后，国际足联随即解除了撤销希腊足协会员资格的决定。由此可见，在体育自治模式下，体育组织特别是国际体育组织已经形成了极大的独立性和权威性。

然而，2015年爆发的国际足联大范围腐败丑闻，国际田径联合会大规模兴奋剂丑闻，俄罗斯田径界存在“有组织的”“系统性的”使用兴奋剂等一系列恶性事件频频发生，根源在于国际体育封闭化和商业化不断强化国际体育组织的垄断地位，使其不但有能力捍卫自治，还能褫夺部分公共主体的权力，而外部力量

---

① 任海：《国际奥委会演进的历史逻辑——从自治到善治》，北京体育大学出版社2013年版，第64页。

② 李智：《国际足联腐败案冲击下体育自治的反思与完善》，载《天津体育学院学报》2016年第4期，第304页。

难以对其实行有效监管，高度集权最终导致腐败猖獗且惩治困难，内部腐败与外部监管不足又进一步固化现有体育组织的垄断地位，陷入恶性循环。因此，尽管国际足联在名义上属于国际非政府间组织，但是其实际影响却超越国际非政府间组织的公共性特征，兼具社会公益组织的身份、超国家政府的有限权力、私营企业的逐利性等各项政治经济职能，即国际体育组织丧失边界意识，处于“无政府状态”和野蛮生长状态，具体表现为在腐败丑闻系列事件中，国际足联及其主席布拉特反复以“自治原则”为“挡箭牌”，试图将对国际足联官员的腐败指控纳入组织内部审查程序和改革议程。瑞士国际体育娱乐和休闲集团（ISL）腐败案的管辖权和司法权争议中，国际足联认为自己属于国际非营利组织，不受瑞士“反腐败法”的约束，不断诉诸组织内部“道德委员会”的纪检程序，避免国家司法审查和外部力量干预其自治或独立，使得自治实际上成为内部腐败的借口。由此可知，国际体育组织可能利用这种自我监管的权力以增加或维持不公平，也可能损害更广泛的公共利益，从而助长其成员狭隘的利己主义，① 甚至有可能削弱或损害民主本身。最终，无论是导致司法的强势干涉，还是丧失国际组织赖以生存的公信力，都将对体育组织自治权造成根本性冲击。

通过对体育组织自治现状的梳理可以发现，以契约为基础的体育自治随着自身的发展壮大推动了体育运动的蓬勃发展，不过也在利益的诱导下出现成为钱权交易温床的可能。具体到内部管理机制上，体育组织的权力行使存在缺乏透明度、问责机制等弊端，使得规则制定、组织管理以及争端解决的公正性饱受质疑。这些问题直接导致近年来外部司法力量对体育领域活动干预的不断增长，其中最为典型的案例是德国滑冰运动员克劳迪娅·佩希施泰因对国际滑联的兴奋剂禁赛处罚决定不服而引起的系列案件。这一纠纷历经国际体育仲裁院、瑞士联邦最高法院、欧洲人权法院、慕尼黑地区法院、慕尼黑地方高等法院、德国联邦最高法院数个程序，对体育仲裁管辖权、仲裁庭组成、裁决公正性、乃至自治的正当性等多个方面产生深远影响，并间接导致国际体育仲裁院的组织形式改革。尤其是慕尼黑地区法院在裁决中否定国际体育仲裁院的裁决，尽管在上诉审理中，德国联邦最高法院撤销了慕尼黑地区法院的裁决，但慕尼黑地区法院的裁决对体

① ［美］罗伯特·A. 达尔：《多元主义民主的困境——自治与控制》，周军华译，吉林人民出版社 2010 年版，第 1 页。

育争端自治解决体系造成的冲击依然堪称“地震级”,[①] 盖因其裁决实质上推翻了体育组织在争端解决层面的自治决定，严重动摇体育自治的立身之本。欧洲人权法院中部分审判法官也对国际体育仲裁院的独立性公正性有所怀疑，虽然最后欧洲人权法院基本维持了国际体育仲裁院裁决的效力，但此案也为体育组织的自治体系敲响了警钟。

此后，体育组织内部也越发关注体育自治中存在的这些问题，并通过一系列改革或创新方案，从加强自身建设角度对腐败、操纵比赛等恶劣行为作出积极回应。同时，在基本实现自治的基础上，提出更高的治理标准，将善治作为体育自治的追求与目标。以奥林匹克运动为代表，国际奥委会于 2021 年 3 月 12 日举办的第 137 次全会上通过了奥林匹克运动新的改革路线图——《奥林匹克 2020+5 议程》。这一文件着重提出，公信力是建立并实现国际体育组织自治权的根本，并将善治作为体育自治的目标和方向，以期更好地应对当前时代世界体育面临的风险与挑战。国际奥委会主席巴赫也强调：“‘信任爆裂’正在深深影响着政府、社会机构、企业和以国际奥委会为代表的非政府间组织。国际奥委会的责任是将我们在廉正、透明和善治方面取得的成绩扩大到奥林匹克运动所有成员，并发挥体育的纽带作用，深化人们对文化间的理解。”[②] 可见，通过善治原则推动体育组织的自治权与公信力建设是当下体育自治领域的重要议题之一。面对当前部分运动协会黑料不断后引发的信任危机，国内、国际体育组织应进一步加强廉正透明、分权制衡、监管公正等善治建设，以更高的自我治理要求构建起坚实的公众认同和社会公信。

四、体育组织自治的基础与背景

（一）体育组织自治的权力基础

体育组织自治权能的发挥有赖于其内部自治权的实现。如前所述，体育组织自治的核心在于独立管理体育行业。而要实现体育管理的有序进行，就需要对相关主体授权进行管理，被赋予管理体育行业的权能属于内部自治权的范畴。中外学者尝试用不同的理论去阐释体育组织的自治权，使人们能够理解体育组织自治

---

① 李智、喻艳艳：《体育自治的导向：体育自治权的属性辨析》，载《上海体育学院学报》2018 年第 2 期，第 34 页。

② 黄璐：《以善治促自治——〈奥林匹克 2020+5 议程〉自治与善治改革新动向研究》，载《成都体育学院学报》2022 年第 2 期，第 18 页。

权的含义，但也使得体育自治成为一个包罗一切、内含多义的概念，很难对其给出一个准确的定义，进而导致学者对于体育组织自治权属性的认定有所差别。体育组织自治从属性来说是一种社会自治，对于由社会自治而产生的自治权是权力还是权利，不同学者存在分歧。目前，学界对此共存在三种学说，即“社会公权力说”、“权利说”和“综合说”。

“社会公权力说”理论的重点在于对社会公权力概念的阐释。按照主体的不同，权力可分为国家权力和社会权力。国家权力是由主权者（人民或统治阶级）赋予的，为维护统治秩序和社会秩序而由国家机构运用其掌控的立法、行政、司法资源对社会所实施的支配力、强制力和其他国家行为能力。社会权力则是“社会主体（包括公民、各种非政府的社会组织以及民族、阶级、宗教等社会群体）运用其所拥有的社会资源（人、财、物、精神、文化精髓、社会舆论等）对社会和国家的影响力、支配力”。[①] 有研究者指出，国际体育组织自治权可以进一步归类为社会自治权下的全球公民社会自治权。

全球公民社会（Cosmopolitan Civil Society，CCS）是近年来西方学界广泛使用的术语。《全球公民社会 2001 年鉴》将全球公民社会界定为“一个思想、价值、组织、网络和个体的领域，它首先外在于家庭、市场和国家的制度化复合体，还超越了民族社会、政治和经济的界限……全球公民社会是关于人民、组织及他们所代表的价值和思想，但首要的区别是，他们至少部分置于一些超越国家的地区，而非被民族国家或地方社会所局限或限制”。[②] 全球公民社会是个体或组织的自决自治，[③] 其强调以个人或组织的力量突破国家限制的全球观。全球公民社会自治权则是指非政府间国际组织利用社会资源对国家和国际社会施加影响力和支配力，成为全球公民社会中独立的社会力量。

但是以“社会公权力说”理论理解体育自治的属性存在显著缺陷。首先，“权力”需要有国家强制力和暴力机关的支持，即权力意味着有国家强制力和暴力机关相伴而生，而体育组织自治权的产生尚未完全外化成强制效力和体育自治强制机关。与国家权力相比，体育组织自治权，尽管在理论源头上可能来源于组

---

① 郭道晖：《法理学精义》，湖南人民出版社 2005 年版，第 160 页。

② H. Anheier, M. Kaldor & M. Glasius, Global Civil Society 2001, Oxford University Press (2001), p. 17.

③ 霍淑红：《国际非政府组织（INGOs）的角色分析——全球化时代 INGOs 在国际机制发展中的作用》，中央编译出版社 2011 年版，第 241 页。

织成员的部分让渡，抑或是有部分强制性的手段，但比如内部处罚权并没有国家强制力作保障手段，更多仍依靠成员的自觉。即便是根基深厚、管理严格的国际体育组织，其自治性也难以达到国家权力的强制程度，更多地体现为一种具有社会权力属性的“软权力”。从这个意义上来说，很难将体育组织的自治权视为权力。其次，公共权力，尤其是国家公权力，是公共产品的当然提供者。公共产品作为特殊的消费品，兼具非排他性和非竞争性，以国防和立法行为为代表。体育组织自治权却并非体育公共产品的提供者，这也是体育组织自治权与体育行政权最主要的区别。体育组织自治权的授予实际上是为了促进世界体育发展，优化行业的整体环境。不同体育组织的自治权内容和范围也不尽相同，彼此提供的产品也具有竞争性。在本质上，体育自治组织的义务之一是使权利让与主体的利益最大化。特别是在职业体育领域，为成员创造的利益量决定职业联盟或俱乐部的认可度，也直接影响它们自治权的范围。最后，从公共权力发展过程来看，公共权力形成了一套从人民到法律的权力认证范式，在现代社会，法律捍卫权力并使之合法化。体育自治权并不存在这样的论证模式，它不需要得到法律的认证，只要体育自治权能够维持体育行业良好的运作状态即得到承认。可见，公共权力和体育自治权是“法无规定皆禁止”和“法无禁止皆自由”的分别适用。但二者的共性也易于窥见，即都致力于实现维护良好秩序以及更好发展的价值。1648 年，威斯特伐利亚体系建立了以主权国家为主体的平权式国际社会体系，使得国家主权成为代表对外独立权和对内最高权的最大公共权力，树立起绝对权威。在这之后，国际社会和绝大多数国家共同维持着较为稳定的社会秩序，人类社会也进入快速发展的阶段。① 同样，体育自治权产生伊始也是为寻求更好的开展体育活动的方式。而在其发展进程中，尤其是国际体育组织“遍地开花”之后，体育自治权的内容得以丰富，实现了国际竞技体育的组织化、规则化和制度化，建立起较为稳定的国际体育秩序。两者存在共性意味着两者并不是非此即彼的关系，两者之间的相似使得其中一方容易受另一方力量的影响。从体育组织自治权在行使过程中出现贪污腐败、过于集中等现象来看，体育组织自治权也确实表现出权力本身固有的、容易被滥用和产生集权行为的不良习性。

主张体育组织自治权的“权利说”的学者则认为，体育自治制度下私人意思自治的契约基础所奠定的内在权利属性未被改变。近代以来，权利本位思想占

---

① 漆多俊：《论权力》，载《法学研究》2001 年第 1 期，第 31—32 页。

据主流，其强调权力来源，并服务于权利，形成“权力的权利性”的生成逻辑：权力的内在属性中包含权利的价值指向与功能，权力的起源、运行与发展过程会受到权利的价值与功能的指导和规制，即权利是权力的内在属性，而非外在特点。体育自治权的发展轨迹恰恰相反，起点是权利，在发展过程中逐渐形成若干被广为接纳的权力的内容与特点。然而，这些特征仅限于外部形式，其内在属性仍然是权利，内部自愿遵循和外部审慎干预为原则的权利行使方式未被改变。也因此，如果突破了权利的性质，内部强制力将不再以自愿遵循为基础，转而以权力的强制性为基础。根据权力的扩张本性，公共机关的介入随之成为常态，这显然是有悖于体育自治的发展。但现实中，体育组织自治过程中已经出现类似于集权、权力滋生腐败的行为，单一用“权利”去解释体育组织自治权显然并未考虑目前的现实问题。

“综合说”[①] 采取了一种折中的方式，兼容并包，力求更全面地说明体育组织自治权的属性。但该理论在基础问题上定性模糊，会给体育组织自治权的行使方式、规制方式以及改革导向带来摇摆不定的风险和障碍，不利于体育组织自治权的结构化和法治化。[②]“综合说”所使用的不断列举体育组织自治权的方式是无法穷尽其内容的，体育行业在不断发展，体育组织自治权的内容也会随之不断丰富，应当把握其本质特征和目标。

通过对三种主流学说的分析可以发现，每种理论都存在一定瑕疵。体育组织自治权的行使应当以推动体育运动的发展、充分调动运动员参与体育赛事的积极性，以及保障运动员的权益为目标。以“权力的三面”理论观之，体育组织的自治权符合权力工具性、结构性和话语性的三重属性。[③] 权力的工具性是指体育组织可以借助体育赛事的影响获得国家政策资源的支持；权力的结构性是指体育组织在本领域内构建起可持续运作的管理体系而带来的权力；权力的话语性与合法性密切相关，是指体育组织对本领域事务在长期管理中形成的公信力，即大众普遍认可并信赖其管理行为。不过，体育组织自治权的权力属性是有限的，只对体育行业内部产生支配力，有别于一般意义上的社会公权力。因此，体育组织自

---

① 彭昕：《我国体育自治建构的法理诠释》，载《西安体育学院学报》2013 年第 6 期，第 650—655 页。

② 李智、喻艳艳：《体育自治的导向：体育自治权的属性辨析》，载《上海体育学院学报》2018 年第 2 期，第 33 页。

③ Windholz Eric & Hodge Graeme, International Sports Regulation: An Evolving Private-Public Partnership, 45 Monash University law review (2019), p. 329.

治权可以认为是一种特殊性质的社会公权力。

（二）体育组织自治的成功先例

体育的发展和改革在各个层面都需要符合政策的指引。2007年欧盟委员会通过了《欧盟体育白皮书》，规划并指引欧盟各会员国制定体育发展的细则，其涵盖面甚广且具有前瞻性，是目前各国推行的体育政策中少有的典范。在此之前，欧盟一直缺乏体育管理的直接权限，欧盟体育运动组织也长期呈现各自为政的管理模式。这样的自治管理模式虽降低了政府的公共支出，却也影响了欧盟体育的健康发展。对此，《欧盟体育白皮书》着重提出，体育自治包含两方面：一是提高对体育行业自治需求和特点的认识，二是提升欧盟法律在体育行业的适用。这也成为欧盟对体育组织自治的意识雏形。

《欧盟体育白皮书》一直致力于正视体育运动的特殊性。欧盟理事会明确说明欧洲体育运动具有两个特点：一是运动原则的特殊性，如单独的男女比赛，对比赛参赛人数的严格控制，或需要确保结果的不确定性，并保持参加同一个比赛的俱乐部之间的竞争平衡；二是运动结构的特殊性，特别是体育组织的自主性和多样性，从基层到精英层次的竞争金字塔结构，以及不同层次和外部组织之间的团结机制，还有确保每个体育项目在全国范围内只有一个得到合法承认的体育组织。①

然而，体育的特殊性并非一开始就得到重视。1999年《赫尔辛基报告》中，体育的具体特点成为欧盟考虑因素之一。2000年《尼斯宣言》② 后提到各国应如何考虑此项功能，使体育特殊性受到重视。直到2009年12月《里斯本条约》生效之后，体育特殊性的概念才有了更明确的内涵。2007年《欧盟体育白皮书》对体育特殊性的强调，谨慎地避免削弱欧盟法律对体育领域的适用性，并未提出对欧盟法律的豁免，而是要求欧盟执行委员会以及相关主体透过更多法律来肯定和保障体育自治权。从欧盟司法实践来看，欧洲法院（ECJ）在“梅卡麦地那诉委员会”案件中驳回了“纯运动规则”的概念，并承认欧盟竞争法中对体育规

① European Commission, White Paper on Sport, https://ec.europa.eu/assets/eac/sport/library/documents/whitepaper-full_en.pdf, visited on 5 November 2024.

② 刘小平、陈华荣：《从〈体育白皮书〉的制定看欧盟体育政策制定中的对话机制》，载《体育学刊》，2010年第12期，第34—39页。

则是否兼容的个案评估效力，这也是欧盟法律在体育运动领域实施的开端。①

在欧洲多样性与复杂性并存的环境下，试图建构统一的组织来治理欧洲体育运动并不可取。欧洲理事会指出，欧盟执行委员会承认运动自治组织的成立，一部分是建立在成员国和伙伴共同履行社会责任，共同探讨体育组织影响层面的议题的基础上，进行跨部门领域的合作。因此，体育运动主要涉及专业运动的治理问题，特别在于它在现有欧盟竞争力的范围内发展体育运动的特色，此种做法并没有削弱欧盟法律对运动的适用性（并没有提出豁免欧盟法律的事例）。按照目前公约的规定，欧盟执行委员会往往根据具体个案的情况来考虑将《尼斯宣言》的准则作为控制该部门实施欧盟法律的基础。②

综上所述，我们可以确定体育组织自治的核心包括三个方面：第一，应有自由建立组织和协会的权利。第二，在遵循一般法律规定的情况下，体育组织有权决定自己的内部结构和运行程序。第三，必须允许并鼓励体育组织制定具体的体育规则，明确界定和维护其价值理念。

第二节　体育组织自治的重点要素解析

体育行业自治包罗万象，行业内各个要素都有其自身的运行规律，和行业主体或外部法律施加的规则在运行机理上有所不同。如果它们能够互相一致，按照同一方向和目标发挥作用，行业内自我治理会如行云流水，即能称得上是“自治的法治化”状态。而一旦二者相互抵牾，则将对行业自治造成难以预料的后果，行业内部和外部将会处于一个混沌状态。可见，行业内各个要素都会对自治的法治化进程产生重大影响。

近年来，法治是全球治理的有效路径之一，国际体育组织内部治理（即自治）的法治化不断深入，业已形成“立法”“执法”和“司法”的小法律系统。这种法律框架根植于体育组织自治规范和机构职责之中，比如立法职能一般由国际体育组织的全会或者代表大会行使，同时全会或代表大会也可以授权理事会或

---

① Will, M. & Emery, Sport White Paper: Parliament, specificity of sport and the FIFA 6+5 rule, http: //www. lexology. com/library/detail. aspx? g=983043e9-581c-4640-8373-94675802d8d0, visited on 5 November 2024.

② 高建萍：《欧洲发达国家群众体育管理的相关经济政策研究》，载《南京体育学院学报（社会科学版）》2004 年第 6 期，第 39—40 页。

专门委员会制定规则。行政职能由各国际体育组织的执行机构行使，执行委员会（又称理事会，以下简称执委会）是各国际体育组织的执行机构，并有权根据国际体育组织及所辖运动项目需要而另设专门委员会作为其下属机构。作为国际体育组织自治系统内部的“行政机构”，执委会（理事会）有权执行或实施国际体育组织制定的规则，并享有以组织章程或其他基本规范为依据，自行管理国际体育组织内部事务、提供内部服务的权力。国际体育组织的司法职能则交由各个体育组织的内部纠纷解决机制，以及整个体育领域内独立的纠纷解决机构——国际体育仲裁院（Court of Arbitration for Sport，CAS）。不过，在实践中，上述体育组织的“法律系统”运行成效并不显著，各体育组织在规则制定、程序设计、人员监督等方面问题丛生，体育自治的现有制度和机制无法保障体育组织自我治理的民主性、合法性和合理性。例如，全球体育组织结构特殊、形式多样，存在许多非正式、多层级的组织，乃至大量私人行为主体发挥力量。各主体职能不明确、责任无落实、缺少问责和救济机制，更无法确保体育组织自治相对人的权利。

因此，如前所述，本课题的研究对象聚焦于行业主体——体育组织。作为行业制度设计人，行业决策、执行和实施参与人的体育组织规则与框架值得重点关注。本章节所认定的重点要素，借鉴国家治理现代化中的功能分工理论，按照各体育组织的多种职能，可以归纳为规则自治、组织自治和纠纷解决自治三点。与传统“三权分立”或“权力制衡”的法律基础不同，功能性分工是一切社会活动达到预定目标的基本途径，决策、执行和监督的功能性分工是所有管理活动的三项基本功能和环节。通过这种专门化的分工，有利于实现组织效率的提升与组织间关系的联结，从而适应更复杂多变的治理环境。① 根据功能分工理论，维持组织有效运行的基本逻辑为事务分工—职能分定—问责分置，具体到体育组织自治过程中，体现如下：其一，从国际到国内层面的体育组织层面来看，有的组织以制定规则为主，有的组织以适用规则为主，还有许多组织同时是自治规则的制定者和适用者。同时，规则制定和适用是组织内部事务分工的依据和基础，这正是规则自治的题中之义。其二，组织自治限定在体育组织内部管理机制之下，涵盖体育组织与成员之间的关系、体育组织之间的关系等法律问题。其三，纠纷解

① 陈国权、皇甫鑫：《功能性分权与中国特色国家治理体系》，载《社会学研究》2021 年第 4 期，第 4 页。

决是体育组织问责性和自我监督的基本要求，在对体育纠纷的特殊性已达成共识的基础上，纠纷解决自治的重要性不言而喻。

一、规则自治

体育行业的发展需要维系体育内部秩序的稳定，这离不开体育规范的存在。体育组织自治的起点在于制定规则，维护体育行业健康有序稳定的发展，而秩序的稳定离不开一个行之有效的规则系统。

（一）规则的属性

体育自治规则的属性与制定规则的主体密不可分，不同属性规则的适用方式也各不相同。国际体育组织制定的规则根据制定主体的不同可以分为两类，一类是政府间国际组织制定的规则，另一类是非政府间国际组织制定的规则，由于本书主要探讨体育组织的自治规则即非政府间国际组织制定的规则，故对政府间国际组织制定的规则不再展开论述。

非政府间国际组织自治规则主要分为两类：第一类是国际体育组织的宪章或章程；第二类是根据章程产生的派生规则。派生规则包括根据章程制定的一般性规则、决议和原则；解决体育纠纷的内部裁决制度；国际体育组织制定的比赛规程和技术标准。具体来说，派生规则既涵盖基于共同体自身发展需要制定的组织章程等基础性文件，也存在通过协商等方式所形成的组织的管理类规范，以及对约定俗成的体育惯例的确认和认可。

以奥林匹克运动为例，《奥林匹克宪章》是国际奥委会的章程，是调整和规制奥林匹克运动的最高法律文件，在法律位阶上相当于国际体育组织“内部法律”中的“宪法”，在奥林匹克法律体系中的效力最高。在奥林匹克框架下，国际奥委会之外的其他国际体育组织的章程不能违背《奥林匹克宪章》的规定。这是因为国际奥委会与其他国际体育组织之间是承认与被承认的关系，这种承认与被承认的关系以其他组织章程不得违背《奥林匹克宪章》为表现形式。关于奥林匹克运动的有关事项，国际体育组织（国际单项体育联合会、国内单项体育联合会、国家奥委会等）必须遵守《奥林匹克宪章》的精神与宗旨，国际奥委会可以对其他国际体育组织在奥林匹克运动范围内的不当行为进行处罚。但是在实践中，部分体育组织由于其经济的独立，在事实上也独立于国际奥委会，这种独立地位造成一些体育组织对《奥林匹克宪章》的轻视，出现了章程冲突或欠缺的现象。例如“Persisam Putra Samarinda 等足球俱乐部诉印度足联案”[①] 中，印度足联认为根据其章程，在本身缺乏仲裁条款的情况下，CAS 能依据国际足联的章程来管辖印度足联的相关管理争议。但实际上《国际足联章程》[②] 关于管辖权的规定仅限于其自身，其效力并不能及于其下级的国家足联。

体育领域影响范围最广的强制性规范是《世界反兴奋剂条例》，由世界反兴奋剂机构（World Anti-Doping Agency，WADA）制定，国际体育运动参与主体都有义务遵守。除此之外，其他行业自治性规范还包括国际体育运动的道德准则、纪律处罚条例、转会规则和标准等，主要表现为条例、规范、准则、标准、原则等，例如《国际足联纪律处罚准则》（FIFA Disciplinary Code）、《国际足联道德准则》（FIFA Code of Ethics）、国际足联的《球员身份和转会规则》（Regulations on the Status and Transfer of Players）。[③] 国际体育组织所制定的规则中也存在大量的倡导性规则，主要表现为各种方针、指南、手册、指令、要求、建议等，例如国际奥委会为举办 2020 东京奥运会发布的防疫手册（The Playbook International Federations—Your guide to a safe and successful Game）。

《国际法院规约》是传统国际法学者公认的对国际法渊源最权威的阐述。《国际法院规约》第三十八条第一款规定：“法院对于陈诉各项争端，应依国际法裁判之，裁判时应适用：（子）不论普通或特别国际协约，确立诉讼当事国明白承认之规条者。（丑）国际习惯，作为通例之证明而经接受为法律者。（寅）一般法律原则为文明各国所承认者。（卯）在第五十九条规定之下，司法判例及各国权威最高之公法学家学说，作为确定法律原则之补助资料者。”[④] 依据该规定，前三项是国际法的主要渊源，第四项是辅助资料。前述体育领域内的非政府间国际体育组织制定的规则针对的仅是体育组织和运动员，只在体育行业领域内具有效力，对国家并没有拘束力。在这种观点下，国际体育组织制定的规则显然不是国际法的渊源。但是从体育实践来看，体育规则无论是对体育组织还是运动

① CAS. Arbitration CAS 2012/A/2688 Persisam Putra Samarinda，Deltras Sidoardjo FC，Pelita Jaya FC，L. & E. v. Football Association of Indonesia（PSSI），award of 12 April 2012.

② 张文闻、吴义华：《基于“造法”权的国际体育组织软法治理研究》，载《北京体育大学学报》2019 年第 12 期，第 34—35 页。

③ 张文闻、吴义华：《基于“造法”权的国际体育组织软法治理研究》，载《北京体育大学学报》2019 年第 12 期，第 34—35 页。

④ 《国际法院规约》，https：//www. un. org/zh/documents/statute/chapter2. shtml，最后访问时间：2024 年 12 月 7 日。

员来说，一经生效都往往具有事实上的强制性。如上文所述的《奥林匹克宪章》和《世界反兴奋剂条例》，这些规则虽不具有国际法的效力，但由于国际体育组织成员及各国际体育运动参与主体的自觉遵守和自律，实质上具备很强的拘束力。并且，国际体育组织的成员或者其他国际体育运动参与主体如果违反国际体育运动规则，可能会在全球范围内遭到舆论谴责，导致违反规则的体育运动参与主体承担巨大的名誉成本，甚至付出极大的经济代价。

在2005年，联合国教科文组织（政府间国际组织）制定的《反对在体育运动中使用兴奋剂国际公约》（International Convention Against Doping in Sport，以下简称《反对兴奋剂公约》）以《世界反兴奋剂条例》为蓝本，并被认为是“将对国家本无法律约束力的《世界反兴奋剂条例》下的义务巧妙地转化成了具有法律约束力的《反对兴奋剂公约》下的义务”。[①] 各国还按照《世界反兴奋剂条例》的要求和指引，着手制定或修改本国的反兴奋剂相关法律，从而维护体育竞赛的公平竞争精神。可见，世界反兴奋剂机构作为非政府间国际体育组织，其规则的强大效力也能够影响政府间国际组织规则的制定。

根据英国国际法学者蒂莫西·希利尔对有关软法（Soft Law）概念的界定，“国际软法”是指严格意义上不具有法律约束力，但又具有一定法律效果的国际文件。[②] “国际体育软法”是指一般性的国际组织、专门性的国际体育组织、国际会议通过的，虽不具有法律约束力但能产生某种法律效果的国际文件，包括决议、宣言、原则、声明、规范、竞赛规则和技术标准等。[③] 质言之，“规则”只要能够在国际领域内调整相关主体的权利义务关系即可，并不一定需要对主权国家产生强制约束力才可视为法。况且退而言之，仅从效力上来看，国内法的实施有执行机关，而在国际法领域内并没有执行机关保障法律的效力，国际法相对于国内法应属于“软法”。故上述国际体育组织的规则可以归属于国际软法的范围，具有国际法上的效力。

虽然软法之“软”在于其不具有国家普遍意义上的强制约束力，但这种非强制性的方式更容易被接纳和认可，也能有效地避免和化解社会矛盾，从而增进

---

① 裴洋：《国际体育组织规章的法律性质及其在中国的适用问题》，载《体育学刊》2010年第11期，第22页。

② ［英］蒂莫西·希利尔：《国际公法原理（第二版）》，曲波译，中国人民大学出版社2006年版，第36页。

③ 袁古洁：《论国际体育法的渊源》，载《体育学刊》2011年第6期，第20页。

社会和谐。通过软法治理国际体育组织，更易于被国际体育运动的参与主体接受与认同，有利于国际体育运动的和谐与可持续性发展。鉴于软法具有很强的回应性功能，软法治理具有务实的突出特点，有利于以灵活多变的方式应对治理目标的转移和变革，体现出高度的弹性和柔韧性。[①] 而且从现实的角度来说，这种自治规则更具有灵活性、便捷性，契合体育领域治理的特殊性。处理好体育治理问题归根结底是体育纠纷的妥善处理，即通过各种规则、制度的设置促进争议高效解决，并保障运动员的合法权益，最终实现体育赛事的公平、公正与有序。

在法律多元视野下，国际体育组织的“内部法律”属于广义上的法律概念，具有一定意义上的法的公共性、普遍性、权利义务性、权威性和强制力等特征。[②] 具体而言，公共性方面，国际体育组织的会员数量甚至超过联合国会员国的数量，作为这些体育类国际行业组织和协会共同意志的承载体，自治规范显然具有一定的公共性。普遍性方面，体育组织的自治性规范是一种行业自治规范，虽难以适用于全部领域，但在体育领域内，这些规范可以在生效期间内统一、反复适用，表现出行业内部的普遍性。权利义务性方面，体育组织的规则形式和内容多体现为权利和义务结构，为国际体育运动的参与主体确立行为标准和模式。权威性方面，国际体育组织“内部法律”的权威来自国际体育组织的国际社会影响力，以及各个国家对国际体育组织威望和影响力的认可。强制力方面，国际体育组织“内部法律”在体育领域具有一定强制力，这种强制力的威慑作用和负面评价机制主要通过国际体育组织的处罚制度以及裁决制度予以保障。

自然法学派强调法的正当性，认为法律的产生是理性的，法的效力来自正义和民众的认可。[③] 根据自然法学派的观点，人们应当自觉遵守自然法。国际体育组织的“内部法律”反映了国际体育运动的基本价值和组织成员的共同意志，具有正当性，应该得到成员的自觉遵守。这种“内部法律”的震慑作用并非来自主权国家的压制型强制力，而是产生于国际体育组织与组织成员之间的自治性契约。相对而言，社会法学派注重法的实际效果，重视法律与社会的关系，认为法的效力来自社会事实，即实际上产生的约束力。目前，大部分学说观点认为国

---

① 罗豪才等：《软法与公共治理》，北京大学出版社 2006 年版，第 248 页。

② 张文闻、吴义华：《基于软法的国际体育组织“内部法律”效力分析》，载《体育文化导刊》2018 年第 2 期，第 30 页。

③ 张文闻、吴义华：《基于软法的国际体育组织“内部法律”效力分析》，载《体育文化导刊》2018 年第 2 期，第 31 页。

际体育组织的自治规则具有“法”的效力，这种效力范围可以延伸到国际社会领域，但是这种强大的社会效力往往是限定在体育行业领域内。

虽然对体育组织自治规则与法律规则之间的关系有许多不同的学说观点，但可以确定的是，体育组织的自治规则与法律规则之间具有一定的相似性和关联性。首先，从功能上来说，两类规则都是为维护秩序和相关主体的利益而设计。其次，从发展过程来看，两类规则都经历了从习惯到正式规则的演变过程。再次，从规则的实效来看，两类规则都具有一定的权威性，如运动员参与体育赛事必须服从体育组织的规则。最后，这两类规则之间相互影响，即国家体育法的规则往往吸收了体育组织的自治规则，体育组织自治规则也影响着国家法律的制定，同时国家体育法也会对体育活动中的一些原则性问题予以规定和要求。但是二者的不同之处也是十分明显的，最显著的一点是体育组织自治规则的效力和权威性往往只影响体育行业内部与体育活动相关的行为，而法律规则一般普遍适用于全体社会成员。

（二）规则制定与适用主体

国际体育组织的全会（代表大会和全体会议）被国际体育组织的章程确立为国际体育组织的最高权力机构，负责制定修改组织规章审议和批准其他“内部法律”法规和规则，是国际体育组织的“立法”机构。例如，《奥林匹克宪章》第十八条第二款规定：“国际奥委会全会可以通过和修改《奥林匹克宪章》……解决和决定法律或《奥林匹克宪章》赋予它的所有其他事项。”《国际足联章程》第二十一条第一款也规定：“代表大会是国际足联的立法机构，也是最高权力机构。”在第二十五条第二款规定“代表大会的议程包括讨论修正或通过《国际足联章程》《章程实施细则》（Regulations Governing the Application of the Statutes）及《代表大会议事程序》（Standing Orders of the Congress）”，并在第二十六条专门规定了修订的条件和程序。[①]

国际体育组织执行机构的主要职能是执行最高权力机关制定的规则、作出的决定，提出关于组织管理和发展的建议、计划具体的工作方案并付诸实施，但同时，鉴于国际体育运动对规则的强烈需求，这些国际体育组织的执行机构也可以

---

① 张文闻、吴义华：《基于“造法”权的国际体育组织软法治理研究》，载《北京体育大学学报》2019 年第 12 期，第 34 页。

制定其管辖范围内的条例、制度、原则、标准和指南等。① 以国际奥委会执委会为例,《奥林匹克宪章》明文规定国际奥委会执委会有权制定有关规则和准则。《奥林匹克宪章》第十九条第三款规定:“国际奥委会执委会的权力包括……制定所有决策并以其认为最适当的形式,发布具有法律约束力的国际奥委会规章,如条例、裁决、规范、方针、指南、手册、指令、要求和其他决策……”《国际足联章程》也赋予了国际足联执委会享有代表大会权限之外事项的决定权。其第三十四条作出规定,除依法或根据本章程属其他机构处理的事务外,执委会有权对代表大会权限以外的所有事项作出决定,批准国际足联的内部组织规程。除了制定《国际足联纪律处罚准则》《国际足联道德准则》等规则,执委会还应通过特别的规定来管理球员身份和球员转会及有关问题,鼓励俱乐部对球员的培养,保护代表队的利益。以此为依据,国际足联执委会制定《球员身份和转会规则》,进一步细化球员在转会过程中的程序与要求。作为执行机构,国际体育组织执委会制定规则范围比较广泛,可以涉及该国际体育组织章程之外的包括组织内部管理运作和体育运动项目发展的所有具体的问题。但是,执委会的“造法”也不能越权,应以组织章程的授权为依据,并符合既定的条件和程序。

国际体育组织一般会根据组织发展及运动项目的需要设置专门委员会,向全会(代表大会和全体会议)、执委会和主席提出建议,制定其分管领域的原则、准则或指导方针,但不能违背组织章程的规定。例如,《奥林匹克宪章》对国际奥委会道德委员会的规则制定权作出了明确的规定。根据《奥林匹克宪章》第二十二条的规定,国际奥委会道德委员会负责确定和更新道德原则的框架,包括作为《奥林匹克宪章》组成部分的《道德准则》。该条款的细则部分还对道德委员会的规则制定权作出约束:“国际奥委会道德委员会的组成和组织由其章程规定,《道德准则》、国际奥委会道德委员会章程及任何其他规定和国际奥委会道德委员会实施细则的任何修改,都必须提交国际奥委会执行委员会批准。”

二、组织自治

国际体育组织自治是体育自治的核心职能和内容。组织自治强调多种内部管理关系的协调,注重不同类型各层次主体的参与。

---

① 张文闻、吴义华:《基于“造法”权的国际体育组织软法治理研究》,载《北京体育大学学报》2019年第12期,第34页。

（一）运行方式

以国际体育组织的内部管理为例，国际体育组织主要是通过其内部建立的一套自上而下的纵向垂直管理结构来维持组织的正常运转。在体育组织管理框架内，内部管理可以从两个维度来理解，第一个维度是单个体育组织内设的职能部门对体育组织管理，譬如国际足联内设机构的职能权限。要想理解组织内部的管理方式，就有必要分析诸如组织内部的主席、总干事、委员会和大会的作用，这种组织内的管理方式关注的重点在于有效执行组织章程及相关规范、实现组织的目标和宗旨，并对各个内部职能部门的管理权限作出划分与制衡。第二个维度侧重的是体育组织之间如何分配管理权限，譬如国际足联和各个国家奥委会之间如何划分对足球项目进行管理的权限以实现推广该项目的目标。此时的管理问题不再从组织内部的角度来分析，而是从组织之间的角度来考量。在两个维度下，单个组织内部、组织之间以及组织与组织成员之间的职能机构被赋予相应的管理权限，彼此间互相联系、相互影响，在具体运作中环环相扣，呈现一个纵向垂直的金字塔结构。这一结构下，体育组织所处的层级不同，其所受到的来自外界的影响和约束也各不相同，处于金字塔下层的组织的权限自然受到其上层组织的限制。①

组织内部的管理关系。以国际足联的管理架构为例，目前国际足联的内设机构主要有三个：其一是国际足联代表大会，它是国际足联的最高权力机构，每两年举行一次。每个正式会员协会有一票表决权，准许派 3 名代表参加讨论，只有代表大会才能够修改章程和规则。国际足联主席由代表大会选出，任期 4 年，可连选连任。其二是执委会，代表大会闭会期间，由 21 人组成的执委会行使一切职权，负责国际足联的行政管理。执委会由国际足联领导成员和各大洲足联的代表组成，设主席 1 人、副主席 8 人和执行委员 15 人。主席由代表大会选出，副主席和执行委员由各洲足球联合会根据以下名额分配选派：非洲、中北美及加勒比地区、南美洲、亚洲各选派 1 名；欧洲选派 2 名。执委会有权选派下属工作委员会的主席和成员，选定世界杯足球赛举办国。不允许领取报酬的官员进入执委会。在主席离职的情况下，其位置由最年长的副主席担任，直到下届代表大会选出主席继承人为止。其三是秘书处，负责国际足联的财务、国际关系、世界杯和其他国际足联足球比赛的组织工作。② 其中，秘书长是国际足联的主要负责人，

① 康晓磊：《论国际体育自治的缘起、内涵及实效》，载《体育文化导刊》2017 年第 12 期，第 28 页。

② FIFA, About FIFA, http: //www. fifa. com/about FIFA/index. html, visited on 5 November 2024.

在各国家足协间、各洲足联间以及各工作委员间起到联系作用，对执委会负责，并执行其作出的决定。

组织之间的管理关系。以奥运会排球项目的管理体系为例，国际奥委会作为管理全球奥运会事项无疑处于管理结构的最顶端。国际排球联合会虽拥有排球项目的完全管理权，但作为国际奥委会的成员，仍需服从其管理。国际排球联合会的成员又包括洲际和国家的排球联合会，它们不仅需要服从国际排球联合会的规定，同时也需服从国际奥委会的管理；各个单项联合会之间也存在不同职能管理权的划分，分别对全球、洲际、国家的排球体育项目进行管理，形成一个极其庞大的管理结构。

（二）组织自治现状

随着体育比赛和体育产业的发展，上述组织自治运行未曾停止，然而内部管理过程中的多种关系相互交织，导致问题丛生：第一，在体育组织内部管理过程中，单个体育组织内部的执委会职能过大。代表大会是非常设机构，在日常事务处理过程中主要由执委会行使职权，包括重要的人事任免权和竞赛举办权。以国际足联为例，由于执委会名额一般按地区分配，为维护各地区足联及足协的利益，委员们往往各执一词，很难在议事过程中对国际足联主席的观点形成有力异议。2006年，国际足联迫于压力，专门组建了国际足联道德委员会，并规定该委员会成员不能由国际足联官员组成，希望借此保证道德委员会的中立性和公正性，发挥民主监督职能。但也正因如此，道德委员会力量薄弱，缺乏实质的影响力，无法真正力挽狂澜，惩治不当行为。[①] 而且，道德委员会的主席仍由国际足联主席任命，而国际足联内部控制的最大问题，恰恰出现在最高权力机构。

第二，决策缺乏透明度。就国际体育组织自治管理而言，保持决策的透明度是维持其自治权的基本要求。在自治权膨胀的背景下，多数组织的重大决策、日常事务决定、财务制度等仍处于非公开状态，透明度严重缺失。例如，国际足联从未公布过纪律处罚裁决的完整版本；[②] 尽管国际足联被要求提供年度财务报告并接受审计，但国际足联的很多财务决策仍是非公开的。虽然晚近国际足联尝试

---

① 李智：《国际足联腐败案冲击下体育自治的反思与完善》，载《天津体育学院学报》2016年第4期，第305页。

② Asser International Sports Law Blog, ANTOIN D: Time to Cure FIFA's Chronic Bad Governance Disease, https: //www. asser. nl/SportsLaw/Blog/post/time-to-cure-fifa-s-chronic-bad-governance-disease, visited on 5 November 2024.

了一些制度改革，但仍未形成一套民主透明的决策规则。① 有学者对国际单项体育联合会重要文件和政策的公布进行了调查，发现35个奥林匹克运动项目的单项联合会中，只有8个（约23%）在官网上公布了全体会员大会的会议议程和记录，只有4个（约11%）在官网公布了治理机构决议，并（偶尔）解释关键决定的主要依据。② 对此，国际奥委会在《奥林匹克2020+5议程》中强调了提升透明度的重要性，即透明度是预防腐败的首要防线，也是打击腐败的重要工具。

第三，参与机制缺乏民主化。如前所述，国际体育组织的形成与发展遵循的是“自下而上”的路径，即由个人自治发展到联合的体育组织自治，充分体现了体育主体的自主性和民主性。这种发展模式推动体育事业的不断发展，也促使体育领域的组织架构形成“金字塔式”的强大的内部管理结构，保障体育内部管理的权威性。但这种金字塔式分层管理结构本身就缺乏民主性。处于较低层次的体育组织，包括俱乐部和运动员，往往无法参与体育组织规章制度的决策过程，只能服从。③ 并且随着体育商业化、社会化的不断发展，体育决策涉及的利益相关者也不只是体育组织和运动员，还包括赞助商、媒体等相关主体，从而对体育组织的决策参与机制提出了更高的要求。目前，尽管国际体育组织为此做了不少的改革尝试，但根据研究表明，这些尝试仅关注了相关利益者的诉求，却并未实际赋予利益主体参与决策机制的决定权，即虽有发言权却并没有决策权，实践中最为突出的表现就在于缺少利益相关者参与决策过程的官方权威渠道。

第四，管理人员的选拔存在问题。包括国际足联在内的许多国际体育组织的规则中均没有关于主席连任届期的上限规定，像阿维兰热掌管国际足联20余年，他的继承人布拉特也连任国际足联主席4届有余。在体育运动发展的早期，强势的组织负责人所能发挥的重要作用毋庸置疑，但连选连任只适用于组织早期发展，长期实行这一制度将不可避免地产生治理结构危机，为腐败滋生埋下伏笔。令人担忧的是，在国际体育组织中，只有不到四分之一引入任期限制制度，并在组织章程中予以明确表述。④ 如今，体育组织已经比较成熟，连选连任模式在一

① 黄世席：《国际足联善治的法律解读》，载《体育科学》2016年第1期，第96页。

② 阿诺特·赫拉尔特、任慧涛：《国际单项体育联合会善治评价体系构建及其实证研究》，载《体育学研究》2018年第1期，第37页。

③ 战文腾、孙晋海、曲爱宁：《国际体育组织善治改革问题研究》，载《西安体育学院学报》2018年第5期，第517—518页。

④ 战文腾、孙晋海、曲爱宁：《国际体育组织善治改革问题研究》，载《西安体育学院学报》2018年第5期，第514页。

定程度上加快了权力垄断局面的产生，同时导致人际关系盘根错节、新兴成员难以进入管理层、联合会代表性不足，不利于组织内部民主氛围的形成。

第五，管理运作方式不当。国际体育组织作为维护体育精神、发展体育运动的组织，应当强调组织的公共属性和非营利属性，充分发挥其公共价值。但是随着体育商业化的进程不断深入，体育组织提供的体育产品的商业价值不断增加，体育组织受市场化机制影响不断加深。在这种背景下，体育组织虽然在制度构建中强调组织的民主性和公共性，但在实际操作过程中却以市场机制的方式进行内部管理，过分追逐利润，以营利为目的，不断远离和摧毁其作为社会组织所拥有的广泛民主和公益性基础。例如：体育组织在赛事举办过程中为赚取利益，对参赛人员进行绑定性的服装、鞋子、装备等的消费，禁止运动员进行广告代言等，严重损害运动员的权益。①

三、纠纷解决自治

体育纠纷的特殊性对纠纷解决的自治提出更高要求。国际体育领域对设立独立解决体育纠纷的机构达成共识，各国体育法律体系中也对独立的体育纠纷解决机构作出不同程度的制度安排。

（一）体育纠纷

1. 体育纠纷的含义与特征

体育纠纷又称体育争议，是指在体育活动中以及解决与体育相关的各种事务中，各种体育关系主体之间发生的以体育权利义务为内容的社会纠纷。体育纠纷的特点之一在于体育纠纷主体的特定性。体育纠纷的主体往往是具体且特定的行为主体，即从事体育活动的人。另一特点是体育纠纷主体利益的真实对抗性。体育纠纷的形成不能是感情或者竞技状态下的产物，而必须根植于实际生活中真正的利害关系的对立。因而在体育比赛当中，比赛双方的正常对抗不能称为纠纷，只有当一方当事人采取违反比赛规则的行为，例如服用违禁药品与另一方对抗，损害另一方公平竞赛的体育利益时，体育纠纷才会发生。换言之，不是单纯的竞技赛场上的对抗，而是因为一方当事人违反体育规则，损害另一方当事人因遵守规则公平竞赛的体育利益时，体育纠纷才会发生。由于竞技运动的特殊性，其具

① 孟欢欢、李健、张伟：《体育社会组织的公共性悖论与超越》，载《首都体育学院学报》2018 年第 2 期，第 130 页。

备一定的对抗性，这是竞技赛事中无法避免的。竞技比赛意味着双方的激烈对抗、个性的张扬和表达，这也是体育赛事的魅力所在，我们不能把这种体育赛场上的激情行为当作普通纠纷的表现，使竞技赛事失去其特有的魅力。体育纠纷所指的对立是围绕利益关系产生的对立，其形成的过程既是体育纠纷主体相互行为的过程，也是一种体育社会运动过程。

2. 体育纠纷产生的原因

体育纠纷的产生一般来说是因为违反了体育规范。纠纷的本质往往是资源的有限性引发参与人的竞争。特别是在体育领域，竞争是常态。受体育商业化的影响，体育中蕴含的商业利益日益增加，而运动员能够获得的商业利益往往由其在竞技赛场上表现成绩的优劣所决定。但我们熟知竞技赛场是残酷的，成功是少数，而失败是常态，更何况赛场上的结果往往不可预测，利益常常会掌握在少数人的手中。所以人们为谋取利益只能破坏规则，赢得胜利，这是受人的趋利自利本质所诱导，进而势必会对公平竞赛的一方造成利益损害，最终不可避免地引起纠纷。因此解决冲突的关键是，如何在体育商业化背景下考虑在各种体育利益不平衡的现实下平衡运动员的利益，引导体育的发展，不让体育沦为完全的商品，异化或丧失其本身蕴含的人类对公平、身心健康发展的价值理念。

具体来说，体育纠纷产生的主要原因如下：首先，体育是社会的一种缩影，大社会中的各种社会纠纷会以不同的方式折射到体育这个小社会中来。如美国社会曾存在的种族歧视问题，反映到体育运动中来就表现为对黑人族裔运动员地位、比赛出场次数、工资的不公正对待，从而引发体育纠纷。其次，参与体育运动的各利益群体国家、民族、地区、单位、集体、个人都会因利益的追逐和分配产生种种矛盾与冲突。现代体育的商业化发展趋势更容易加剧这种矛盾与冲突，当其中的某些利益单元采取一些不合法或者合法而不合理或者法律没有规范的方式来谋求自我利益时，便可能产生体育纠纷问题。再次，由于体育运动长期受竞争性的驱动，已经歪曲成一种极不平衡的文化形式，它的技术方法、管理体制乃至价值观念，都在不断变革与更新。体育运动的特殊性衍生出体育运动主体之间矛盾频繁发生、体育纠纷大量涌现的社会现象。最后，当前正处在一个剧烈变革的历史时期，各种新的思想观念正在形成，在这样一个瞬息万变的社会环境里，体育运动当然不可能将社会纠纷问题隔绝于外，外部纠纷引发的体育内部纠纷也就难以回避。不可否认，今天的体育因其商业化、传媒报道和国际化而比以前对社会有更大的影响。利害攸关的巨大经济利益使体育活动的当事人亟须了解相关的法律问题，而不管他们是运动员、体育联合会、赞助商还是体育运动的组织者。

此外，科学技术的进步和运动员权利意识的增强也导致体育纠纷的频发。比如体育比赛的录像带和电子记录为解决争议提供了固定的证据，激励当事人提出更多的针对比赛结果的申诉。[①] 职业经纪人和体育律师作用的加强，使得运动员对侵犯其权利、实现权利的程序以及消除自身不满的替代司法诉讼的争议解决方式越来越敏感。[②] 如今，运动员对自己的权利有了更好的认识，并且为维护其正当权利而采取更积极的行动。

3. 体育纠纷的种类

按体育活动领域的不同，体育纠纷分为社会体育纠纷、学校体育纠纷和竞技体育纠纷。在社会体育活动中，以我国为例，全民健身已上升为国家战略，地方各级人民政府、城市居民委员会、农村村民委员会应当在各自的范围内依法履行开展社会体育活动的职责。国家机关、企业事业组织、社会团体等都有组织开展体育活动的义务，老年人、残疾人也有参加体育活动的权利，在这些领域内发生的纠纷，都属于社会体育纠纷。[③] 在学校体育关系中，具体会涉及教育行政部门和学校在体育领域的职责，例如课外训练和体育竞赛，体育教师的待遇，体育场地、设施、器材的配置等，与之相关的纠纷被称为学校体育纠纷。在竞技体育活动中，有业余体育训练、培养后备人才的制度，选拔运动员运动队的原则和方法，运动员在就业和升学方面的权利，运动员的注册管理和流动的规定和运动员、裁判员和教练员等竞技体育主体的专业技术登记制度等，基于这些内容发生的纠纷就是竞技体育活动中的纠纷。

按体育纠纷解决方式的不同，体育纠纷分为可裁判的纠纷和不可裁判的纠纷。这种划分方式是以体育纠纷是否可以通过第三方进行司法裁判解决来区分的。能够通过司法裁判来解决的纠纷可称为可裁判纠纷，反之可称作不可裁判纠纷。不可裁判纠纷主要是由政治方面的因素引发的[④]。例如，1984 年洛杉矶奥运会期间，苏联国家奥委会由于抵制该次奥委会而引发了与西方国家奥委会之间的纠纷。再比如，2018 年 3 月，一位前俄罗斯特工在英国被毒杀，引起俄英政府间

① 黄世席：《国际体育争端及其解决方式初探》，载《法商研究》2003 年第 1 期，第 120 页。

② James A. R. Nafziger, Arbitration of Rights and Obligations in the International Sports Arena, 35 Valparaiso University Law Review (2001), p. 358.

③ 李耀磊、尚荣敏：《体育纠纷解决途径研究》，载《河北法学》2018 年第 7 期，第 188—189 页。

④ 郭树理：《多元的体育纠纷及其救济机制的多元化》，载《浙江体育科学》2005 年第 2 期，第 4 页。

关系的恶化，英国政府曾指出如果毒杀证明是俄政府所为，英国将退出 2018 年俄罗斯世界杯。这种纠纷的起因就是政治因素，最后的解决也是通过政府间的沟通和协商，与国际足联没有太大关系。裁判纠纷比较易于理解，即我们通常所说的 CAS 或体育组织内部处理的体育纠纷。

按当事人属性的不同，体育纠纷分为体育运动员个体纠纷与体育运动团队（包括教练、队医等工作人员）纠纷。① 个体纠纷，例如在比赛过程当中，参赛选手之间因比赛的激烈程度而情绪激动，尤其是在有身体接触的对抗性比赛，如拳击、冰球等运动中，运动员可能采取超出比赛规则允许范围的行为进行对抗从而引发的纠纷。团队纠纷，指体育比赛参加者（运动员、教练员、队医及其他工作人员）与体育比赛观看者如球迷之间的纠纷，这一类纠纷是由于观看者不满其所支持的一方的表现与己方参赛者产生的纠纷，或是因过于敌视其所反对一方而与其引发纠纷。但是这种划分标准项并不完备，显然忽视了由体育比赛观看者情绪激动而引发的纠纷（如球迷骚乱）、体育比赛参加者以及观看者不服裁判而与裁判员以及比赛组织者之间引发的纠纷，甚至也难以囊括体育比赛参加者与体育运动行业的管理机构以及体育社会团体之间的纠纷。

按照纠纷主体地位的不同，体育纠纷可分为内部体育纠纷和外部体育纠纷。外部体育纠纷通常是平等主体之间的商事类体育纠纷，包括合同纠纷、不正当竞争纠纷、转播权纠纷等，对于此类纠纷当事人可以通过司法途径维护其合法利益；而内部体育纠纷是指发生在体育组织或机构，它们各自的成员、参与者、官员和管理者之间的纠纷，通常指因体育协会内部管理而引发的管理类体育纠纷、在体育活动中发生的因不正当竞争行为引发的竞争类体育纠纷，包括运动员的参赛资格纠纷、兴奋剂纠纷、对判罚结果的争议纠纷和对规则的解释纠纷等。② 两者最大的差别在于该纠纷能否通过传统的司法途径予以解决，外部体育纠纷与其他平等主体之间的社会纠纷相类似。因此，体育自治在主体地位不平等的内部体育纠纷中作用更为显著。

（二）纠纷解决自治现状

纠纷的解决方式直接关系着体育纠纷能否妥善解决。若纠纷不能得到及时、有效、公平公正的解决，那么体育参与者的诉求和体育价值的治理机制也将难以

---

① 郭树理：《多元的体育纠纷及其救济机制的多元化》，载《浙江体育科学》2005 年第 2 期，第 3 页。

② 马宏俊：《中国体育法治发展报告（2022）》，北京大学出版社 2023 年版，第 188 页。

得到有效的保障。事实上，体育纠纷表明当事人之间的体育权利与利益关系出现了冲突，蕴含着当事人对体育权利与利益的安定性与扩大现有体育权利与利益的渴望。体育纠纷的频频出现则表明，现行的体育秩序在这些方面已经无法有效地满足当事人的这种渴望。现行的体育自治下的新秩序需要在当事人之间的结构性体育权利与利益关系方面进行必要的整合，推进更能满足当事人体育权利与利益需求、更具有稳定性的新型体育秩序的建立，以保障体育自治的顺利发展。

由于体育纠纷的专业性、技术性，以及所涉竞赛规则的国际统一性，体育纠纷的处理必定是一个有着较强专业技术性和相对行业封闭性的特殊事项，再加上体育组织的权威地位和自律作用，一般的体育纠纷多是先在体育组织的系统内部解决，具体的做法有内部调解、内部裁决、内部听证、内部仲裁等。这一方式有利于保障体育组织的行业自治、体育规则的全球统一，并有效地维护体育界的声誉与影响。

因此，在国家层面，很多国家都在努力健全体育组织内部的纠纷解决机制。其中，美国各单项运动协会的纠纷处理规则都比较完善，设置了多步骤的解决程序。以美国自行车协会为例，在对运动员作出处罚时，自行车协会要经过专门小组主持的听证会听证后才能作出处理决定，运动员不服决定，可申请进行第二次听证后，再行裁决，在协会内部无法解决的，还可进一步提交美国奥委会集中协调解决。① 只有经过奥委会协调依旧未果，才能寻求体育组织的外部解决。根据法国《体育法法典》的规定，法国奥委会和体育委员会建立的体育调解委员会，对体育纠纷进行强制性的先行调解，对调解决定不服的，才能进入外部的司法程序。② 澳大利亚则在奥运会选拔中构建起内外协同的双层纠纷解决模式。根据《澳大利亚奥运赛事提名与选拔附则》的规定，运动员对提名或选拔决定不服的，应先在协会内部寻求救济，通过奥委会主席、申诉委员会等内部纠纷解决机构说明情况、辨别正误，尽快化解争议。这种内部决定一般具有终局性，但若其在作出程序中存在实际偏见或未合理适用相关规定，运动员可以向 CAS 提出上诉，由此转入外部的仲裁流程。在荷兰，许多运动项目协会建立了解决体育纠纷的内部仲裁机构。例如，荷兰皇家足协就设有一裁终局的仲裁机构，但它主要解决运动员与俱乐部等的合同纠纷。对于足球协会与运动员之间的矛盾，则一般交由法院处理。

---

① 郭树理：《多元的体育纠纷及其救济机制的多元化》，载《浙江体育科学》2005 年第 2 期，第 6 页。
② 朱方毅：《国际体育争议可仲裁性研究》，湖南师范大学 2006 年硕士学位论文，第 33—34 页。

在体育组织层面，体育联合会内部设立的纠纷解决机构所裁决的争议多发生于体育联合会与其从属的或“上下级”组织成员，以及与在该联合会注册的运动员之间，并使体育运动队、俱乐部、运动员、选手以及其他人在体育主管机构的权力范围内都要受此类规定及其裁决机构的约束。[①] 然而，体育组织内部纠纷解决机构并非直接排除外部司法机构的管辖权。当事人如果不满体育联合会内部裁决机构所作出的裁决，可以向法院起诉或申请仲裁裁决。以德国为例，德国法院认为，体育主管机关（如体育协会）的内部规则不能排除法院的管辖权。但德国法院也要求申请人起诉前应先用尽组织内部的救济方法，除非该机制存在毫无理由地拖延，或是不公平的情形。[②] 在瑞士，瑞士体育联合会通常在其章程、条例或规范中禁止直接或间接限制成员或其他人向瑞士法院或其他法院寻求司法救济。而且，一方当事人如果认为体育协会或联合会的裁决对自己不利，便可以向法院提出反对意见，只是其在向瑞士法院请求司法救济之前必须用尽所有的体育主管部门的内部救济和上诉程序。

法院是否对体育纠纷享有管辖权，实践尚未形成相对统一的司法规范，很大程度上将取决于个案事实。《美国业余运动法》就业余运动员和主管体育部门之间的争端规定了有约束力的仲裁。根据该法，运动员必须首先用尽体育主管部门内的听证程序来质疑对其作出的涉及纪律处罚或参赛资格的裁决，即运动员必须提出书面请求，要求美国奥委会举行听证会，确认体育主管部门是否遵守了其内部条例。除非该运动员存在明确有说服力的证据证明这些仲裁程序是不适当的，并且会导致不必要的时间延误。因而在向联邦法院寻求司法救济之前，必须适用仲裁程序。1988 年《美国业余运动法》修正案规定，禁止运动员在重大比赛前的 21 天就参赛资格的决议提起诉讼，但允许提交仲裁，除非新设立的美国奥委会调查专员成功地推动了该争议的解决。观察美国法院的司法实践可知，只要体育协会采用的规范和章程合理、不违反公共政策并且得到恰当的运用，美国法院一般不干涉体育纠纷。也有法官认为，涉及运动员和其主管部门之间的争端，法院是不便介入的，也不适合就参加国际比赛的运动员的参赛资格问题作出决定，[③] 但如果当事人不自

---

① Aaron N. Wise & Bruce S. Meyer, International Sports Law and Business, Kluwer Law International (1997), pp. 1196–1197, pp. 1419–1420.

② Aaron N. Wise & Bruce S. Meyer, International Sports Law and Business, Kluwer Law International (1997), pp. 1196–1197, pp. 1419–1420.

③ Marcia B Nelson, Stuck Between Interlocking Rings: Efforts to Resolve the conflicting demands placed on Olympic national governing Bodies, 26 Van J Int'l L (1993), p. 907.

动执行仲裁裁决，则在仲裁的承认与执行方面还需依赖法院的帮助。

类似于体育法院性质的机构——CAS 是一类特殊的体育组织。与一般的仲裁一样，国际体育仲裁也要存在仲裁根据，即仲裁协议。但是体育仲裁协议解决的争端并不像一般的仲裁，仅局限在财产性权益方面，还包括典型的体育领域的纠纷，诸如运动员参赛资格纠纷、兴奋剂纠纷、裁判纠纷等。

与商事仲裁一样，仲裁协议同样是体育仲裁的重要基础。结合体育纠纷的特殊性，根据仲裁协议的形式，体育仲裁的仲裁协议可分为以下几类：

（1）在涉及体育的赞助合同或其他商业合同中规定体育仲裁条款。这类合同的双方当事人通常是平等的主体，不存在诸如运动员与体育协会之间的“管理”关系或者体育协会与其组织之间的“上下级”隶属关系。

（2）在体育俱乐部或协会与运动员之间的雇佣合同中规定仲裁条款或提交体育主管部门裁决，或提交一个中立的仲裁组织仲裁，或组成临时仲裁庭仲裁，以处理双方之间的纠纷。

（3）在体育组织或体育协会的章程、条例中规定将争端提交一个外部的仲裁机构仲裁的条款。[①] 第三类又可以进一步分为两种类型，一种是由国内仲裁机构仲裁，如美国橄榄球联盟的格式运动员合同规定，除某些具有开创性的特殊争端外，作为合同当事人的运动员和联盟，二者之间的所有争端由美国体育仲裁协会仲裁；另一种是在体育联合会或协会章程中规定由 CAS 仲裁。在全球范围内，许多国际体育联合会同该机构签订仲裁协议，将自己与成员之间的争端交由 CAS 处理。运动员如果要参加该体育联合会举办的比赛就要同该体育联合会签订许可合同，同意就将来可能发生的争端提交 CAS 仲裁。并且，一般情况下，这类体育组织的章程中都包含有一个规定涉及运动员参加比赛的所有争端都要通过 CAS 解决的条款。《奥林匹克宪章》中亦规定，由奥林匹克运动会所引起的或与其有关的一切争端应由 CAS 专属管辖。[②] 被选拔参加奥林匹克和其他国际比赛的运动员必须签署说明书，同意就所有涉及兴奋剂和其他参赛资格问题的争端提交 CAS 专属管辖。

（4）当事人在争议发生后可以签订将争议提交仲裁的仲裁合同（或称仲裁协议书）。但问题是 CAS 对体育组织与其成员之间的纠纷行使管辖权是否必须以

---

① IOC，Olympic Charter（In force as from 23 July 2024），Rule 61.

② IOC，Olympic Charter（In force as from 23 July 2024），Rule 61.

体育组织的章程或条款，或仲裁协议为基础，也就是CAS对体育组织与其成员之间的争端，是否可以在没有仲裁条款或仲裁协议的前提下单凭《奥林匹克宪章》对争议行使管辖权。虽然《奥林匹克宪章》规定由奥林匹克运动会引起的或与其有关的一切争端应由CAS专属管辖，但是实践中有案例表明，在体育组织章程中未规定仲裁条款，组织成员也没有签订仲裁协议的情况下，CAS以此为由，可以拒绝行使管辖权。《奥林匹克宪章》作为奥林匹克运动的基本法或者根本法具有“体育宪法”的功能，上述CAS拒绝管辖的裁决明显是对国际奥委会权威地位的漠视。

由于体育争端的专业性，为保证体育组织规则的统一适用，体育组织排斥外部司法介入争端，并通过内设的听证、调解、仲裁等多种方式来保障自身独立地解决纠纷。外部机构也秉承“用尽体育行业内部救济”的原则，极为审慎地处理体育纠纷。可以肯定的是，这种纠纷解决机制无疑对体育纠纷高效、及时地解决，保障当事人的权益有着独特的优越性，但是这种机制也存在一定的弊端。首先，用尽内部救济意味着内部纠纷解决可能设置多层次、多维度的处理程序。如若最初的处罚决定本身就存在不公正，却仍只有机械地按照组织内部的强制性规定完成全部救济程序之后，才能通过外部机构介入审查体育组织的最终决定，从这个维度上来看，用尽内部救济反而阻碍了当事人尤其是运动员的权利救济，丧失了公平解决纠纷、维护体育秩序的意义。其次，用尽内部救济缺少外部的审查与监督，无法避免体育组织过度维护组织的自身利益，也无法避免体育组织通过设置复杂烦琐的内部争议解决方式，实现淡化司法介入的目的，最终使得体育组织内部争议解决方式沦为体育组织的垄断手段。最后，对于体育组织的最终决定，司法机构介入争端解决的范围是极其有限的，对赛事判罚和赛事争端往往不予审查。2022年北京冬季奥运会，在单板滑雪男子坡面障碍技巧决赛中，中国选手苏翊鸣表现最为优异，却只获得银牌。即使比赛裁判长最终承认给冠军打分偏高，但最终结果却已无法修改，这无疑对运动员的权益造成了极大的损害。总而言之，如何把握好用尽体育组织内部救济和外部力量介入之间的边界是现阶段体育纠纷解决中的主要问题。[①]

① 王家宏、陈华荣：《用尽体育行业内部救济原则反思——兼谈奥运会对我国社会治理的部分影响》，载《体育与科学》2009年第1期，第4页。

第三节 体育组织自治的法治化价值厘定

自治并不排斥法治。尽管自治意味着自律、自我和独立管理，但不能据此就一概排除法治的介入。法治本质上是人类对自由、平等、民主、权利等基本价值的追求，为自治注入法治的精神能拓展体育组织自治模式变革的理论视角。① 此外，体育组织作为体育行业自治的主体，通过制定自治规范、架构组织结构，设立独立的争端纠纷解决机制形成了相对完备的管理体制，为体育行业的发展奠定了深厚的根基。但是在实践中，体育组织的自治规范不健全、组织内部腐败、争议解决方式缺乏有效监督等诸多现象引出一系列法律问题，影响体育组织的有效管理，阻碍体育行业的健康发展。因此，平衡协调体育自治与法治的关系，并通过法治充分保障自治的价值实现，对于体育行业的发展有着十分重要的理论和实践价值。

一、保障体育规则公平

体育组织自治意味着体育组织自律，自律的实现需要合理的规则保障。这种合理性体现在体育行业中所包含的各项规则，如组织章程、项目规则、竞赛规则、裁判规则、选拔规则、纪律处罚规则是经过体育行业长期实践形成的。另外，体育组织的自治规则是由体育专业人士参与制定、修改和完善的规则。这种由专业人士制定的规则最能集中反映和关切到体育参与者的利益诉求，有效地通过规则制定调动行业力量并推动体育的发展。

随着体育商业化、社会化进程的不断深入，体育的功能不断丰富，由此也使得体育的商业和文化价值骤增。体育价值多元化的结果是体育活动参与主体的多元化，体育行业不仅仅只有体育组织和体育运动参与者，参与到体育行业中的相关主体不断增多，一些利益相关主体的诉求不单单是传统意义上的公平竞赛、强身健体，譬如广播公司、赞助公司、体育用品公司，它们最主要的愿望是通过利用体育运动或者运动员的影响力追求商业利益。而体育组织的自治规则主要是以保障体育赛事参赛双方的公平竞争为内容而设计，这些体育规则难免会欠缺对相关主体的利益诉求的关切，不及时更新陈旧的自治规则将会导致公平性欠缺的问题。例如，为减少运动员精力分散，规则中通常会限制或禁止运动员进行商业广

① 张成元：《法治观念下的体育行业自治研究》，吉林大学 2007 年博士学位论文，第 11 页。

告代言以谋取商业利益。但这类规则很显然没有认识到，随着体育商业化的发展，运动员对经济利益的诉求也日益增加，而且对经济诉求的利益追求与运动员对赛事的投入程度并不是相冲突的。此外，虽然体育规则与法律规则有所不同，但二者在实体价值以及规范特征上没有本质的不同，都旨在通过一套实体与程序的规则来指引和规范人们的行为并解决纷争。① 组织内部自治规则和外部法律规则同为维护稳定秩序的规则，如若本身所要求的公平公正的价值有所减损，自治规则难以调和好体育主体的利益，势必会影响到规则的公信力和权威性，从而也难以保障体育行业有序稳定健康的发展。而根据一般法律原则的内在价值或理念，规则需保证公正性，这正好能够实现体育自治与法律公平的平衡。这就要求体育规章制度首先应符合客观规律和法的一般原则，及时适应体育规律的发展以及体育领域的实际需要。

为维护体育组织自治的发展，进一步强化体育规则的公平性，应对其进行法治化调适。规则自治的法治化可以从规则制定、规则适用、外部规则介入以及司法介入四方面着手。首先，可由国际奥委会与各体育组织进行协调，根据《奥林匹克宪章》的精神、各体育组织的发展目标和现实需求，不断修改自治规则。其中尤为重要的是，需将奥林匹克精神落实为指向明确的原则，例如普遍性、禁止反言、程序公正、保护合理期待等，从而指导具体条款的制定。同时，这些原则也是权利保护的有力工具。若存在条款偏离或违背原则的要求，损害他人的合法权利，则权利人可以该原则为依据，对条款的规定提出质疑。其次，可根据 CAS 的具体实践提炼出自治规则的统一适用方案，以推进体育规则公平化进程。另外，CAS 在审理过程中，还可对案件所涉规则进行必要的公平性评估和评价，以推动体育组织规则的修订，从而既可弥补体育自治规则缺失时的适用困难问题，实现案件审理的公平，又可通过规则的具体适用为体育组织自治规则的完善提供重要借鉴。再次，对于威胁体育领域基本利益的行为，如官员贪腐、操纵比赛、运动员违规使用兴奋剂等，可以由外部规则介入，严加惩治。最后，对于国内体育组织，国家机关应以平衡体育自治和体育公平为立足点，通过立法明确司法介入的边界和方式。对于国际体育组织，则应明确国际体育社会的共同利益，并在此基础上，根据维护共同利益的现实需求，以及不同国家司法机关进行外部介入的便利程度和效率，确定国家司法机关对国际体育组织的管辖范围与内容。

---

① 黎军：《基于法治的自治——行业自治规范的实证研究》，载《法商研究》2006 年第 4 期，第 48 页。

二、实现体育管理民主化

体育组织的组织自治有其重要价值，其一是体育组织自治能最大限度保证体育事务管理的专业性，这是体育组织自治的突出优势，也是体育能实现自我管理的重要依托；其二是体育组织自治能保证体育管理的及时高效。从政治与社会权力制衡的视角来看，国际体育组织自治具有独特的优越性。国际体育组织有必要挣脱传统政治权力的束缚与限制，沿着彰显并实现人类普世价值的正确道路前进。如果国际体育组织依附于创始国或某个主导国家的权力意志，就无法凝聚更大的行动共识，不会形成广泛的政治参与。① 如果国际体育组织依附于联合国、世界贸易组织、欧盟等国际或区域性政治经济组织，则无法保证行业优势的充分发挥，实现行业利益最大化的现实要求，也无法基于体育领域的特殊性更好地促进与实现社会公平正义。从国际社会关于政府间国际组织存在国家利益代理关系的广泛批评中可以看出，联合国、世界银行、世界贸易组织等政府间国际组织更多地在维护以美国为首的世界体系霸权国家的意志，依附于此只会削弱世界体育发展的活力，葬送世界体育的美好前程。这些因素为国际体育组织建立最低标准的自治提供了内部动力。

全球化带来了国际社会功能和结构的不断变迁，打破了国家垄断公共事务的局面，国家主权在国际舞台中的作用不断削弱，为第三部门发挥作用创造了空间。体育领域中，国家与国际体育组织的合作日益密切，政府利用体育在外部获得更高的地位和威望，在内部获得自豪感和凝聚力。例如，社会发展程度较高的国家利用奥运会来展示它们的力量和优势，版图与影响力较小的国家利用它们来赢得国际好感和在全球国家的席位，新兴国家利用奥运会和世界杯将自己推向全球舞台，等等。② 但就体育自治的内部管理而言，体育管理层权力日益扩大后出现了脱离体育参与者的倾向，导致体育自治权力的行使偏离轨道，腐败、渎职等不当行为相继产生。体育组织过于集中的权力行使方式严重影响了体育自治的效果，这无疑会削弱其维护体育领域公平正义的功能，因此需要通过体育自治的法治化来实现内部管理的民主化，避免权力过于集中。在维护体育自治自身优越性

---

① 黄璐：《国际体育组织自治问题审视——以奥林匹克善治改革为背景》，载《天津体育学院学报》2016 年第 1 期，第 7—8 页。

② Windholz Eric & Hodge Graeme, International Sports Regulation: An Evolving Private-Public Partnership, 45 Monash University law review (2019), p. 312.

的同时，加强内部管理的民主化进程，可以维护体育利益相关方的基本利益，推动体育行业的有序发展。

体育自治法治化的过程中是否能实现公正民主，主要体现在过程控制和决策控制即程序和实体两方面，而这两方面通常在体育组织的规章之中有所体现，如国际体育组织、国际奥委会等成员的选举过程以及运动员参赛资格的认定等。各体育组织也在章程中规定了民主原则，通过设立职能机关，分别行使规则性权利、组织性权利以及争端解决权利，进而形成分工明确、相互制衡的机制，防止自治权力的膨胀。

对体育组织自治进行法治化调适以实现体育管理民主化的关键在于，明确体育组织在规则制定、自我管理、纠纷解决等各个方面都应当充分考虑各方的共同利益。效率价值实现的前提应该是公正价值，集体权利较之个人权利最大的特点在于团体性，这一特点应贯穿组织权力行使的始终。① 就组织自治的外部性而言，为促进多种行为体之间相互依赖、协调与合作，应该创造更多更好的协调与控制形式，防止国际体育组织逾越资源与自治权的边界，使其受到外部力量的适当监督与限制。而推动组织信息公开、增进组织透明度就是提升管理民主化的重要协调与控制手段。建立健全完备的信息公开制度，一方面，会给自治组织内部人员在权力行使上增设一把戒尺，使其至少不敢明目张胆地进行体育不当行为；另一方面，也可为外部监督提供必要的信息和手段，使得媒体、体育爱好者、观众等处于自治体系之外的利益相关者能够进行监督。完备的信息公开制度在公开内容上应该实现全面覆盖，包括规则公开，组织机构、运作模式、行政制度、财务制度、人事制度等相关管理制度的公开，以及争端解决过程和结果的公开，确保公开途径畅通高效。对于影响力较大的国际体育组织，则应实现网络平台的信息全面公开，并进行多样化的语言选择，还可向各国主流媒体寻求合作，及时披露重要资讯。

三、确保体育权利获得有效救济

体育组织的纠纷解决机制既是体育自治的重要体现，也是保障体育权利行使的重要方式。一方面，体育组织内部的纠纷解决方式，尤其是国际体育仲裁中多

① 李智：《国际足联腐败案冲击下体育自治的反思与完善》，载《天津体育学院学报》2016 年第 4 期，第 308 页。

处彰显着对当事人的意思自治的保护；另一方面，体育纠纷的解决往往遵循用尽内部救济原则，体现了体育行业独立行使纠纷裁决权，限制外部司法的介入的基本立场和态度。严格地将体育领域的纠纷以一般意义上的法律纠纷来处理无疑是不现实的，也不利于体育组织职能的正常发挥。如果对裁判员的判罚或者体育组织的处罚决定不服，就可以向法院提出诉讼，那么比赛成绩或者参赛资格、禁赛决定等相关问题将因诉讼方式周期过长长期难以确定，必然会影响到竞技生命周期宝贵的运动员和相关主体的权利。

虽然诸如国际足联、国际篮球联合会、CAS等一系列国际体育组织已具备相对完备的纠纷解决机制，但在实践中仍存在权力寻租的空间。例如涉及裁判纠纷，裁判人员往往是体育纠纷一方，裁判过程中的中立性难以保证，并且面对频发的官员腐败、赌球、假球现象，体育组织并未行之有效地解决，这也显现出体育组织内部纠纷解决机制的缺陷，无疑会对相关体育主体的权利带来损害。这种情况下，司法的介入势在必行。在现代社会，国家司法权是权利保障和救济中的重要组成部分，诉讼方式往往是一切争端解决和权利保护的最后一道防线，可以在体育纠纷无法调和的时候通过外部解决方式救济权利。但是司法介入应当有一定的限度，虽然体育组织的争端解决机制有缺陷，会影响到相关权利人的权利救济，但是外部力量过度介入体育领域极有可能破坏其本身的自治与秩序，反而更添乱象。体育组织的争端解决机制排斥外部机制，是出于维护体育组织自治、实现体育自治组织的管理与体育运动发展的需要，并且客观现实上也要求这些组织具有较大的内部争端解决权力。正如瑞士联邦法院虽因CAS位于其国内而享有管辖权，但其长期坚持司法谦抑原则，对仲裁裁决的审查范围主要限于程序性事项，只在超裁、漏裁或仲裁庭组成不当等非常有限的情况下才会撤销CAS作出的裁决。总之，体育领域不是法外之地，外部司法的监管有助于保护权利人的合法利益，避免内部垄断局面的产生，但不加限制地进行司法干预无疑会摧残体育组织自治的根基。外部介入的前提应当是内部争端解决机制侵犯了当事人的实体和程序的基本权利诉求，当事人的权利无法通过体育组织内部机制得到救济，如此才能在尊重体育行业自治的基础上引入外部救济手段。同时，对司法介入的程度也应作出限制，尽可能交由体育自治组织在考虑本行业特点的情况下决定权利救济的方式，从而实现体育组织自治与司法救济的平衡。

第二章
体育组织的规则自治

第一节　体育组织自治规则的组成

体育组织依照组织所在地法律登记设立之后，有权根据体育项目以各种形式开展活动，体育组织承担宣传、协调、管理、组织、监督和治理职能，自主制定和修改组织内部规则。体育组织按照自行制定的规则执行内部管理程序、协调体育组织之间的关系，以提升体育活动和体育赛事在世界范围的影响力。本节以我国 54 项体育项目所属①单项体育协会和相对应的国际单项体育联合会的自治规则为主要研究对象，总结体育组织自治规则的内容，根据自治规则与其他体育组织和外部司法的交互情形，提炼出体育组织自治规则的共性与个性，归纳体育组织制定规则时的重心与考量。

一、国际体育组织的自治规则

（一）国际体育组织自治规则的基本内容

1. 总则

国际体育组织在制定规则时，几乎毫无例外地包含总则部分，通常包括设立地点、所依据的法律、设立目标与使命、基本原则、官方语言等内容。具体来说，总则明确体育组织设立的基础与目标，即该体育组织如何成立，依据何种外部规则合法设立，又因何成立。同时，总则还需要阐述该组织意欲实现的目标与

① 国家体育总局官网显示我国共有 56 个全国性体育社会组织，包括中国足协、中国篮协等。但是，有两个协会比较特殊：中国老年人体育协会和中国社会体育指导员协会，去掉这两个是 54 项体育项目。

愿景，释明该组织的存在意义以及对推动体育项目发展可起到的作用。除此之外，体育组织章程的总则还会强调主体地位的唯一性，如声明自己是某一特定体育赛事的唯一官方主体。当然，总则内容还包括有关体育组织的次要信息，如设立的时间进程、设立过程、联合创始成员、组织前身的信息、总部或分部所在地等。值得注意的是，对体育组织章程的官方语言，总则规定通常以英语为主，部分体育组织根据设立地和该项赛事在不同国家的发展情况会承认多种官方语言，组织的内部交流沟通与争议解决都以官方语言为工具，如 CAS 的官方语言是法语和英语。

体育组织在总则中往往通过“组织目的”和“基本原则”展现出自身的价值和意义。以国际篮球联合会（Federation of International Basketball Associations，FIBA，以下简称国际篮联）章程规定为例：本组织需要（1）建立和完善适用于奥运会、世锦赛等体育赛事的统一规则，确定体育设施、运动场地和运动装备的标准和规格，以及运动员参与体育赛事的资格认定。（2）对职业与业余，以及不同级别的体育赛事实行管理。（3）规范运动项目裁判员的选拔与任命。（4）规范运动员的资质以及转会行为。（5）促进相应的国家体育组织之间的相互尊重与合作，协助国家体育组织发挥其特点，共同促进体育项目在国家层面的推广，并维护国家体育组织在其运动项目管理工作中的权威性、自主性、专门性。（6）采取有利于体育项目发展的一切必要措施。① 不难发现，在总则中解释其设立目的与使命，不但与不同阶段体育组织的具体目标相关，重要的是对具体规则的制定有指导作用。

与设立目标和使命相似，体育组织的基本原则在不同体育组织中也存在共性，反映体育界一致的自主治理观。一方面，体育组织虽享有组织内部的高度自治，但其通常根据设立地的国内法律而成立，在组织内部管理尤其是对外活动原则上，应受当地法律规制。另一方面，体育组织及其成员必须完全独立地管理其内部事务，并确保没有第三方干涉其独立运作。体育组织的独立性要求其必须保持自治，抵制政治、宗教和财政压力。以《国际篮联章程》的规定为例，组织独立性具体表现为：（1）国际体育组织认为其是管理该体育项目的唯一合法机构，是被法律承认的、具有项目管理能力的法人实体，赛事的开展应按照体育组

① FIBA，FIBA General Statutes，https：//assets. fiba. basketball/image/upload/documents-corporate-fiba-regulations-general-statutes-2021-eng. pdf，visited on 6 November 2024.

织制定的内部规则进行。（2）受其管理的国家体育组织直接受国际体育组织约束，不受其他实体干涉。（3）国际体育组织对组织成员具有专属管辖权，有关内部规则的适用问题与争议应通过组织内设机构进行解决。（4）体育组织对组织成员具有处分权，凡是违背组织内部规则的行为，都应根据内部处罚制度予以惩戒。① 可见，体育组织在章程中确立的基本原则高度强调其内部管理自主权，自治性是内部规则的核心原则之一。通过确立这一基本原则，可以保证体育组织自治规则在其管辖领域内不被干涉地遵守和执行。

体育组织所明确固定下来的体育规则，不仅是单个组织设立目标与使命或基本原则的具象，同时还映射着所有体育组织的共同价值追求——“体育理想”。这种理想已从纯粹的体育和公平竞争扩展到更广泛的社会价值，包括团结、和平、理解和公平竞争精神，以及没有任何政治、种族、宗教、性别或其他原因的歧视。受这一理想的鼓舞，不同领域的体育组织不约而同地改进完善自己的自治规则，以求在人权保护、公平竞赛等方面树立起相关体育运动和理想的捍卫者的形象。这一形象为体育组织在社会公众中创造了宝贵的话语权，从而反过来推动体育组织在规则领域的地位提升，如国际足联已经能够利用它的话语权将自己确立为规则领域的合法参与者。② 因此这种“体育理想”不仅在表层提供了一种体育组织可以视为“价值表”的抽象标准，在深层次更是蕴含了各体育组织在规则领域追求话语权的动力来源。通过提高话语权，它们能够通过将其私人利益投射为公共利益范围的方式，将自己的利益与所有国家和人民的利益联系在一起。

2. 国际体育组织管理机构与会员

体育组织制定规则自行决定应如何进行组织管理，确立管理组织和人员框架。内部组织框架包括代表大会、理事会、执行委员会、主席等管理机构。受国际体育组织管辖的人员则包括在组织内部担任职务的工作人员，在国家体育组织任职的工作人员、体育赛事组委会成员、运动员、比赛裁判。上述内部管理机构按照章程分别承担部分管理职能，下文将对规则授予不同机构的职能进行简要介绍。

大部分国际体育组织通常根据奥运赛事周期定期举办代表大会，代表大会

① FIBA，FIBA General Statutes，https：//assets. fiba. basketball/image/upload/documents-corporate-fiba-regulations-general-statutes-2021-eng. pdf，visited on 6 November 2024.

② Windholz Eric & Hodge Graeme，International Sports Regulation：An Evolving Private-Public Partnership，45 Monash University law review（2019），p. 314.

（Congress）是国际体育组织的最高权力机关，负责监督章程及大会决议的执行。代表大会有权决定下列事项：（1）修改组织章程、议事规则以及具体赛事规则；（2）批准或修改财务预算安排，实施财务控制；（3）确定对应国家体育组织的管理程序；（4）主席的选任。① 参会代表以投票的形式对上述提议进行表决，代表大会是处理上述事项的唯一内部机构，大会作出的决议对组织的管理机构及人员具备约束力。

理事会（Council）负责监督其他内部机构对体育组织的管理，具体权限包括：（1）为确保组织章程实施，有权制定和修改实施细则；（2）理事会有权根据管理需要设立组织内部机构，确立各组织的权力和职能，如纪律委员会、道德委员会等，并任免相应机构的管理人员；（3）理事会根据内部章程所作决议对全体组织成员具有约束力；（4）理事会可委托律师维护体育组织及内部机构的利益。②

执行委员会（Executive Committee）受理事会监督，并参照代表大会的决议和内部规则进行体育组织工作的全面管理与执行。其具体职能包括：（1）监督代表大会批准的年度计划和长期规划的执行情况。（2）批准年度财务预算并进行财务数据更新。（3）执行理事会作出的决定和工作安排。

除内部管理机构以外，国家体育组织也是国际体育组织的重要成员。通常，经认可的国家体育组织有权在代表大会中投票表决。以国际游泳联合会（International Swimming Federation，FINA，以下简称国际泳联）为例，国家体育组织若想被国际体育组织接纳为成员，需满足如下条件：（1）该组织必须由其国家或地区所在的体育主管部门依法成立，作为当地唯一有资格管理该体育项目的实体机构。（2）该组织与其所属的国际体育组织相互承认对方为各自区域管理体育项目的权威机构。（3）该组织应尊重国际体育组织的章程、实施细则、体育赛事规则以及代表大会决议。国家体育组织的规则应当与国际体育规则保持基本一致，如有冲突，应以国际体育组织的规则为准。（4）国家体育组织应保证在本国内实施的体育组织自治规则与国内法不冲突。③ 在满足上述条件的前提下，国

① BWF，BWF Statutes，https：//corporate. bwfbadminton. com/statutes/，visited on 6 November 2024.

② IHF，IHF General Regulation，https：//www. ihf. info/regulations-team-types/355，visited on 6 November 2024.

③ FINA，FINA Constitution，https：//resources. fina. org/fina/document/2022/01/13/f21af7d9-dc04-45f5-90f6-711f67453b61/23_FINA-Constitution_18. 12. 2021. pdf，visited on 6 November 2024.

家体育组织需向国际体育组织提出申请，代表大会将审查该申请并决定是否接纳其为正式成员，正式成员需按年度向国际体育组织缴纳会费。

在国内和国际两个层面之间，国际体育组织会根据各国家体育组织的地理位置进行分类，设立区域体育联合会。各区域的体育联合会可在国际体育组织的授权范围内进行体育项目的管理，并享有广泛的自主权。区域体育联合会亦应尊重国际体育组织的自治规则，为国际体育组织在区域开展工作提供必要支持。① 此外，区域体育联合会还应将年度体育赛事安排计划提交国际体育组织，并按要求举办区域内的体育赛事。通常，隶属于国际体育组织的国家体育组织自然成为区域体育联合会的成员，享有成员的权利和义务，其还在很大程度上协助区域体育联合会举办或开展比赛。

3. 纪律处罚规则

对于违反体育组织章程、规章和大会决定的行为，国际体育组织设置专门的纪律处罚委员会或规则予以惩戒，通过内部纪律处罚机制保证自治规则在特定领域的普遍遵守和实施，维护体育组织的自治性。纪律处罚规则包含适用范围、违纪行为及相应处分、执行程序、上诉机制等几个重要部分，对不遵守体育组织自治章程的行为予以矫正和处分。通常，受纪律处罚规则约束的成员即为上文所述的管理机构及其官员，国家体育组织和国内俱乐部，以及运动员、教练员、裁判等与参与赛事相关的个人，适用的规则即为纪律处罚规则本身。

以世界橄榄球联合会（World Rugby）的规定为例，应受处罚的行为包括：（1）暴力行为。不当使用肢体或精神力量的行为，恐吓、伤害、威胁国际体育组织的成员或有利益关系的实体或个人。对于暴力行为，体育组织可对有该行为者实施禁赛、罚款、直接判负等处罚。（2）赌博和操纵比赛结果。对于损害或可能损害比赛公平、诚信的行为，与之相关联的俱乐部或国家体育组织将被取消比赛成绩、扣除赛事积分或停赛一段时期；对直接行为的个人，将视严重情况禁止其在一定时期开展体育相关活动，并处以罚款。（3）贪污行为。对收受贿款的个人，视情节严重情况解除其职务或禁止其开展体育相关活动，并处以罚款。（4）违规转会。对未经正当程序进行转会的球员个人，予以停赛处理，对有关

---

① IAAF, IAAF Constitution, https://www.worldathletics.org/about-iaaf/documents/book-of-rules, visited on 6 November 2024.

俱乐部予以罚款处理，情节严重者限制其转会资质。①

对体育组织所作纪律处罚有异议者，可以通过组织内设的上诉委员会提起上诉。由组织内部管理机构所作之处罚，均可通过上诉委员会寻求救济。值得注意的是，部分国际体育组织如国际排球联合会（International Volleyball Federation，FIVB，以下简称国际排联），认为裁判在赛场所作判罚的上诉决定具有终局性，即体育组织对于裁判的判罚处理是否公正的判断，不得通过上诉委员会或者 CAS 进行上诉。上诉需以书面形式提出，若一定时期未收到上诉委员会的回应，则被视作不予受理。上诉需要支付一定费用，在一定期间内未能足额缴纳费用，视作上诉方撤回上诉。此外，上诉方还应负担专家、证人、辅助人的费用。在正式受理上诉请求后，上诉委员会将组织召开听证会，听取争议各方的观点意见。上诉行为并不中止处罚的执行，在上诉结果发布之前，体育组织所作处罚依然有效。倘若当事方不满意上诉决议，多数体育组织都允许当事方就上述范围内的争议向 CAS 提起进一步上诉。体育组织自治规则并非完全排除外部规则介入，对于事关体育组织成员和体育赛事参与个人切身利益的处理，体育组织设置上诉机构保障处罚的客观公正，并允许 CAS 在内部程序用尽后介入体育组织有关纪律处罚的决定，体育组织通过纪律处罚规则中的例外规定维护体育组织自治规则的公正性。

4. 争议解决规则

有关组织章程和其他规范引发的争议，通常由体育组织内设裁决机构（Judicial Board）中的仲裁庭（tribunal）解决。以国际足联的规定为例，内部仲裁庭能处理的纠纷类型可分为（1）违反内部反兴奋剂政策；（2）违反禁止操纵比赛的规定；（3）违反运动员和运动员支持团队行为准则。② 同普通仲裁程序类似，组织内部仲裁庭也允许争议方聘请律师、申请证人出庭，按照组织内部规则对争议进行认定，对处理结果不满的一方，同样享有上诉权利，在用尽内部救济后，可向 CAS 提起最终上诉。组织内部的纠纷解决程序与纪律处罚有较多相似之处，都是对内部规则的解释与适用，二者的权利救济流程也大体相同。现如今，部分

---

① World Rugby，Disciplinary And Judicial Matters，https：//www. world. rugby/wr-resources/World_Rugby_Handbook/EN/pubData/source/files/Regulation18_1. pdf，visited on 6 November 2024.

② FIFA，FIFA Statutes，https：//digitalhub. fifa. com/m/7e791c0890282277/original/FIFA-Statutes-2021. pdf，visited on 6 November 2024.

体育组织建议争议方优先通过调解而不是内部仲裁解决争议,[①] 以平和高效地化解双方争议。纠纷解决机制是体育组织自治权的核心内容，后文将会有更详细的论述。

5. 反兴奋剂规则

在《世界反兴奋剂条例》生效之前，大多数国际体育联合会和国家奥委会都参考《奥林匹克运动反兴奋剂规则》，制定自己的反兴奋剂规则。由于这些规则缺乏一致性，规则之间也难以协调，以至于影响反兴奋剂工作的成效。利益相关方一致认为，协调不同规则对反兴奋剂的公正性和有效性至关重要。于是，在充分考虑运动员、各国政府、国际奥委会、国际单项体育联合会、国家奥委会、CAS 等多方意见后，《世界反兴奋剂条例》（2003）在 WADA 成立 4 年后公布。该规范性文件确立了史无前例的兴奋剂处罚的严格责任原则，一旦运动员的样本检测为阳性，无论其是否存在过失或者过错，都视作违反《世界反兴奋剂条例》，以达到威慑作用。《世界反兴奋剂条例》（2003）要求在展开相关听证后对其行为进行公开；有关运动员是否使用兴奋剂而产生的争议，《世界反兴奋剂条例》（2003）同时确立了 CAS 作为最终争议解决机构的地位；此外，为避免国家反兴奋剂机构和国际单项体育联合会针对兴奋剂处罚存在不同意见而产生冲突，《世界反兴奋剂条例》（2003）还要求签署方互相承认对方所作之兴奋剂处罚决定。[②] 可见，《世界反兴奋剂条例》（2003）的公布一定程度上缓解了不同机构反兴奋剂规则之间的冲突，其在世界反兴奋剂工作开展中的指导地位也被广泛接受，但其规则本身仍存在不合理之处，在接下来的十余年中经过数次修改。

《世界反兴奋剂条例》的修正工作于 2006 年正式启动，同《世界反兴奋剂条例》（2003）一样，由专家组负责起草，交由利益相关方讨论和表决，于 2007 年 11 月正式表决通过，并于 2009 年生效。《世界反兴奋剂条例》（2009）与《世界反兴奋剂条例》（2003）相比，主要强化《世界反兴奋剂条例》在世界反兴奋剂工作中的地位和规则适用的灵活性,[③] 具体表现为：第一，自 2010 年起，国际奥委会只接受加入《反对兴奋剂公约》的国家申请举办奥运会，根据该

① World Triathlon, World_Triathlon Constitution, https://www.triathlon.org/uploads/docs/World_Triathlon_Constitution_2022.pdf, visited on 6 November 2024.

② Rabin Pitsiladis, Acute Topics in Anti-Doping, 62 Med Sport Science (2017), pp. 12-13.

③ Gray S, Achieving compliance with the world anti-doping code: learning from the implementation of another international agreement, 11 International Journal of Sport Policy Politics (2019), pp. 248-249.

《公约》的要求，缔约国遵守《世界反兴奋剂条例》中所确定的原则，并将其视为各项反兴奋剂措施的基础；第二，扩大禁用清单的范围，使得反兴奋剂工作的覆盖面更广；第三，引入“情节严重加重处罚”，情节严重者的禁赛期可从2年延长至4年。

《世界反兴奋剂条例》（2015）的进步性是强化处罚的灵活性和严厉程度，主要体现在：第一，对于类固醇和激素的不当使用，如果运动员不存在故意，则禁赛期间由原来的4年改成2年，若不存在重大过失，则禁赛期为1年，增加处罚的灵活性。第二，对于给予运动员使用兴奋剂支持的个人，如运动员的教练员，也要承担一定连带责任，承担连带责任的个人在处罚期内被禁止在体育赛事中同其他运动员合作。第三，提升检测的可靠度，例如增加对长期保存的样本的额外检测，以避免因技术原因出现检测遗漏。此外，增加飞行药检，部分检测行为并不会提前告知运动员。第四，强化对人权的保护。[①] 如在决定处罚措施时，考虑未成年人的特殊身份，以及将强制信息公开流程推迟到上诉程序结束。

2019年11月7日，在波兰卡托维兹举行的第五届世界反兴奋剂大会上，WADA审议并通过了新修订的2021年版《世界反兴奋剂条例》，该《世界反兴奋剂条例》于2021年1月1日起正式生效。《世界反兴奋剂条例》（2021）在《世界反兴奋剂条例》（2015）的基础上，体现兴奋剂处罚的相称性，强化运动员权利保护。第一，再次引入“加重情节”条款，如果存在严重情节，如阻碍反兴奋剂调查、破坏兴奋剂结果管理、使用多种违禁用物等，还可额外延长从0到2年不等的禁赛期。第二，确定对“共谋”的处罚上限。考虑到在某些情况下，涉及“共谋”的违法行为可能与涉及“管理或企图管理”的违法行为非常相似，容易造成处罚混淆，为了在某些共谋的制裁中保留一些更大的灵活性，同时为了避免可被视为“管理或企图管理”的严重共谋行为也受到4年的处罚上限的限制，将共谋的禁赛期限改为2年至终身。第三，在主体中增加“受保护人员”和“业余运动员”，[②] 主要包括未成年和民事行为能力受限制的运动员，以及不以参加比赛为主要收入来源的运动员。强调对弱势一方当事人的保护，上述主体在兴奋剂的管制和处罚方面将享有一定宽待。第四，明确禁用清单不得溯及

① Shaun Star & Sarah Kelly, A level playing field in anti-doping disputes? The need to scrutinize procedural fairness at first instance hearings, 21 International Sports Law Journal (2021), pp. 99-100.

② 郭树理：《揆情审势、宽严相济：〈世界反兴奋剂条例〉之新发展》，载《上海体育学院学报》2021年第2期，第3—4页。

既往。[①] 对于禁用清单对反兴奋剂工作的影响，《世界反兴奋剂条例》（2021）采取"从旧兼从轻"的原则。不得以新增的项目认定之前的使用行为违反规定，但从禁用清单被剔除的项目，受处罚的运动员可以就此申请缩短禁赛期。第五，规定更严格的公平听证标准，弥补之前"公平听证小组"要求存在的缺陷，增加了听证小组"业务独立性"（Operationally Independent）的要求，要求听证小组与案件的调查、处罚决定的变更以及案件的仲裁、诉讼部门相互独立。

世界反兴奋剂规则对国际体育组织的影响主要体现在，国际体育组织内部通常设有专门的反兴奋剂委员会，要求各成员必须遵守 WADA 关于反兴奋剂的要求，且必须与组织进行充分合作，采取检测措施以惩罚违反兴奋剂条例的行为。此外，该委员会有权制定和公布反兴奋剂条例，并开展反兴奋剂宣传与教育工作，并对运动员、组织官员、赛事组织者和管理人员提供指导。

（二）国际体育组织自治规则与其他组织规则的互动

1. 国际奥委会与国际奥林匹克赛事

国际奥林匹克运动会作为世界范围内具有极大影响力的体育赛事，囊括大部分主流的体育比赛项目，吸引了全世界的关注，这一广泛影响力在本研究的国际体育组织自治规则中亦有所体现，国际奥委会《奥林匹克宪章》中基本原则和一般准则对体育组织的约束与限制已被许多体育组织所承认并接受。

绝大部分体育组织在章程中直接表达了对奥林匹克原则的认可。例如，世界羽毛球联合会（Badminton World Federation，BWF，以下简称世界羽联）在章程中表明，其"适用《奥林匹克宪章》的一般原则和基本原则，章程的任何规定不得被视为与这些原则相冲突或减损"。[②] 这意味着世界羽联将《奥林匹克宪章》中的原则视作其组织自治规则的一部分，世界羽联自愿受《奥林匹克宪章》约束与限制。国际举重联合会也有类似表述，"当自治规则与《奥林匹克宪章》原则相冲突时，以《奥林匹克宪章》原则为准"。[③] 国际射击运动联合会（International Shooting Sport Federation，ISSF）表明其旨在发展、促进和保护奥林匹克运

---

① 郭树理：《2021 年实施版〈世界反兴奋剂条例〉之修订》，载《体育科研》2020 年第 2 期，第 25 页。

② BWF，BWF Statutes，https：//corporate. bwfbadminton. com/statutes/，visited on 6 November 2024.

③ WBSC，WBSC constitution，https：//static. wbsc. org/assets/cms/documents/9d4363fa - ebd0 - 5aa7 - 7a22-7c654f86f107. pdf，visited on 6 November 2024.

动，遵守国际奥委会《奥林匹克宪章》的规定，承认国际奥委会的决定。[①] 国际篮联也在章程中表明，其在“必要时”会确保遵守国际奥委会制定的规范，此外国际篮联认为其是唯一拥有转播、许可和营销体育赛事权利的组织，但这并不包括奥运会赛事。[②] 国际篮联在遵守国际奥委会基本规则的同时，也放弃一部分商业利益。

除表明遵守国际奥委会基本原则和规则之外，部分体育组织还在章程中直接载明国际奥委会认可的重要权限。如国际击剑联合会（International Fencing Federation，IFF）在章程中表明，该组织是根据《奥林匹克宪章》第三条对击剑项目具有管理权限的体育组织，除尊重《奥林匹克宪章》基本原则之外，还遵守国际奥委会制定的道德准则及国际奥委会道德委员会在体育道德方面的权限。[③] 对于国际击剑联合会而言，国际奥委会的认可已不断强化其在击剑项目的管理权限。

2. 设立地所在国的法律

如前所述，体育组织设立地所在国的法律对体育组织的影响在章程中均有体现。国际体育组织通常在章程中表明受总部所在地的国内法限制，以瑞士为例，瑞士是众多国际体育组织总部所在地，在瑞士设立的国际体育组织一般会在章程中表明其根据《瑞士民法典》第六十条成立。该条规定，成立一合法有效的体育组织实体受到的限制并不复杂：首先，创始成员必须以书面形式规定协会的总体宗旨及其设立和运营所需的资金来源，如会员费、捐款、赞助收入等。其次，所有组织都应当属于非营利性组织。虽依注册地法律而设立，但体育组织明确排除外部司法对组织内部事务的干涉，体育组织在制定规则时往往注明其受注册地的国内法律约束，对于组织内部规则是否合法的判断，交由国内法律处理，但在章程中却并未给外部司法介入留下明确空间，这也导致国家司法机关鲜少处理有关国际体育组织的争议。

以国际马术联合会（International Equestrian Federation，FEI）为例，其总部

---

① ISSF，ISSF Constitution，https：//backoffice. issf-sports. org/getfile. aspx？mod = docf&pane = 1&inst = 452&file = ISSF%20Constitution%20ENGLISH. pdf，visited on 6 November 2024.

② FIBA，FIBA general statutes，https：//basket. ba/wp-content/uploads/2020/04/FIBA-General-Statute. pdf，visited on 6 November 2024.

③ IFF，Field Statutes，https：//static. fie. org/uploads/26/131723-FIE%20Statutes%20ang. pdf，visited on 6 November 2024.

设立于瑞士，其组织章程写明，针对该组织的民事诉讼，即由组织规则引发的争议，只接受以仲裁的形式解决，且所有争议应根据瑞士法律解决。[①] 其他体育组织大多采取类似的表述，表明组织规则引发的争议根据所在地法律解决，但通常不允许当地司法机关介入，除非内部章程或所在地法律明确要求司法介入，且司法介入形式也局限于专门的体育仲裁机构的仲裁程序而不是普通诉讼程序。[②] 对于多数体育组织而言，CAS 是其唯一认可的组织外终局性纠纷解决机构，对外部司法的排斥是体育组织对体育行业自治的有力强调。然而，它们对自治的关注并不在于设立所在国的法律适用。相反，国际体育组织最关心的是不受政治干预的自治，不受专门针对它们及其运作的法律的约束。[③] 因此，排斥外部司法介入并不意味一种无限制的自治观，这既不意味着体育组织凌驾于法律之上，也不意味着体育组织不应被期望遵守善政的原则。国际体育组织同样有义务确保其内部管理工作和官员行为符合所在国国内法律的相关规定。

3. 国际体育仲裁院（CAS）

CAS 是受国际体育组织广泛认可的、体育行业内的纠纷解决机构，建立 CAS 是为了克服不同国家的法院对国际奥委会、国际足联及其附属体育组织的规则的解释不一致的问题。因此，在国际体育界的努力中，统一适用和执行一套统一的规则是实现法治的重要环节。自治、独立和公正是 CAS 成功发挥这一双重作用的核心，它通常被认为是成功的。[④] 不少体育组织甚至明确视其为唯一的组织外部纠纷解决机构，以提升组织内部纠纷解决的公正性，但 CAS 也受到体育组织的诸多限制，只在有限的环节发挥争端解决机构的作用。

体育组织对 CAS 的认可在于，CAS 是多数体育组织设立的内部纠纷解决以外的唯一具有争议事项管辖权的独立的体育机构，与组织及其章程和规则有关的争议，应有明确规定可提交至 CAS，而不得提交至国内普通法院、任何国家的民事司法机构和其他仲裁机构。通常，CAS 所作裁决具有终局性，当事方及体育组

---

① FEI，FEI Statutes，https：//inside. fei. org/system/files/FEI%20Statutes_2019_CLEAN. pdf，visited on 6 November 2024.

② Gym，Gym Statutes，https：//www. gymnastics. sport/publicdir/rules/files/en _ Statutes% 20Edition% 202023. pdf，visited on 6 November 2024.

③ Windholz Eric & Hodge Graeme，International Sports Regulation：An Evolving Private－Public Partnership，45 Monash University law review（2019），pp. 315－316.

④ Windholz Eric & Hodge Graeme，International Sports Regulation：An Evolving Private－Public Partnership，45 Monash University law review（2019），pp. 318－319.

织应接受仲裁庭作出的决定，不可就此决定再提出上诉。

体育组织对CAS的限制在于国际体育组织通常只在因内部章程、条例、其他规则产生的争议无法通过体育组织内部上诉程序解决时才交由CAS处理，在内部救济途径用尽之前，争议双方无法凭借意思自治选择CAS解决争议，启动外部仲裁程序的必要前提必须满足，[①] 国际体育组织通过对CAS介入争议设置门槛来实现体育组织自治与内部决定公正性之间的平衡。例如，国际足联对解决内部纠纷的仲裁规则进行了限制，[②] 其章程规定，交由CAS处理的纠纷，应当主要适用国际足联的内部规则进行处理。

在本文研究的国际体育组织中，对CAS介入组织纠纷持完全开放态度的典型代表是国际马术联合会，根据其章程规定，只要争议双方同意，任何除违反马匹兴奋剂和药物管制的争议，都可不经组织内部机构的介入直接交由CAS，根据CAS自行认定的仲裁规则予以判断，这是对普遍存在的各国际体育组织的“用尽内部救济”原则的突破。与此类似的是，国际曲棍球联合会（International Hockey Federation，IHF）也在其内部纪律处分规范文件中表明，由组织管理机构所作之纪律处罚决定，可以不通过组织内上诉机构直接向CAS提起上诉。[③] 此外，CAS也是多数体育组织认定的有关兴奋剂争议的上诉机构。鉴于此，CAS在2016年成立反兴奋剂仲裁庭，致力于建立更为有效、透明、可信的反兴奋剂体制，设有专门的仲裁员名单和仲裁规则。它一改以往解决兴奋剂争议的上诉审理程序，原本作出处罚决定的国际奥委会和单项体育联合会化身为“原告”或“检察官”，向CAS反兴奋剂仲裁庭就此提起一审，申请其作出处罚裁决。反兴奋剂仲裁庭设立后，其管辖权仍需要和国际单项体育联合会谈判一致同意后取得，同时需要单项体育联合会修改自己的内部章程。目前，CAS持续和各个单项体育联合会进行谈判，截至2020年已经有10余个单项体育联合会进行了授权，但对几个重要联合会如国际泳联、国际田径联合会（International Association of Athletics Federations，IAAF，以下简称国际田联）、国际足联等，还没有完成授权谈判。

---

① ITF，ITF constitution，https：//www. itftennis. com/media/2431/the – constitution – of – the – itf – 2024. pdf，visited on 6 November 2024.

② FIFA，FIFA Statutes，https：//www. icsspe. org/system/files/FIFA% 20Statutes. pdf，visited on 6 November 2024.

③ FIH，FIH General Regulation，http：//www. fih. ch/media/13314742/fih – general – regulations – 2018. pdf，visited on 6 November 2024.

4. 世界反兴奋剂机构（WADA）

与 CAS 一样，WADA 是国际体育行业自治领域中不可或缺的主体，致力于打击全球体育赛事中的兴奋剂行为。为了符合 WADA 开展体育运动的反兴奋剂要求，国际体育组织通常设立有内部反兴奋剂机构和药物管理委员会，同时制定与之匹配的反兴奋剂条例。WADA 所制定的规则和条例对各体育组织都有强势的指导作用，各体育组织吸纳反兴奋剂规则的方式不一，如国际手球联合会（International Handball Federation，IHF）直接认可 WADA 规则为其组织内部反兴奋剂规则的重要部分。[①] 国际摔跤联合会（United World Wrestling，UWW）认为《世界反兴奋剂条例》对该联合会具有强制性，该组织与 WADA 之间签订的协议适用于该项目所有的反兴奋剂管理工作，尽管该组织可独立开展反兴奋剂工作，但检测机构应为 WADA 认可的实验室。[②] 在涉及用药豁免问题时，国际泳联认为，应同时根据国际泳联内部兴奋剂管理条例和 WADA 颁布的反兴奋剂条例为运动员提供用药豁免。[③] 在商业方面，国际篮联原则上禁止对 WADA 禁止名单上不时更新的酒精、烟草或其他物质进行广告宣传。[④]

当组织内部的反兴奋剂机构与 WADA 就一起疑似兴奋剂事件的处理结果不同，发生争议时，国际足联对此规定："国际足联有权根据国际足联反兴奋剂条例的规定，对联合会、成员协会作出的任何具有内部终局性和约束力的兴奋剂相关决定，再向 CAS 提出上诉。"同时，"WADA 有权就国际足联、各联合会、成员协会根据国际足联反兴奋剂条例的规定作出的任何具有内部终局性和约束力的兴奋剂相关决定，向 CAS 提出上诉"[⑤]。当不同反兴奋剂机构对相关决定提出异议，都通过 CAS 进行解决，可见，CAS 对兴奋剂争议可发表最终意见。

（三）对国际体育组织自治规则的整体评价

对国际体育组织自治规则的整体评价，应从两方面着手：一是国际体育组织

---

① IHF，IHF constitution，https：//www. ihf. info/sites/default/files/2022 - 02/01% 20 -% 20Statutes _ E. pdf，visited on 6 November 2024.

② UWW，UWW constitution，https：//cdn. uww. org/2024 - 06/constitution _ eng _ final _ version-june2024. pdf，visited on 6 November 2024.

③ Fina，Fina constitution，https：//resources. fina. org/fina/document/2022/01/13/f21af7d9-dc04-45f5-90f6-711f67453b61/23_FINA-Constitution_18. 12. 2021. pdf，visited on 6 November 2024.

④ FIBA，FIBA General Provision，https：//fiba3x3. com/docs/fiba-internal-regulations-general-provisions-book-1. pdf，visited on 6 November 2024.

⑤ FIFA，FIFA Statutes，https：//digitalhub. fifa. com/m/7e791c0890282277/original/FIFA-Statutes-2021. pdf，visited on 6 November 2024.

为支撑不受外界干扰的内部治理体系而设置的自治规则，自行决定应如何管理组织且如何实现设立的目的。二是为实现体育和法律双重公正下，同时体育组织的自治规则应服从该组织外部的规则或原则，进行部分自我限缩，如上文中《奥林匹克宪章》的基本原则、WADA 的反兴奋剂规则、CAS 的仲裁纠纷解决规则等。

首先，国际体育组织自行设立规则以实施组织管理，并在规则中明确要求其成员以及参与体育赛事的各方主体认可并接受国际体育组织的章程及相关规定，承认该组织在本体育项目的绝对管理权，遵守体育组织的要求并服从国际体育组织作出的任何决议、决定以及违纪处罚。国际体育组织通过设立规则，要求组织成员及其他利害关系人遵守规则以实现组织自治，同时又明确排除外部司法对组织内部事务及纠纷的管辖，保证组织不受干涉地依自行设立的规则进行体育项目管理。国际体育组织根据自治规则确定组织运行的规则，组织规则又进一步强化国际体育组织的自治性。

其次，国际体育规则的自治是自我约束的、有限的自治，自治规则并未完全排除自身组织外的机构和规则的影响。第一，体育组织依据所在国的国内法设立，组织章程表明其受国内法约束，因此引发的争议可通过国内法解决，但限于体育组织认可的机构（CAS 或其他仲裁机构）和形式（仲裁而不是普通诉讼）。第二，虽然国际奥委会与其他国际体育组织没有隶属关系，但多数国际体育组织认可国际奥委会的基本原则及规范的影响力，尊重奥林匹克精神与国际奥委会所作的决议，其组织章程避免与《奥林匹克宪章》内容发生冲突。第三，体育组织内部设有纪律处分机构、纠纷解决机构和上诉机构，但体育组织仍将 CAS 视为强化体育组织内部决定公正性的外部渠道，在用尽内部救济后争议方可向 CAS 提出仲裁请求，CAS 终局性地纠正体育组织所作的决定并被其他体育组织所承认。第四，在打击使用兴奋剂行为方面，国际体育组织与 WADA 在策略上保持步调一致，反兴奋剂工作同时在组织内部反兴奋剂规范和《世界反兴奋剂条例》的指导下开展。

总之，国际体育自治规则是体育组织为实现管理自治设计的框架结构，体育组织通过规则设置保障其自治性。但体育组织并非孤立存在，组织设立目标的实现需要同其他组织通力协作，为保证组织的公正性，也需要外部机构对组织内部的决定予以矫正，因此，对体育组织自治的限制也被纳入组织规则中。

二、国内体育组织的自治规则

（一）国内体育组织自治规则的主要内容

本节的研究对象为我国 36 项体育总会所属单项体育协会的内部规则。[①] 国内体育组织自治规则的主要内容与国际体育组织的自治规则基本相同，且国内体育组织之间的章程内容和结构保持高度一致，主要是总则、会员、业务范围、组织机构和负责人的产生与罢免、财务管理等。[②] 但在本文研究的国际体育组织中，只有国际足联等少数组织在章程中包含有关纪律处罚及纠纷解决的规定。而在除章程以外的自治规则中，国内体育组织对反兴奋剂工作最为关注，对竞赛规则、运动装备和场地标准也有较为详尽的描述，而这些部分的规定，国内和国际体育组织的规定并无明显不同。为保持上下文逻辑的完整，以下仅对国内体育组织自治规则作出简要介绍。

1. 总则

国内体育组织的总则包含：（1）组织名称。包括组织中文全称、中文简称、英文全称、以及英文简称。（2）组织的住所。住所即组织的所在地，本节所研究的体育组织的所在地大多为北京。（3）组织的性质。在这一部分，体育组织通常表明其为具有独立法人资格，自愿结成的全国性、专业性、非营利性体育社团组织。作为中华全国体育总会和中国奥林匹克委员会的会员，遵守中华全国体育总会和中国奥林匹克委员会的章程及其他规定，是代表国家参加洲际和国际比赛的唯一合法组织。（4）奥林匹克委员会宗旨。我国体育组织的宗旨一般是，坚持党的领导和正确的政治方向，团结运动员、教练员、裁判员、体育爱好者以及关心支持体育组织的社会各界人士，深化运动改革，加强与国际单项体育联合会和洲际体育联合会的联系与合作，树立行业管理权威，提升国际话语权。[③]

2. 体育组织管理机构与会员

会员大会是最高权力机关。其职责包括：（1）负责章程的制定；（2）选举和罢免主席、副主席、理事；（3）审议工作报告和财务报告；（4）决定终止事

---

① 中国奥委会：体育总会所属单项体育协会，http：//www. olympic. cn/sports/union/domestic/，最后访问时间：2024 年 11 月 6 日。

② 中国田径协：《中国田径协会章程》，http：//www. athletics. org. cn/bulletin/gzzd/2020/0512/338307. html，最后访问时间：2024 年 11 月 6 日。

③ 中国乒乓球协会：《中国乒乓球协会章程》，https：//www. ctta. cn/zlk/2019/0225/207701. html，最后访问时间：2024 年 11 月 6 日。

宜。理事会（执委会）是会员大会的执行机构，领导协会开展日常工作，对会员大会负责。其职责包括：（1）筹备会员大会；（2）执行会员大会的决议；（3）向会员大会汇报工作和财务情况；（4）领导协会各机构开展工作。主席是体育组织的负责人，其职责包括：（1）主持会员大会与理事会会议；（2）对协会日常业务进行决策；（3）领导、监督秘书长和秘书处工作；（4）维护组织的形象，确保组织的战略目标和使命得以实现。①

会员提交入会申请书，并由理事会进行讨论通过后，可以成为体育组织的会员。会员可行使以下权利：（1）参加会员大会的权利。（2）选举权、被选举权和表决权。（3）获得体育组织服务的优先权。（4）经批准代表体育组织参加国际比赛。（5）参加体育组织的援助和发展计划的权利。对于不支付会费、不在规定时间内完成注册的会员，将对其暂停会员资格。在处罚期内不纠正不当行为的会员，将被取消会员资格。②

3. 纪律处罚与争议解决规则

在我国36项体育总会所属单项体育协会官方网站所公示的信息中，中国足球协会和中国橄榄球协会对纪律处罚与纠纷解决的规定最为完整，且中国橄榄球协会的有关规定与中国足球协会有一定相似性，因此对于这一部分的讨论主要围绕上述两个组织的规则相较于国际体育组织规则的特点展开。

根据中国足球协会的章程，协会管辖范围内的足球组织和足球从业人员不得将争议诉诸法院，应提交协会内部的机构。对于应属国际足联管辖的国际体育纠纷，则可以向CAS提起上诉；③ 对于应属中国足球协会管辖的国内体育纠纷，则只能由体育组织内部仲裁机构进行解决，依照组织章程，外部司法机构无法介入。

对于纪律处罚决定的申诉，体育组织将申诉范围限制为停赛、禁止从事相关运动、退回奖项、取消比赛结果、联赛扣分、禁止转会、取消比赛或注册资格、

---

① 中国排球协会：《中国排球协会章程》，http：//www. volleychina. org/regulation. html，最后访问时间：2024年11月6日。

② 中国足球协会：《中国足球协会章程》，https：//www. thecfa. cn/thecfa/upload/20191204/20191204132708684. pdf，最后访问时间：2024年11月6日。

③ 中国足球协会：《中国足球协会章程》，https：//www. thecfa. cn/thecfa/upload/20191204/20191204132708684. pdf，最后访问时间：2024年11月6日。

一定数额的罚款等。[1] 对于国际组织所作的纪律处罚决定不服的会员或运动员，可以向 CAS 提起仲裁，借助外部组织、外部司法机构对内部处罚予以矫正。根据 2023 年 1 月 1 日起施行的《中华人民共和国体育法》（以下简称《体育法》），中国国家体育总局成立了中国体育仲裁委员会（China Commission of Arbitration for Sport，CCAS）。根据我国《体育仲裁规则》规定，对于由国内体育组织作出的有关兴奋剂处罚决定或者其他处罚决定产生的纠纷及其他体育相关纠纷，运动员或会员可以就该纠纷向 CCAS 提起仲裁，CCAS 所作出的裁决应被视为终局裁决。纪律委员会对违反体育组织规则的行为作出处罚后，运动员或会员可以向组织内部仲裁委员会提起申诉，对于申诉结果不服的还可以进一步向 CCAS 寻求救济。

国内体育组织根据制定规则以支撑其自治权能并对自治加以自我限制的方式与国际体育组织相似，国内体育组织同样在管辖范围内行使有限的自治权。但与国际组织相比，国内体育组织对于纪律处罚和争议解决的部分较为轻视，且在我国仲裁机构新成立的背景下，仲裁机制与规则都不尽完善，不利于维护申诉方的利益。此外，国内体育组织同样排斥国家司法机关的介入，进一步削弱体育组织的公正与中立。

4. 与国际体育组织的区别

通过对比国内体育组织自治规则与国际体育组织自治规则，可以发现二者的主要区别在于，国际体育组织自治规则中，纪律处罚及纠纷解决是组织规则的重要组成部分，关乎自治规则能否有效执行、违纪行为应当作何处理，以及如何通过申诉保障正当权益和维系组织规则的公正性，绝大多数体育组织还在此环节引入外部机构强化对规则的监督，进行自主权的自我限制。但在国内体育组织自治规则中，则少有体育组织对其进行详细规定。

通过查阅各协会官方网站公示的信息，可以发现部分体育组织虽未对上述事项进行公示，而是在官方网站上的“组织机构”一栏中列明与之相关的机构设置，[2] 但具体的实施细则却没有公布。而有些体育组织则既没有公示上述规定，

① 中国足球协会：《中国足球协会纪律准则》，https：//imageoss. thecfa. cn/File/2019/02/26/1528165733. pdf，最后访问时间：2024 年 11 月 6 日。

② 中国棒球协会：组织机构，http：//baseball. sport. org. cn/cba，最后访问时间：2024 年 11 月 6 日。

在组织机构部分也没有展示与之相关的部门名称，[①] 尚不清楚此类体育组织如何对纪律处罚进行妥当的职能分配。总之，当体育组织成员和相关运动员面临纪律处罚与纠纷争议时，许多国内体育组织并未提供清晰的指引，考虑到国内体育组织同国际体育组织一样，在自身管辖范围内拥有极高的自治权能，上述规定的不明确将影响组织内部决定的公正性，不利于协会成员及运动员的利益保护。

（二）国内体育组织自治规则与其他组织规则的互动

同国际体育组织一样，国内体育组织也在规则中对组织自治进行了限制，例如，在反兴奋剂工作中受国家体育总局和 WADA 的指导和影响，遵守亚洲和国际项目联合会的章程，并接受国家体育总局和民政局的监督与指导。[②] 因此，国内体育组织的规则也体现出自我约束下的规则自治。

1. 国内体育组织规则与注册地法律

在本节所研究的国内体育组织章程中，都表明其遵守宪法、法律、法规和国家政策，践行社会主义核心价值观，遵守社会道德风尚。此外，国内体育组织还接受登记管理机关中华人民共和国民政部和业务主管单位国家体育总局的业务指导和监督管理。[③] 也就是说，国内体育组织的运行除严格遵照国内法律和道德准则，还要受到来自民政部门和体育总局的影响，这一限制被纳入体育组织的章程之中。此处与国际体育组织有很大的差别，虽然许多国际体育组织声称其受《奥林匹克宪章》及其基本原则影响，部分工作的开展也不应与国际奥委会的规则体系相冲突，但国际体育组织并不存在严格的上级单位，其自治程度高于我国国内体育组织。

2. 国内体育组织规则与反兴奋剂规则

根据国内体育组织的官方网站所公示的信息，国内体育组织开展反兴奋剂工作的依据主要有两类。一类国内体育组织并未制定专门的反兴奋剂规则，其反兴奋剂工作的开展，主要依据国务院、国家体育总局、国家反兴奋剂中心颁布的各项文件，例如中国羽毛球协会、中国游泳协会、中国篮球协会等。这些协会在

---

① 中国羽毛球协会：协会介绍和组织机构，http：//www. cba. org. cn/gyxh/，最后访问时间：2024 年 11 月 6 日。

② 中国棒球协会：《中国棒球协会章程》，http：//baseball. sport. org. cn/about/baseball/2019/0805/411026. html，最后访问时间：2024 年 11 月 6 日。

③ 中国击剑协会：《中国击剑协会章程》，http：//fencing. sport. org. cn/zlk/2014/1217/235194. html，最后访问时间：2024 年 11 月 6 日。

“反兴奋剂”的板块中并未设置专门规则，而是附上国务院《反兴奋剂条例》，国家体育总局《反兴奋剂管理办法》《反兴奋剂规则》《世界反兴奋剂条例》，WADA《禁用清单》《运动员行踪信息管理实施细则》《兴奋剂违规听证实施细则》等文件，[①] 结合体育组织的实际情况开展反兴奋剂工作。除在国际和国内具有广泛影响力的反兴奋剂规则之外，一些体育组织还参考国际单项体育联合会的反兴奋剂规则，例如中国举重协会就将《国际举联反兴奋剂条例》与其他国内外反兴奋剂规则并列，作为开展反兴奋剂工作的重要依据。[②] 而部分国内体育组织虽然没有制定独立的反兴奋剂规则，但在关键赛事周期设置专门的反兴奋剂规范，例如中国自行车协会就出台了专门针对全运会期间违规行为的处罚文件——《关于第十一届全国运动会自行车项目兴奋剂违规处罚实施细则的通知》。[③] 该项通知是遵照《反兴奋剂规则》和《反兴奋剂条例》制作而成，体现出国家反兴奋剂规则对国内体育组织的影响。

另一类国内体育组织，有专门适用于组织内部的反兴奋剂规则，例如中国空手道协会、中国摔跤协会、中国足球协会等。这些组织自行制定的反兴奋剂规则仍然受到国内反兴奋剂规则的影响，往往在反兴奋剂管理办法中直接表明该规则是符合《反兴奋剂管理办法》和《反兴奋剂规则》要求，参照《国家队兴奋剂风险防控体系建设最佳实施模式》所制定。[④] 另外，还有部分体育组织在附则中载明：“细节所未尽之事宜，国家体育总局和反兴奋剂中心有规定，参照其规定，没有规定的，则参照《世界反兴奋剂条例》和国际单项体育联合会的相关规定。”[⑤] 由此可见，国内体育组织在反兴奋剂工作的规则制定和工作开展上，很大程度依赖自身组织外部的反兴奋剂规范文件，在反兴奋剂的规则自治层面存在较强自上而下的体系化自治。

---

① 中国篮球协会：《反兴奋剂》，https：//www. cba. net. cn/fxfjzlxz/index. jhtml，最后访问时间：2024 年 11 月 6 日。

② 中国举重协会：《反兴奋剂》，https：//www. cwa. org. cn/fanxingfenji/，最后访问时间：2024 年 11 月 6 日。

③ 中国自行车协会：《关于第十一届全国运动会自行车项目兴奋剂违规处罚实施细则的通知》，http：//images. sport. org. cn/File/2009/09/10/1203173454. pdf，最后访问时间：2024 年 11 月 6 日。

④ 中国空手道协会：《国家空手道队反兴奋剂管理办法》，https：//xhjs2. sports. cn/xhimg/soft/211025/11-211025114500639. pdf，最后访问时间：2024 年 11 月 6 日。

⑤ 中国跆拳道协会：《中国跆拳道协会反兴奋剂工作实施细则》，https：//xhimg. sports. cn/Image/soft/211025/6-21102511312Q27. pdf，最后访问时间：2024 年 11 月 6 日。

第二节 外部相关法律规则的组成

体育组织为维护自身内部管理的需求制定了一系列的自治政策文件，但这并不意味着体育组织是与外界隔绝的。实际上，体育组织在制定组织内部规则时，同样考虑组织以外的其他组织机构的规定，尤其是注册登记地所在国的国内法对体育组织的影响。因此，对体育组织自治规则中有关其他组织机构和法律规范的内容，需要进行进一步分析，探究体育组织在制定自治规则时，外部组织机构和规定是通过何种方式对自治规则予以限制的。

与体育组织自治规则相对，本书所探讨的体育外部规则是指调整体育活动中产生各种与体育相关的且涉及体育领域不同利益关系的法律规范的总称，由体育组织以外的部门（如政府）为主体所制定，分布在国际和国内两个层面。国际上，体育外部规范以国际公约为主，如《欧洲体育人权宪章》保护运动员权益；《反对兴奋剂公约》要求各国政府认真检测和处罚使用兴奋剂的行为，同时呼吁各国政府开展反对使用兴奋剂的宣传教育；[①]《反对体育领域种族隔离国际公约》以消除体育领域的种族隔离行径，并促进以奥林匹克原则为基础的种族公平。[②]而国内的体育外部规范散见于国家各部门法律中，如体育领域劳动关系规定和在劳动法中，体育领域知识产权关系规定在版权法、商标法等公共法律中，等等。下文将对国际和国内与体育有关的外部法律规范进行详细梳理，以总结出体育领域外部法律规范规制体育运动的特点。

一、国际层面的法律规则

（一）《奥林匹克宪章》

鉴于奥林匹克运动与体育运动的概念是包含与被包含的关系，[③] 奥林匹克运动规则自治自然成为体育自治的题中之义。研究国际奥林匹克运动组织的管理规则，同样也是研究体育规则，是规则自治方面的重要体现。《奥林匹克宪章》是

---

① 《反对在体育运动中使用兴奋剂的公约》，https：//news. un. org/zh/story/2005/10/43502，最后访问时间：2024 年 11 月 6 日。

② 《反对体育领域种族隔离国际公约》，http：//treaty. mfa. gov. cn/tykfiles/20180718/1531876062403. pdf，最后访问时间：2024 年 11 月 6 日。

③ 张江南、李爱群：《国际奥林匹克运动组织管理体制研究》，载《武汉体育学院学报》2003 年第 1 期，第 19 页。

国际奥委会为发展奥林匹克运动而制定的最根本的、具有法律属性的文件，对奥林匹克主义基本原则、奥运会比赛规则和细则作出明确规定，它既是国际奥委会的章程，也是开展奥运会相关活动的根本依据，更是奥林匹克运动规则自治的重要研究对象。2021 版《奥林匹克宪章》共六章六十一条，其中第五章以较长篇幅规定奥林匹克运动的组织和管理，明确奥林匹克运动的三个重要主体，即国际奥委会、国际单项体育联合会以及国家奥委会和奥运会组委会的权利和义务。①

除了第五章系统规定体育组织管理的事项，其他与体育组织自治相关的规则散见于《奥林匹克宪章》的各部分，在“奥林匹克基本原则”第五项中规定如下：“承认体育运动是社会活动之一，奥林匹克运动的体育组织应保持政治中立。体育组织有自主的权利和义务，包括自由制定和实施体育规则，决定其组织的结构和管理规则，享有不受任何外部影响的选举权，确保实施善治原则的职责性。”② 根据文义解释，体育组织在奥林匹克运动中的自治权即享有自主制定运动规则、决定其体育组织结构和管理规则的权利。《奥林匹克宪章》第一章“奥林匹克运动”（the Olympic movement）第二条“国际奥委会的任务和角色”第一项中规定，国际奥委会的使命是在全世界推广奥林匹克主义，领导奥林匹克运动。国际奥委会的作用是：鼓励和支持在体育运动中提升道德感和善治（good governance）观念，通过体育活动对青年进行教育，并致力于确保在体育运动中盛行公平竞争精神和禁止暴力。③ 由此可知，善治无疑在奥林匹克运动体系中占据重要地位，不仅是国际奥委会的管理目标，已然发展成国际奥委会向全世界推广的一项重要内容。此外，《奥林匹克宪章》还在第二章“国际奥委会”第十九条“国际奥委会执行委员会”（The IOC Executive Board，IOC EB）第三条第二项“权力、责任和义务”中赋予了 IOC EB 批准与其组织有关的所有内部治理条例（internal governance regulations）的权力。④ 可见，国际奥委会将内部治理条例的批准权授予 IOC EB，即规则由自己制定，并受内部委员会的监督，这实际上也是规则自治的一种体现。

值得注意的是，《奥林匹克宪章》第三部分“国际单项体育联合会（the International Federations）”第二十五条“国际单项体育联合会的认可”第二项规

① IOC，The Olympic Charter（In force as from 8 August 2021），5 The Olympic Games.
② IOC，The Olympic Charter（In force as from 8 August 2021），Fundamental Principles of Olympism.
③ IOC，The Olympic Charter（In force as from 8 August 2021），Rule 2.
④ IOC，The Olympic Charter（In force as from 8 August 2021），Rule 19.

定，为了发展和促进奥林匹克运动，国际单项体育联合会在奥林匹克运动中的章程、惯例和活动必须符合《奥林匹克宪章》，包括《世界反兴奋剂条例》和《奥林匹克运动防止操纵比赛法》。根据前述规定，各国际单项体育联合会在其体育管理（governance）中保持独立性（independence）和自主权（autonomy）。[①] 由此可见，外在引导和制约是自治的逻辑起点，国际体育组织通过《奥林匹克宪章》的授权和相关外在的法律规范的约束作为自我管理的前提条件。

综上，《奥林匹克宪章》作为现代奥林匹克运动的“根本法”，是奥林匹克主义精神的全面体现。[②] 通过《奥林匹克宪章》的规定，国际奥委会和各国际单项体育联合会享有自治权。国际奥委会作为奥林匹克运动管理的最高机构，有义务在自治的基础上实现善治。就国际单项体育联合会而言，则以他治作为逻辑前提取得有限的自主权利，具体包括内部章程和运行规则不受外部干扰，依据章程自我管理，促进体育善治。在奥林匹克运动中，形成了一个他治、自治、善治三者互动的理想图景。

（二）国际公约中与体育有关的规则

国际体育法作为新进国际法发展的一个分支，不仅具有体育运动的特殊性，而且与国际法的渊源具有同一性。[③] 在同一性方面，主要体现在国际体育法应遵守宏观国际法，对国际体育法主体有约束力的条约及其规则，也包括一般法律原则和国际习惯等规定。本文将主要以宏观国际法体系下的《欧洲保障人权和基本自由公约》（Convention for the Protection of Human Rights and Fundamental Freedoms，以下简称《欧洲人权公约》）为例，阐述在宏观国际法体系下《欧洲人权公约》对体育的规制与适用。在特殊性方面，主要是当前与体育相关的国际体育法专门性渊源，如有关体育运动员的系列文件，包括与体育有关的国际公约和体育组织规范等。体育组织规范属于内部规则自治的体现，在此不赘述。

当前与体育有关的国际公约较少，主要有《反对兴奋剂公约》、《反对体育领域种族隔离国际公约》、《保护奥林匹克会徽内罗毕条约》（以下简称《内罗毕条约》）、《国际体育运动宪章》、《反对球场暴力的国际公约》、《欧洲大众体育宪章》，根据公约的名称可知，内容主要涉及兴奋剂、人权、知识产权、球场秩序、大众体育等，本部分将详细论述，以期厘清宏观国际法体系下和国际体育法

① IOC，The Olympic Charter（In force as from 8 August 2021），Rule 25.

② 熊斗寅：《新版〈奥林匹克宪章〉解读》，载《体育文化导刊》2004 年第 2 期，第 32 页。

③ 袁古洁：《论国际体育法的渊源》，载《体育学刊》2011 年第 6 期，第 17 页。

相关公约，促进体育领域良法善治。

1. 与人权相关的国际公约

依据适用国际体育相关的综合性条约内容来看，以《欧洲人权公约》最为典型。《欧洲人权公约》是保障欧洲人权与基本自由的国际公约，其于1950年左右开始起草，其后在欧洲委员会（Council of Europe，CoE）的支持下为欧洲各国所签署，于1953年9月3日正式生效。

从2022年1月欧洲人权与体育相关情况的说明文件来看，本部分主要阐述涉及体育运动主体适用《欧洲人权公约》的情况：

其一，具有性别特征差异的运动员遭受不平等待遇的情形适用《欧洲人权公约》第三条“禁止不人道或有辱人格的待遇”，以保护运动员的基本权益。在Semenya诉瑞士案中，[①] 申请人Semenya是一名专门从事中长跑（800米至3000米）的国际运动员，她对国际田联颁布的相关规定——要求其通过激素治疗降低其天然睾酮水平才能获得资格作为女性参加国际体育赛事向欧洲人权法院提出异议。国际田联作为一个国际体育组织有权管理组织内部成员，制定组织规则，但该类参与女子体育比赛的荷尔蒙资格标准实际上导致强制医疗，相当于不人道和有辱人格的待遇，这是第三条所禁止的。在判断某种做法或待遇是否属于《欧洲人权公约》第三条的范围时，法院认为“虐待必须达到最低限度的严重程度”。[②] 在评估这种待遇是否符合这一最低限度时，法院应从“治疗的性质和背景、治疗的持续时间、对其身心的影响，在某些情况下，还包括受害者的性别、年龄和健康状况”展开。比如“施加心理痛苦……当它在受害者中引起恐惧、痛苦和自卑的感觉，能够羞辱和贬低他们时，就可以被定性为有辱人格”的情况，很可能被判定属于第三条的适用范围。[③] 在实践中，由于大多数国际体育组织的垄断地位，这类运动员别无选择，只能同意接受必要的治疗以获得参赛资格或从事其他职业活动。他们身体的与众不同与行业和社会的排斥，无形中都使这些运动员产生心理阴影且对他们的声誉产生负面影响。通过适用《欧洲人权公约》与人道主义相关的条款，对维护双性运动员享有平等待遇具有重要意义。

其二，在兴奋剂检测中，运动员提供行踪报告检测是否构成违反《欧洲人权公约》第八条“尊重私人和家庭生活及家庭的权利”。2018年1月18日，欧洲

① European Court of Human Rights. No. 10934/21 Semenya v. Switzerland, award of 11 July 2023.

② European Court of Human Rights. No. 10934/21 Semenya v. Switzerland, award of 11 July 2023.

③ European Court of Human Rights. No. 10934/21 Semenya v. Switzerland, award of 11 July 2023.

人权法院分庭裁定，全国运动员协会和工会联合会（FNASS）和其他人诉法国案并未违反《欧洲人权公约》第八条。[①] 法院同时提及："法院并没有忽视行踪报告检测规则对申请人私生活的影响。然而，行踪规则因符合公共利益而被接受，并且在法院看来，这证明了根据《公约》第八条限制申请人权利的合理性。减少或取消申请人抱怨的要求可能会增加兴奋剂对他们和整个体育界健康的危害，并与欧洲和国际关于需要进行突击检查的共识背道而驰。因此，法院认为，被告国在所涉的不同利益之间取得了公平的平衡，并且没有违反《公约》第八条。"

其三，若运动员对体育组织内部裁定的公正性产生质疑，是否可以适用《公约》第六条"获得公正审判的权利"。2020 年 1 月 28 日，Ali Riza 等人诉土耳其一案中，涉及足球纠纷。申请人是一名职业足球运动员、三名业余足球运动员和一名足球裁判，他们声称土耳其足协仲裁委员会的裁决程序违法，该争议的裁决委员会并非独立于当事人的俱乐部一方。法院查明后发现土耳其足球联合会的执行机构和董事会都是由与足球俱乐部关系密切的成员或高管组成，确实对仲裁委员会的组织和运作影响过大，同时，内部规则和外部法律也尚未对仲裁员的独立性提供足够的保障。因此，土耳其足协仲裁委员会的裁决程序不公正，违反了《公约》第六条第一款（公平审判权）。案件裁决之后，法院同时指出土耳其足球争端解决机制下的根本问题，根据《公约》第四十六条（约束力和判决的执行），敦促政府应采取措施确保土耳其足球自治框架下的独立性和公正性。[②]

从上文可知，运动员权利保障在适用《欧洲人权公约》"禁止不人道或有辱人格的待遇"、"尊重私人和家庭生活及家庭的权利" 和 "获得公正审判的权利" 条款方面只是欧洲人权法院根据个案分析。欧洲人权法院不但将与体育相关的案件适用上述三项条款，还将第二条"生命权"、[③] 第五条 "自由与安全"、[④]第九条"思想、信念、宗教信仰自由"[⑤] 条款适用于与体育直接或间接相关的纠纷解决过程中，包括但不限于体育赛场观众或球场暴力行为，限于本文篇幅，不在此作过多论述。此外，上述判决还表明，欧洲人权法院并非全盘接受由体育组织内

① LawEuro, Case of national faderation of sportspersons' associations and unions（FNASS） and others v. France（European Court of Human Rights）, https：//laweuro. com/? p=9368. , visited on 6 November 2024.

② European Court of Human Rights. No. 20226/10 Ali Riza and others v. Turkey, award of 28 January 2020.

③ European Court of Human Rights. No. 10721/02 Harrison v. the United Kingdom, award of 17 July 2008.

④ European Court of Human Rights. No. 15598/02 Ostendorf v. Germany, award of 7 March 2023.

⑤ European Court of Human Rights. No. 29086/12 Osmanoğlu and Kocabas v. Switzerland, award of 10 Januray 2017.

部作出的裁决，而是在遵循国际法基本原则的前提下，就国际或国内体育组织对运动员所作出的裁决进行司法审查，以维护运动员的合法权益。据此，在遵守国际和国内体育行业自治的前提下，司法机构仍然享有对体育组织的有限干预，这不仅是保护运动员合法权益的基本前提，也是维护体育善治的必然趋势。

2. 与兴奋剂有关的专门性公约

《反对兴奋剂公约》是第一个全球性的反对在体育运动中使用兴奋剂的公约。[①]《反对兴奋剂公约》的宗旨是在联合国教科文组织体育运动领域的活动方式和活动计划框架内，促进预防在体育运动中使用兴奋剂，与之开展斗争，最终杜绝这一现象。[②]《反对兴奋剂公约》的目的是“促进预防并反对打击体育运动中的兴奋剂，以期消除兴奋剂。”《反对兴奋剂公约》中阐明了实现这一目的的几种方法，包括公约缔约方“采取适当的符合守则原则的国家和国际层面的措施”，这些措施包括“立法、法规、政策或行政实践”。最后，《反对兴奋剂公约》指示签署国“承诺《世界反兴奋剂条例》的原则作为措施的基础”。虽然将WADA规则强加于运动员和其他参与体育活动的人同样是一种合同（因此是一种私人安排），但其有效实施在很大程度上依赖于国家以反兴奋剂立法和专门的国家反兴奋剂形式的硬强制力。《反对兴奋剂公约》规定民族国家必须提供这种援助。截至2024年11月，已有192个国家批准或加入《反对兴奋剂公约》。这进一步证明了该公约的强制力，因为如果没有遵守反兴奋剂规定，就无法参加奥运会和其他国际体育赛事。[③] 由此可知，该公约涉及与兴奋剂有关的国家和国际层面的活动、教育和研究以及监督。

在国家方面，《反对兴奋剂公约》第七条允许各国政府依靠国家反兴奋剂组织和体育组织来实现公约的宗旨。如对运动支持人员（如运动教练和医生）进行制裁，并鼓励制定营养补充剂标准。《反对兴奋剂公约》指导成员国采取与兴奋剂有关的措施，包括与兴奋剂相关的立法，打击兴奋剂行为。如美国2008年4

---

① 黄世席：《〈反对在体育运动中使用兴奋剂国际公约〉研究》，载《武汉体育学院学报》2006年第3期，第14页。

② 联合国教科文组织：《反对在体育运动中使用兴奋剂国际公约（最后草案）》，https：//www. un. org/chinese/documents/convents/docs/cordial. pdf，最后访问时间：2024年11月6日。

③ Windholz Eric & Hodge Graeme，International Sports Regulation：An Evolving Private－Public Partnership，45 Monash University law review（2019），p. 323.

月4日成为《反对兴奋剂公约》的第90个签署国。[1] 但美国自签署公约以来，似乎并没有为具体制定该条约做太多工作。就目前而言，美国宪法禁止完全遵守《反对兴奋剂公约》，除非个别运动实体决定自己制定符合《反对兴奋剂公约》的政策，这在可预见的未来似乎不太可能发生。[2] 此外，《反对兴奋剂公约》在国家层面的关注重心之一是限制兴奋剂辅助工具和方法的供应和使用。它鼓励政府和体育组织采取措施，限制禁用物质的供应、拥有和使用；尽管它特别限制运动员使用兴奋剂的建议措施包括："不提前通知、赛外和赛内检测"；体育组织允许"其成员接受正式授权的检测（该检测可以来自其他国家的兴奋剂控制团队）"；并协助体育和反兴奋剂组织"获得认可的兴奋剂控制实验室的使用权"。

从国际层面来说，该公约的第三部分侧重于将国际合作作为控制和消除兴奋剂的一种手段。缔约国为实现《反对兴奋剂公约》宗旨所采取的手段应该遵照《世界反兴奋剂条例》中确定的原则，在各国和国际间采取必要的行动；鼓励在保护运动员、促进体育道德和分享研究成果方面开展各种形式的国际合作；鼓励缔约国与反对在体育运动中使用兴奋剂领域中的主要组织，特别是与WADA开展国际合作。《反对兴奋剂公约》还通过以下几方面加强国际合作：一是反兴奋剂组织和体育组织之间的合作。缔约国应当鼓励其管辖范围内的反兴奋剂组织、公共当局和体育组织与其他缔约国的相应机构和组织开展合作，以便在国际范围内实现本公约的宗旨。二是支持WADA的工作。缔约国承诺支持WADA在国际反兴奋剂方面开展的重要工作。三是对WADA经费的等额资助。各缔约国支持由各国公共当局和奥林匹克运动等额资助WADA经批准的年度核心预算的原则。

最后，为了监督《反对兴奋剂公约》的实施，成立了缔约方大会，每两年举行一次会议，每个签署国都享有一票投票权。缔约方大会的职能很多，旨在实现如下几个目的：促进《公约》及其宗旨；解决供资问题；接收报告并监督对《反对兴奋剂公约》的遵守情况；审查和批准对禁用物质清单和《反对兴奋剂公约》本身的更改。

---

① United Nations Educational, Scientific and Cultural Organization, United States Ratifies International Convention against Doping in Sport, http://portal.unesco.org/en/ev.php-, visited on 7 July 2022.

② Genevieve F. Birren Esq. & Dr. Robyn Lubisco, Whatever Happened to the International Convention Against Doping in Sport: The United States Ratified It, But Then What?, 13 DePaul Journal of Sports Law (2017), p. 1.

3. 与体育相关的知识产权专门性公约

奥林匹克运动会是全球体育竞技的盛典，奥林匹克运动的标识与标志不断涌现，成为知识产权保护的对象。无论是参与奥运会的国家、国内体育组织，或国际体育组织都享有与体育有关的、不同程度的知识产权。这对于维护奥运品牌的完整性和商业价值至关重要。1981 年，《内罗毕条约》规定，参加《内罗毕条约》的所有国家均有义务保护奥林匹克会徽（五个相互交错的圆环），制止未经国际奥委会的许可将其用于商业目的（如使用于广告中、商品上作为商标等）的行为。本条约的一项重要作用是，如果国际奥委会许可在本条约的某一缔约国使用奥林匹克会徽，该国的国家奥委会有权分享国际奥委会因给予此类许可而获得的任何收入，[①] 即"在不违反第二条和第三条的情况下，[②] 本条约的任何缔约国均有义务拒绝或使作为商标的注册无效，并采取适当措施禁止为商业目的将任何标志用作商标或其他标志由国际奥委会章程定义的奥林匹克标志组成或包含奥林匹克标志，除非得到国际奥委会的授权"[③]。虽然《内罗毕条约》可能没有过多的强制手段，但它确实为国际奥委会的权力提供了额外的一层保护，保障奥林匹克财产收入的稳定性。

然而在《内罗毕条约》缺乏强制手段的情况下，保护奥林匹克运动中知识产权的方式有以下两种：一是通过注册商标来保护奥运会品牌成为知识产权保护战略的重中之重，特别是包括那些适用于销售的商品和服务，如服装、装饰品和体育用品。这些商标的注册使国际奥委会能够在未经其许可的情况下防止使用它们或使用容易混淆的相似商标，这是成功的品牌推广活动的关键。此外，埋伏式

---

① WIPO：《内罗毕条约（1981 年）提要》，https：//www. wipo. int/treaties/zh/ip/nairobi/summary_nairobi. html，最后访问时间：2024 年 11 月 6 日。

② 《内罗毕条约》第二条：义务的例外情况　（1）第一条规定的义务对本条约任何缔约国在下列方面不具有约束力：（i）由奥林匹克标志组成或包含奥林匹克标志的任何标志，如果该标志在本条约对该国生效之日之前在该国注册，或在该国第一条规定的义务根据第三条被视为中止的任何期间内注册；（ii）在本条约对该国生效之日之前或在该国境内合法开始使用由奥林匹克标志组成或含有奥林匹克标志的任何标志或其他标志的任何个人或企业，在该国继续为商业目的使用该标志或其他标志，第一条规定的义务根据第 3 条被视为中止。（2）第（1）（i）款的规定也应适用于其注册凭借根据该国为缔约国的条约进行的注册而在该国生效的商标。（3）就第（1）（ii）款而言，在第（1）（ii）款所指的个人或企业授权下使用，应视为该个人或企业使用。（4）本条约任何缔约国均无义务禁止在大众媒体上使用奥林匹克标志，以提供有关奥林匹克运动或其活动的信息。第三条：义务的中止　在国际奥委会与该国国家奥委会之间未就国际奥委会授权使用奥林匹克标志的条件达成有效协议的任何期间，本条约任何缔约国均可视为暂停履行第一条规定的义务在该国，并涉及上述国家奥委会在国际奥委会为授予上述授权而获得的任何收入中的部分。

③ WIPO：《内罗毕条约（1981 年）提要》，https：//www. wipo. int/treaties/zh/ip/nairobi/summary_nairobi. html，最后访问时间：2024 年 11 月 6 日。

营销是发生在重大活动中的非赞助商试图营造其是赞助商的印象或寻求从活动的宣传中受益的情况。这两种行为形式的目的都是享受成为赞助商的优势，而无需为活动的资助做任何财务贡献。二是未经授权复制或改编这些作品的任何实质部分都可能构成侵犯版权——在涉及重大事件时，这是一种有用的保护形式。侵犯版权可以构成刑事犯罪，这意味着有管辖权的国内司法机构可以采取刑事执法措施。

以上只是对一些与奥林匹克运动有关的主要的知识产权保护的概述。但很明显，与奥运会相关的品牌的商业化极大地促进了其在各个方面的成功，特别是从财务角度来看。这就解释了《内罗毕条约》可能没有太多的强制措施，但却拥有并维持奥林匹克运动知识产权的具体手段，为奥林匹克运动品牌提供切实的法律保护，并在商业上持续获得收入。

4. 与操纵比赛相关的专门性公约

操纵比赛是体育腐败现象中常见的一种行为，目前国际上的主流观点是将其认定为一种犯罪行为。[①] 操纵比赛的行为对国际体育的公平性、竞技性具有重大负面影响，并且由于现代体育比赛的影响力已经远远扩散到体育外的其他重要领域，操纵比赛行为是国际体育领域重点打击的行为。为了打击体育领域操纵比赛的行为，2014 年 9 月 18 日，在欧洲委员会的主导下，欧洲各国在瑞士缔结《欧洲委员会操纵体育比赛公约》（Council of Europe Convention on Manipulation of Sports Competition，the Macolin Convention，以下简称《操纵比赛公约》），该公约于 2019 年 9 月 1 日正式生效。[②] 这是国际上首个专门为打击操纵体育比赛行为订立的政府间国际条约。该公约明确规定了操纵比赛行为的具体含义："以为自己或他人谋取不正当利益为目的，故意作为或不作为，改变比赛的不可预估性，对比赛结果或过程造成影响的行为。"《操纵比赛公约》同时规定了主要目标，即"以保护体育诚信和体育伦理道德为原则，对操纵体育比赛行为实施打击"。[③]《操纵比赛公约》的条款设定涵盖立法、司法、预防、教育、合作，内容全面，

① Tak Minhyeok. The politics of countermeasures against match-fixing in sport: A political sociology approach to policy instruments. 53 (1) International Review for the Sociology of Sport (2018), pp. 30-48.

② 欧洲委员会：《欧洲委员会操纵体育比赛公约》，https: //rm. coe. int/CoERMPublicCommonSearch-Services/DisplayDCTMContent? documentId=09000016801cdd7e，最后访问时间：2024 年 11 月 6 日。

③ 欧洲委员会：《欧洲委员会操纵体育比赛公约》，https: //rm. coe. int/CoERMPublicCommonSearch-Services/DisplayDCTMContent? documentId=09000016801cdd7e，最后访问时间：2024 年 11 月 6 日。

为缔约国打击操纵体育比赛行为提供完备和高效指导。[①]《操纵比赛公约》要求缔约国各方在国内法层面针对操纵比赛行为进行相应立法，将实施操纵比赛的实行行为和教唆、帮助行为都一同认定为刑事犯罪行为。从《操纵比赛公约》的规定可以看出，其主要通过缔约国国内法的强制力来惩罚和预防操纵比赛行为。为避免操纵比赛的跨国犯罪或已触犯其中一个缔约国相关刑法条款的犯罪人潜逃到其他缔约国，《操纵比赛公约》专门规定了缔约国在司法合作方面的义务，即“缔约方应根据其订立的引渡条约对操纵比赛行为人进行引渡”，该条规定各缔约国在对操纵比赛行为进行刑事追责时应当相互配合，如在侦查、起诉和审判等程序中，各国应当广泛合作，各国开展合作的依据主要是各自订立的互助条约及本公约。[②] 但《操纵比赛公约》仅对签署国适用，而该公约的影响范围集中在欧美地区，因此该公约的规制范围有限。目前，操纵比赛行为往往是跨国犯罪，其行为实施地和侵害结果发生地通常并不限于某一个国家或地区。如果《操纵比赛公约》的影响力无法辐射至欧美以外的地区，如非法博彩公司聚集的东南亚和东亚等地区，那么公约缔约国无法与这些地区的国家在公约的基础上建立信息共享机制、订立双边或多边引渡条约，这将大大降低其打击体育赛事中出现的操纵比赛行为的有效性。[③]

除了上述《操纵比赛公约》，打击操纵比赛行为所能够依据的国际法渊源还有《联合国反腐败公约》和由各国际体育组织章程及纪律规范构成的国际体育软法。[④] 如国际足联为遏制足球赛事中的操纵比赛行为，在其内部规则中规定了严密的预防与惩罚措施，展示出对于操纵比赛行为零容忍的态度。即便国际足联为之付出了巨大努力，在足球赛事中操纵比赛行为仍屡禁不止。因此，国际条约与体育组织自治规则应当彼此相互配合、协同发展，共同构成规制操纵比赛行为的国际法律体系，为打击体育领域的操纵比赛行为提供国际法依据，助力体育事业的健康公平发展。

---

① 魏可心：《国际体育赛事中操纵比赛行为的法律规制》，湖南师范大学 2021 年硕士学位论文，第 22 页。

② 欧洲委员会：《欧洲委员会操纵体育比赛公约》，https：//rm. coe. int/CoERMPublicCommonSearchServices/DisplayDCTMContent？documentId = 09000016801cdd7e，最后访问时间：2024 年 11 月 6 日。

③ 魏可心：《国际体育赛事中操纵比赛行为的法律规制》，湖南师范大学 2021 年硕士学位论文，第 25 页。

④ 魏可心：《国际体育赛事中操纵比赛行为的法律规制》，湖南师范大学 2021 年硕士学位论文，第 25 页。

（三）小结

本小节通过对欧洲人权法院在裁决体育相关的纠纷中适用《欧洲人权公约》条款情况，从国家和国际层面分析规制专门性兴奋剂问题的《反对兴奋剂公约》的具体适用内容，以及分析与奥林匹克运动相关的知识产权问题的《内罗毕条约》。由此可知，在宏观国际法体系下，国际公约和国际条约构成国际体育法的主要渊源，该类公约和条约与体育组织内部规则形成国际体育法的有机统一，从国际层面的外部法律规制的基础上结合体育自治，推动体育善治的发展。但值得注意的是，宏观国际法体系下与体育相关的公约和条约仍存在一定的局限性，首先则表现为体育公约相对较少，所规制的内容比较狭窄。随着体育的国际地位日益提高，利益纠纷呈现多元化，狭窄的体育公约已经无法满足体育运动的发展。因此，在维系体育自治的前提下，仍要依赖国内法律所实施的他治，下文将阐述各国国内法对体育运动的外部规制。

二、国内层面的法律规则——以体育法律关系为视角

通常，社会特定的利益纠纷往往由相应的法律规范来调整，[①] 而体育纠纷属于特定社会纠纷的一类，涉及具体的体育法律关系，往往在一国相关的法律规定中加以规范。受参与主体、实践领域和对象、利益需求、社会关系等多重因素的影响，[②] 体育运动常常因涉及不同的利益而产生纠纷：一是与经济利益相关的纠纷，如因运动员税收、运动员与俱乐部之间的雇佣或劳动关系、运动员代言赞助和比赛转播权等知识产权利益关系等发生的纠纷；二是与公共利益相关的纠纷，如兴奋剂和操纵比赛等问题，故体育领域也不可避免地接受调整上述利益纠纷的法律的规制。本部分拟梳理并分析国内公共法律对体育活动的规定，这里的公共法律（也即外部法律）作广义解释，包括各国政府制定的法律、法规、命令和政策等。

（一）调整与经济利益相关的体育法律关系的外部法律规范

将体育纠纷置于与经济相关的语境下解释发现，相关的纠纷包括因运动员税收利益关系、运动员与俱乐部之间的雇佣或劳动利益关系、运动员代言赞助和比赛转播权等知识产权利益关系等发生的纠纷，下文将通过不同国家的法律对上述

---

① 叶必丰：《论部门法的划分》，载《法学评论》1996 年第 3 期，第 39 页。

② 周爱光：《体育法学概论》，高等教育出版社 2015 年版，第 138 页。

纠纷进行分析，并比较各国不同的处理方式，以期知晓各国国内为何要通过公共法律规制体育纠纷，以及如何通过公共法律规制体育活动。

1. 调整体育组织与运动员税收关系的法律规范

税收属于重要的公共政策问题，不同的税收政策容易导致人才的国际流动，尤其是在各国税率差异很大且移民壁垒较小的情况下，处于高税率的高薪工作者可能会倾向于迁移到税收负担较低的国家。因此，人才的国际流动性可能会严重限制政府通过高度累进税收重新分配收入的能力。① 各国税收政策存在许多差异，这在运动员频繁现身于国际赛场、代表不同国家或体育俱乐部参与竞技的当下，对体育运动人才的市场流动性产生重要影响。一国对运动员所采取的税收政策，取决于该运动员的税收居民身份。对于居民运动员而言，国内法一般采取宽松或严格的税收政策，以吸引高水平运动员在本国从事体育运动，或限制其被认为过高的收入水平；对于非居民运动员而言，国内法则以避免对运动员进行双重征税为出发点，对运动员实施特殊的课税规则。

目前，在体育运动领域，一些国家已经尝试了特殊税收计划，为居民运动员提供较低的税率，以吸引高水平运动员。对这些税收计划的分析产生了令人信服的证据，表明国际人才流动模式确实对税收产生了影响。例如，西班牙于 2004 年实施“贝克汉姆法令”（Beckham Law）。该法令是西班牙政府为引入高水平运动员而颁布的一项针对高薪运动员的税收优惠政策，即对于外国国籍高水平居民运动员按照非居民纳税标准进行纳税，按照西班牙税法的规定，作为非居民纳税人，只需就其在西班牙取得的收入和资产进行纳税，而无需按照居民纳税人就其全球所得缴税。② 超高收入水平的外籍球员和普通西班牙工薪阶层一样，仅适用 24%的个人所得税税率。③ 这与西班牙个人所得税法规定的 43%最高边际税率相比而言，对运动员具有巨大的吸引力。但随着 2008 年经济危机的发生，西班牙政府陷入财政危机，对“贝克汉姆法令”进行了调整，将该项法令的适用范围修改到仅包括年薪 60 万元以下的外籍球员。与西班牙类似，在 2007 年之前，比

---

① Emmanuel Saez & Henrik Kleven, Camille Landais 06 January 2011, Taxation and international migration of superstars: Evidence from the European football market, https: //voxeu. org/article/taxation-and-international-migration-football-s-superstars, visited on 6 November 2024.

② 高照钰:《从“贝克汉姆法令”探析运动员跨境税收征管问题》，载《国际税收》2019 年第 7 期，第 45 页。

③ 高照钰:《从“贝克汉姆法令”探析运动员跨境税收征管问题》，载《国际税收》2019 年第 7 期，第 45 页。

利时税务机关一直将在比利时体育俱乐部效力的外国运动员视为非居民运动员，只按照 18%的固定税率对其征税。[①] 这一政策挤占了本国运动员的发展空间，也影响了比利时的税收财政收入，因此自 2007 年之后，效力于比利时体育俱乐部的运动员都被认定为居民运动员，根据收入水平按超额累进税率缴税。

一些国家则采取更为严格的运动员课税规则，限制运动员的收入水平。美国作为世界体育强国，依赖各种经济和社会力量快速发展职业体育。职业体育自行经营管理，作为一个价值数十亿美元的复杂产业，其还专门规定了所谓的“运动税”（The Jock Tax）。该“运动税”起始于迈克尔乔丹在 1991 年的 NBA 总冠军处子秀和芝加哥公牛队在 NBA 总决赛中战胜洛杉矶湖人队后不久，加利福尼亚州通知迈克尔乔丹，他必须为自己在洛杉矶打球的日子所赚取的收入纳税。为响应这一要求，伊利诺伊州通过了一项名为《迈克尔·乔丹的复仇》（Michael Jordan's Revenge）的法律，对来自任何其他州（如加利福尼亚州）的运动员，该法律除要求缴纳联邦个人所得税以外，还要求缴纳运动税。如今，几乎每个拥有专业运动队的司法管辖区（州和市）都制定了自己的运动税政策。这基本上意味着运动员将在不同的州缴纳不同的税款，具体取决于他们在哪里参加客场比赛以及这些比赛所在地区的州税有多少。[②] 与西班牙“贝克汉姆法令”税收优惠政策不同，“运动税”是美国采取的对运动员的税收限制政策，税收限制政策并不利于运动员，在像伊利诺伊州那些不允许任何税收扣除的地方，[③] 其职业运动员的损失则较大。

如何避免双重征税一直是对非居民运动员征税的重要问题，各国通常根据经济与合作发展组织发布的《关于避免所得和财产双重征税的协定范本》中有关运动员课税规则的规定，突破对个人停留天数和常住居所的限制，将税收管辖权优先分配给运动员所得的来源国，运动员在来源国所缴纳的税款可以在居民国计算应纳税额时进行抵扣，以避免运动员遭受双重征税。目前大部分国家遵循这一

---

① Robby Houben & Anne Van De Vijver. Taxing professional football in the EU，https：//www. europarl. europa. eu/committees/en/supporting-analyses/sa-highlights，visited on 6 November 2024.

② Feigenbaum Consulting，Tax Considerations for Professional Athletes in the U. S，https：//www. feigenbaumlaw. com/sports-entertainment/tax-considerations-for-professional-athletes-in-the-u-s/，visited on 6 November 2024.

③ “即职业运动员在自己所在州缴纳个人所得税时，之前在别的州已经缴纳的运动员税可以进行税收扣除，但是扣除的总量不能超过本州规定的运动员税。”参见王龙飞、蔡文丽：《美国职业体育税收政策及其启示》，载《体育文化导刊》2013 年第 2 期，第 96 页。

做法，并通过国内法予以确认，例如瑞典和德国。但也有极少数国家，例如荷兰，放弃一部分税收利益，不对非居民运动员在本国所得征税。

在瑞典，根据瑞典《所得税法》，永久居住在瑞典的居民运动员所获得的所有收入都要被征税，应税收入包括在瑞典或国外进行的体育活动支付的现金或其他形式的报酬。从瑞典获得应税收入的非居民运动员不仅需优先在瑞典纳税，还需要在其居住国纳税，因此，当瑞典运动员和应税体育俱乐部参加国外体育赛事时，就会出现同样的双重征税问题。为避免对同一收入进行双重征税，瑞典与其他国家签订了双重征税条约。运动员居民国在计算运动员或俱乐部的年总收入时，通常通过扣除在国外（如收入来源国为瑞典）缴纳的税款来避免双重征税。

德国与运动员税收相关的问题规定在德国《财政法》（The Fiscal Code of Germany）和《所得税法》（the Income Tax Code，EStG）中，如居住在德国的运动员（《财政法》第二章第八条）和在德国有经常居所地的人（即一年中超过六个月，不考虑短期中断）（《财政法》第二章第九条）被视作德国居民运动员，就其全球收入向德国税务机关纳税。收入根据 EStG 第一条第一款征税。EStG 第二条第一款和第十三条至第二十四条中提到的不同收入类别分为不同的来源，包括：商业收入（第十五条）；自雇收入（第十八条）；受雇收入（第十九条）；其他收入（第二十二条）。

上述每个来源的应税收入受不同规则的约束，这些规则将决定何时、如何以及在何种程度上缴纳所得税。没有居住在德国的运动员或在德国没有常住地的运动员需要根据 EStG 第三十四条第（c）款或德国对外签署的双边税收协定进行税务处理。不居住在德国的外国运动员和俱乐部（即非居民纳税人）仅对来源于德国的收入征税（EStG 第四十九条）。在这种情况下，向外国运动员或俱乐部付款的实体可能必须根据 EStG 第五十条第（a）款，优先向来源国德国的税务机关进行预扣税款处理。非居民运动员在德国所纳税款，可以在其居民国进行抵扣，以避免双重征税。

与上述国家以来源国的名义对非居民运动员优先行使税收管辖权不同，荷兰采取截然相反的税收政策。根据荷兰《个人所得税法》第五条第（a）款和第五条第（b）款的规定，来自与荷兰签订双边税收协定国家的运动员，无需就其在荷兰的所得在荷兰纳税，只需在其居民国纳税。为避免双重不征税，防止运动员为避税移民避税天堂国家，只有在其居民国有纳税义务的运动员，才可不在来源国荷兰纳税。荷兰采取这一特殊政策的理由是，2004 年荷兰向非居民运动员和艺术家征缴的税款总额为640万欧元，荷兰在这一税务年度征集的总税款为1000亿欧元，前者占后者的比重极小，而税务机关为此付出的行政成本为160万欧元。① 因此荷兰在2007年取消对非居民运动员和艺术家在荷兰的所得征税，在降低荷兰税务机关运行成本的同时，从源头上避免对运动员进行双重征税。

总之，税收对体育运动员具有重要意义。对外国运动员实行优惠的税收待遇，能够吸引高素质的球员，从而带来更多税收收入，并提高联赛的质量。然而，由于分拣效应，随着国内运动员被淘汰，部分新收入会流失。这意味着对外国球员的税收优惠计划最终在体育运动市场僵化的劳动力市场环境中增加收入的能力有限。此外，这些税收计划对其他国家造成了负面外部影响，因为它们失去了体育行业的顶级参与者，这突出了各国家之间税收协调的必要性。值得注意的是，除对运动员的工资税收问题作重要探讨以外，还需要将运动员消极收入纳入税法规制，比如个别运动员的奖金、比赛费、赞助费、薪水和媒体费均应被视为应税收入。

2. 调整体育组织与运动员劳动关系的法律规范

作为一种社会关系，体育领域中的劳动关系也不可避免地接受劳动法调整。② 运动员和体育组织是体育的核心主体，对他们之间法律关系的研究具有重要意义。以下部分将从运动员在劳动法中的地位和雇佣合同或劳动合同等方面展开。

在美国体育领域中，即使是最著名的四大职业体育联盟，即美国国家橄榄球联盟球员协会（National Football League，NFL）、美国国家篮球运动员协会（National Basketball Association，NBA）、美国职业棒球大联盟球员协会（Major League Baseball，MLB）和美国国家冰球联盟球员协会（National Hockey League，NHL），也长期受到传统劳工的工会组织法律与程序的限制。比如，美国四大职业体育联盟的工会的组建和工会领导的选举也适用美国国家劳工关系委员会1935年颁布的《国家劳动关系法》（the federal National Labor Relations Act）。美国《公平劳动标准法》（Fair Labor Standards Act），对联盟雇用职业运动员的年龄作出严格限制："不得在上课时间雇用16岁以下的未成年人；18岁以下的未成年人不得从事劳工部认为对其健康或福祉有害的职业。"鉴于此，NFL和MLB允许

---

① Dick Molenaar & Scorpio and the Netherlands, Major Changes in Artiste and Sportsman Taxation in the European Union, 2 European Taxation (2007), pp. 63-68.

② 郭锐、杨康：《我国运动员职业劳动法律规制的基本问题》，载《河北体育学院学报》2012年第6期，第16页。

球员在 18 岁时被选中；而 NBA 则要求球员从高中毕业一年后进入职业联盟；NFL 要求球员从高中毕业三年后才能加入。[①] 此外，四大联盟的对球员工会的承认也是符合《国家劳动关系法》的要求，同时包括《联邦劳动法》（Federal Labour Laws）的职业安全和健康管理局发布的法规。尽管如此，相关的劳动法规定对运动员的保护实际上不如其他行业的工人。虽然职业球员有能力争取到利润丰厚的薪酬方案，但 2018 年在化解集体工资诉讼的规定颁发后，不少职业联盟的运动队甚至可以向球员支付低于最低工资标准的工资。在实践中，美国运动员和联盟之间通过劳动合同来确定双方的劳资权利和义务，合同内容包含联盟的章程和附则、可协商的财务条款，例如总工资、签约奖金、合同期限和受伤时的保障。这些内容也必须符合联邦或州法律的要求和强制性规定。

在瑞典，与劳动相关的法律也同样适用于所有体育项目中俱乐部与运动员之间的关系。其一，运动员属于劳动法中的雇员。这是由瑞典《劳动保护法令》（Swedish Employment Protection Act，1982）所规定的，直接把运动员视为雇员，而不是根据业余或专业的体育定义。依据雇佣协议的特点，雇员是在雇主的监督和管理下为他人工作，雇主直接从中受益，雇员从中获得经济补偿。如果这些要求得到满足，则适用劳动法规定的最低水平就业条件。众所周知，商业化程度最高的团队运动（例如足球和冰球）的运动员被视为雇员。但是，为体育俱乐部进行体育活动的个人运动员（如网球运动员、高尔夫球手、田径运动员）通常不被视为俱乐部的雇员，特别是他们参与全资法人实体组织或体育活动时是被排除在法定的雇员范围之外的。其二，运动雇佣合同的终止。瑞典《劳动保护法令》的一般规定是无限期就业，接受固定期限最长为 2 年的临时就业。而临时雇佣的时长经集体谈判协商后还可延长，比如在精英足球和冰球的集体谈判协商中就存在这种例外情形，足球球员临时雇佣时长可达 5 年，冰球运动可延长 1 次，每次 1 年到 2 年。临时雇佣时长也应在合同期满或双方同意后才能终止。在实践中，大多数运动员属临时工作也没有任何关于提前终止的规定。这意味着，除非发生重大违反合同的情况或双方同意终止合同，双方不能在固定日期之前终止合同（或运动员更换俱乐部）。根据瑞典《劳动法》（Swedish Employment Law），若员工存在严重违反合同规定的情形（即解雇理由，例如运动员犯有严重的兴奋剂

① Skadden Arp Slate Meagher & Flom LLP，Sports Law in the USA，https：//www. lexology. com/library/detail. aspx？ g=27995df4-a1da-4b5c-bb5d- 682e792471f4，visited on 6 November 2024.

违规行为)，则可立即终止雇佣关系。然而，瑞典法律尚无对受雇运动员工资保护的强制性规定，工资和其他就业福利仍交由体育俱乐部和运动员之间协商决定。

在德国，体育中的雇佣关系一般受德国《劳动法》(German Labour Law) 的规制，但仍有以下相关法律的相关条款值得关注。如德国《民法典》(Bürgerliches Gesetzbuch，BGB) 第六百一十一条规定："受雇运动员有权根据其雇佣合同条款进行比赛和训练。除非合同中另有规定，否则将一线队球员降级到预备队或单独的训练组很可能是非法的。" BGB 第六百一十五条第三句规定："根据商业风险规则，导致临时无法按预期履行雇佣合同的意外事件通常属于雇主的责任范围，并且不能成为不支付雇员工资的令人信服的理由。" BGB 第六百一十六条规定："受雇的运动员可以领取薪水，尽管他或她由于受伤暂时不适合比赛。" BGB 第六百二十六条规定："如果有令人信服的理由，即无法合理预期终止合同的一方继续雇佣关系，雇佣合同 (永久或固定期限) 的一方可无需在规定的通知期单方面终止该合同。" 再如德国《非全日制与全日制工作合同法》(Teilzeit-und Befristungsgesetz，TzBfG) 第十四节规定，定期合同只有在有客观理由的情况下才被允许，否则，固定期限合同最多只能接受 2 年。定期合同的续签次数不得超过 3 次。由于运动的特殊性，包括俱乐部在每个赛季结束后重组球队的必要性，运动员和教练的合同可以是固定期限的。同样的理由不适用于体育组织主管的雇用，其工作任务与球员和教练的工作有很大不同，并且定期更换员工的必要性有限。根据德国法律，(合理的) 定期合同有效期最长为 5 年。这也适用于具有单方面延期选择权的定期合同。尽管在司法裁决中仍存在争议，乌尔姆的一个劳资法庭曾在 2008 年裁定球员合同中的单方面延期无效，但 2013 年联邦劳资法庭裁定，一名青年球员的 4 年定期合同根据德国法律具有 1 年单方面延期选择权是有效的。

3. 调整与体育相关的知识产权的法律规范

体育知识产权是体育领域的重要组成部分，是现代体育可持续发展的重要基础。① 体育知识产权是指体育人对于自己的体育智力活动创造的成果和体育经营管理活动中的标记、信誉依法享有的权利。② 伴随着体育产业的快速发展、运动主体权利意识的增强，各国特别重视对体育知识产权的法律保护，其中最为典型的表现

---

① 周爱光：《体育法学概论》，高等教育出版社 2015 年版，第 227 页。

② 项建民：《知识经济时代的体育知识产权保护》，载《体育学刊》2002 年第 4 期，第 27 页。

为体育赛事转播权的法律规制。

如美国在体育知识产权方面关注体育赛事转播权的问题。美国体育联盟是美国体育赛事版权持有的权利主体。1976 年《版权法》(the Copyright Act) 赋予体育赛事直播的版权保护，并确定媒体版权的持有主体是美国体育联盟，这些宝贵权利的所有权使美国体育联盟能够与电视网络谈判数十亿美元的转播权。《版权法》还授予体育联盟正在播放体育赛事的实体播放权利，并将这种保护扩展到体育直播。1961 年的《体育广播法》免除了 NFL、MLB、NBA 和 NHL 对联合出售“无线”广播权的反垄断责任。因此，大多数主要体育联盟的转播权是由联盟及其各自的俱乐部协商的。①

在瑞士，体育赛事的创意或概念不受瑞士知识产权法的保护。体育赛事组织者通常可以通过结合不动产法、合同条款、知识产权法和侵权法来保护体育赛事和赛事的商业权利。例如对场地的控制基于不动产法、合同法和侵权法。活动组织者还可以通过有关活动的入场（票务)、赞助、转播、商品、餐饮、招待等协议来保护商业利用活动中的各种商业权利。此外，瑞士没有特定形式的版权规定涵盖体育赛事，运动员在体育赛事中的表现本身不受保护，出于商业原因对体育数据库的编译和使用在某些条件下也可能受到版权法的保护（例如在获取、验证或呈现数据库内容方面的大量投资)。如前所述，运动员在体育赛事中的表现本身不受保护，但该表现的任何记录（声音、视频和视听记录)、广播和镜头都可能受到《版权法》的保护。

在德国，德国法律中体育赛事通常不受版权法保护，根据德国《著作权法》(Urheberrechtsgesetz，UrhG) 第二条第二款规定，它们不被视为个人智力创作。此外，组织者和运动员不受法律保护（UrhG 第七十三条和第八十一条不适用)。运动员不被视为戏剧表演者，他们很少受到控制自己形象的权利的保护，因为他们是德国法律所规定第二十二条和第二十三条意义上的公众人物。UrhG 第九十四条在提供或已经提供体育赛事图片后至少保护（主办）广播公司。

综上，除美国《版权法》明确规定体育赛事的转播权属于美国职业联盟以外，德国和瑞士，包括中国在内等多数国家并未将体育赛事转播权明文规定在一国的知识产权法律中。基于此，体育赛事转播权是否属于知识产权一直是学术界的热点问

---

① Skadden Arp Slate Meagher & Flom LLP，Sports Law in the USA，https：//www. lexology. com/library/detail. aspx? g=27995df4-a1da-4b5c-bb5d- 682e792471f4，visited on 22 April 2022.

题，随着新媒体的发展，体育赛事转播包含巨大的商业利益，我们应该认识到需要外部法律来对其进行规制。除此之外，体育知识产权还包括名称、吉祥物、旗帜在内的体育商标权，实践中，对其知识产权的定性一般不存在争议。调整与公共利益相关的体育法律关系除上述与经济利益相关的体育法律关系以外，还存在一些侵犯公共利益、具有较重的社会危害性、较坏的社会影响力的行为所产生的体育法律关系，一般包括体育腐败，如假球和黑哨行为；与兴奋剂相关的行为；因竞技体育而产生的赌博行为；等等。为此，各国一般通过国内的刑法、药品法或赌博法等专门性法律加以规制。

（二）调整与公共利益相关的体育法律关系的外部法律规范

1. 与体育腐败有关的法律规范

与体育腐败有关的现象包括假球、黑哨等黑幕交易行为操纵比赛结果，一般是指由运动员、教练员、裁判员、运动队等竞技体育参与者通过上述行为欺骗观众。[①] 通常，行为的性质决定其是否会受到法律的规制。我国法律法规缺乏对黑哨和假球行为的规制，理论界对于黑哨和假球等体育腐败行为是否构成犯罪行为且受到法律规制仍存在争论。部分学者基于“法无明文规定不为罪”，认为黑哨和假球的行为属于行业自治的范围，不应受到一国国内法律规制。[②]而另一部分学者，如周爱光则认为黑哨和假球已经超体育领域外，产生了较大的社会危害性，不但损害一国个人利益、司法利益和公共利益，更有损国家在国际舞台的形象。[③]世界上其他国家，如德国和美国已经把黑哨和假球等操纵比赛结果的行为纳入刑法的规制范围，或是依据专门针对体育腐败行为而制定的法律，实行刑事制裁。

过去，德国法律未规定禁止比赛造假的特定体育刑事条款。德国《刑法典》第二百六十三条规定的处罚涉及欺诈，犯有欺诈行为的人将被处以最高十年的监禁。该条规定适用的典型案例是 2005 年著名的“Hoyzer 案”，德国足球裁判员 Robert Hoyzer 承认在第二届德甲联赛、德国足协杯（DFB Pokal）和地区联赛中操纵和投注比赛。德国联邦法院（Federal Court of Justice，BGH）就体育博彩澄清了以下内容。在签订博彩合同时，投注者最终声明他没有操纵他所投注的比

---

① 周爱光：《体育法学概论》，高等教育出版社 2015 年版，第 300 页。

② 在龚建平受贿案中，高铭暄、王作富、赵秉志、程天权等刑法学家的观点。参见周爱光：《体育法学概论》，高等教育出版社 2015 年版，第 304 页。

③ 周爱光：《体育法学概论》，高等教育出版社 2015 年版，第 307 页。

赛。与每份合同的一般情况一样，预期合同伙伴没有以不道德的方式故意操纵合同标的物是博彩合同不可或缺的业务基础。在该案中，联邦法院的法理依据是德国《刑法典》第二百六十三条“通过操纵足球投注进行欺诈（隐含的欺骗；提供信息的义务；体育博彩中的财务损失：欺诈性交易、等同于损害的资产危害、因果关系、对外国博彩提供商的损害、赔率损失、实现损害）”。

2017年，德国政府在签署《欧洲委员会关于操纵体育比赛的公约》后实施的两项新的刑事条款草案，是专门针对操纵体育比赛行为的惩处规则。德国《刑法典》第二百六十五条第（c）款已将体育博彩欺诈定义在操纵已下注的体育比赛的协议范围，德国《刑法典》第二百六十五条第（d）款还适用于更隐晦地操纵职业体育比赛行为，即使该行为未能与博彩建立直接或间接的联系。按照上述两项刑事条款的规定，操纵比赛的行为在德国最高可判处三年徒刑，情形非常严重者，最高可判处五年徒刑。

对体育活动的腐败行为规定，《美国法典》（US Code）第二百二十四条规定，如“（a）任何人实施、企图实施或与任何其他人合谋实施任何商业计划，以任何方式通过贿赂影响任何体育比赛，并且明知该计划的目的是通过贿赂影响体育比赛，应根据本法处以罚款或5年以下监禁，或两者兼施。（b）本节不应被解释为国会有意占用本节所适用的领域，以排除美国任何州、地区、联邦或属地的法律，美国任何州、地区、联邦或属地在没有本条的情况下，其有效的法律不得被宣布无效，地方当局在没有本条的情况下对任何罪行拥有的管辖权不得被剥夺。（c）如本节所用——（1）商业计划是指全部或部分通过在州际或国外商业中使用任何运输或通讯设施而实施的任何计划；（2）体育比赛是指任何体育项目中的个人或参赛队伍之间的比赛（不考虑参赛者的业余或职业状况），其在举办前就已公开宣布举办的情况；（3）‘人’是指任何个人和任何合伙企业、公司、协会或其他实体”①。在美国存在系列适用《美国法典》解决操纵比赛的案件，如1946年纽约巨人队和芝加哥熊队之间在NFL冠军赛期间的纠纷。1947年，Alvin J. Paris为支持芝加哥熊队而招揽巨人队球员Frank Filchock和Merle Hapes被判贿赂罪名成立。②

---

① 18 US Code § 224-Bribery in sporting contests, https://www.law.cornell.edu/uscode/text/18/224, visited on 6 November 2024.

② The Cornell Daily Sun, Court Convicts Paris on Charge Of Pro Briberg, https://cdsun.library.cornell.edu/?a=d&d=CDS19470109.2.4&e=-------en-20--1--txt-txIN-------, visited on 6 November 2024.

总之，体育腐败对社会利益造成巨大冲击，且由于调查取证困难和体育竞技性导致难以界定体育腐败行为。为此，我们认为应该加强法律规制，合理且合法预防体育腐败。

2. 与兴奋剂相关的外部法律规范

由本节第一部分中的“国际公约中与体育有关的规则”可知，国际社会一直共同努力，致力于打击兴奋剂行为，并通过《反对兴奋剂公约》对兴奋剂行为进行规制。对于兴奋剂问题，不仅需要国际公约的规范，还需要国内法律的约束。一些国家已经将其反兴奋剂制度扩展到 WADA 认可的范围之外，包括刑事犯罪和制裁，这导致一些评论员质疑未来的反兴奋剂制度可能更多地掌握在民族国家，而不是 WADA 手中。[①] 而对于兴奋剂行为主体来说，这意味着持有或使用兴奋剂等行为可能构成犯罪，受一国刑法规制。

以德国为例，有关兴奋剂的法律规定可具体到两方面：一方面，德国《药品法》第六条第（a）款和第九十五条禁止以服用兴奋剂为目的向他人分发、处方或管理药品，以及购买或拥有超过一定数量的兴奋剂。否则，造成严重后果的，甚至适用德国《刑法典》第二百一十二条（过失杀人）、第二百二十三条和第二百二十九条（造成身体伤害、过失身体伤害）、第二百六十三条（欺诈）和麻醉品第二十九条（非法处理麻醉品）对该主体实施刑事处罚。另一方面，学界和实务界的共识认为，上述法律框架实际上未能妥善解决体育运动中的兴奋剂问题，是因为持有或使用兴奋剂本身不承担法律责任。因此，德国 2016 年实施新的《反兴奋剂法规》。这些法律规定整合了部门法典的规定，精英运动员（业余运动员不受影响）、教练、官员和医生使用、管理或持有兴奋剂，可能被判处监禁，甚至被监禁长达三年。实施危害大量人员或使某人面临严重伤害或死亡风险的行为还可能面临最高十年的监禁。新规定一经颁布便受到体育法学者、运动员和反兴奋剂专家的严厉批评。在 2017 年，非法持有兴奋剂物质的健美运动员也被纳入新反兴奋剂法的规制范围，确有违法行为，可能被判处一年徒刑。最近的讨论还涉及是否应修改反兴奋剂法中对举报人权利保障的问题。

在澳大利亚，州和联邦刑法对兴奋剂行为的规制已经涵盖了 WADA 制定的禁止清单上的某些（但不是全部）违禁物质，比如合成代谢类固醇。这些法律

① Windholz Eric & Hodge Graeme，International Sports Regulation：An Evolving Private-Public Partenship，45 Monash University law review（2019），p. 332.

包括以下与这些物质有关的罪行：贩运或供应违禁物质；在没有适当的医学或治疗理由的情况下使用或管理违禁物质；持有违禁物质；协助、教唆或隐瞒上述任何罪行。被判犯有上述罪行的个人可能面临终身监禁和超过100万澳元的罚款（特别是对于严重的贩运罪行）。

上述两个国家对兴奋剂的相关行为在国内刑法中加以规制说明司法介入反兴奋剂问题具有必要性。但是，随着体育运动的全球化和商业化发展，我们不能只关注国内外部法律对兴奋剂的规制，还应该结合国际上对兴奋剂问题的法律规制，如WADA制定的《世界反兴奋剂条例》，实现司法介入与行业自治在兴奋剂问题上的有效联动。

3. 与体育博彩相关的法律规范

博彩是一种独特的融资工具，能够吸收社会闲散资金，在很大程度上缓解了世界各国政府所面对的国家财政不足的问题，并推动着社会公共事业、社会福利事业及相关事业、产业的发展。[①] 在体育领域，大部分国家将职业联赛与博彩业相互结合，一方面将球迷转换为彩民，体育博彩能激发体育球迷的热情，促使博彩业和体育赛事相互发展。另一方面将彩民转换为球迷，投注在比赛上的球迷可以证明他们对某项运动的了解或表明他们对特定球队或竞争对手的忠诚度，使得体育赛事获得更多民众的关注。尽管合法的体育博彩越来越普遍，但大多数体育比赛的投注是非法的，并且是通过博彩公司（作为个人或犯罪组织运营）和互联网赌博业务（在某些国家或地区是合法的）进行的。

在体育博彩合法化的国家，与赌博有关的丑闻持续困扰着体育界。如2002年，英国的赛马会成员通过向马匹提供违禁药物和与赌徒分享内部信息来操纵比赛。再如2004年，据称意大利的足球运动员歪曲比赛以帮助赌徒在全球投注数百万美元。然而，赌博业很快指出，大多数丑闻涉及非法赌博。

与体育赌博相关的法律关系通常由利用体育的竞技性实施违规行为所引发，如体育博彩的违规操作会给社会带来极大的危害，一些境内外企业、个人变相发行私彩，该类行为容易扰乱体育市场秩序，使公彩失去公信力。以下重点从德国和澳大利亚这两个国家的规制与体育赌博相关的法律展开。

根据德国《刑法典》第二百八十四条，提供无照赌博和博彩服务在德国属于刑事犯罪，最高可判处五年徒刑。德国《刑法典》第二百八十五条规定，参

---

① 朱瑞敏：《日本体育博彩业发展及对我国的启示》，载《体育科研》2015年第1期，第20页。

与无照赌博的人将被处以最高6个月的监禁或罚款。过去，德国通过《州际赌博条约》对赌博实行国家垄断。然而，2010年，欧盟法院（CJEU）裁定这种国家垄断赌博违反了欧洲法律，因此需要进行改革。现有制度的缺陷本应通过2012年《州际赌博条约》第一修正案予以解决，该修正案废除了旧的国家垄断，代之以针对私人赌博和博彩提供商的新的许可制度。经过多年的法律不确定性和过渡安排，2021年7月1日，一项新的《州际赌博条约》生效，巩固了之前支离破碎的赌博和体育博彩立法和判例。该条约减少了对体育博彩的限制，允许对体育赛事的结果以及正在进行的比赛中某些事件的发生进行组合或单一投注。满足条约最低要求的体育博彩提供商可以申请许可证，许可证的有效期最初为五年，如果续签，则为七年。在计划中的赌博监管机构于2023年开始运作之前，许可证由达姆施塔特地区委员会颁发。

在澳大利亚，体育赛事投注在每个州和地区都是合法的，但受到严格监管。每个州和地区的司法管辖区的做法各不相同，但相同的是，每个区都规定查验客户身份证明并确定客户年满18岁才能进行下注。联邦立法对州和地区赌博法进行补充，其中包括禁止在线“游戏内”体育博彩（尽管客户仍然可以通过电话进行游戏内投注）。2008年，西澳大利亚州政府试图实施立法修正案，禁止博彩交易所的运营，例如由Betfair Pty Ltd运营的博彩交易所，在另一个区获得许可（例如，Betfair在塔斯马尼亚获得许可），并阻止西澳大利亚居民通过此类博彩交易所进行交易。

（三）小结

本小节以体育法律关系为逻辑起点，把体育法律关系限定在与经济利益相关的体育法律关系和与公共利益相关的体育法律关系两个维度中进行讨论，对涉及规制上述两类体育关系的国家法律规范进行介绍。通过分析部分国家中税收、劳动、知识产权等涉及经济利益和体育腐败、兴奋剂与体育博彩等涉及公共利益的体育法律关系，可以发现，一国法律规范是规制体育法律关系的重要手段。然而，我们应该认识到体育行业内部自治规则仍然是规范体育法律关系的主要途径，应该将立足于内部管理的体育行业自治与外部法律规范相衔接，形成体育复合性管辖机制。

第三节　外部规则对体育组织自治的限制

一、外部规则介入体育组织自治的前提

体育组织是由具备专业体育运动管理能力的成员组成的专门组织，由体育组织自行管理运营体育活动最符合体育运动的发展规律。与此同时，体育运动背后的各国公共利益和私人利益之间的相互角力，使得体育组织时刻面临更多考验。体育政治化和商业化的不断提升满足了体育组织扩大自治权的愿望，由此造成它在体育专业领域的垄断地位，并直接导致自治权滥用。① 为避免自治权滥用对世界体育发展的阻碍与危害，体育组织不可不受限制地行使权利，需要外部规则对体育组织的自治进行合理限制，以维持体育组织的正当性与廉洁性。由于外部规则并非专门规制体育活动的特别规定，且如前文所述，体育自治有其存在的正当性，因此外部规则介入体育组织自治，需要满足一定前提条件。

（一）体育组织自治优先

体育组织的自治优先体现在，如非必要，外部规则不应随意干涉体育组织的正常体育管理活动，包括启动外部规则对内部自治规则的审查、介入组织内部纠纷等行为。总而言之，相关体育争端通常情况下并不会适用一国法律得以解决。体育组织自治优先的原因在于，体育行业管理具有较高的专业性要求，具体专业领域中一些“外行审内行”的决定，难以让人信服。② 外部规则的介入应当表现出一定谦抑性，将尊重体育组织的专业化管理作为介入的前提。对体育组织的合理限制是为促进其民主化，形成法治与民主的良性互动，③ 而不是随意践踏其正当自治权。

对于自治优先的具体表现，一方面，如果体育组织自行制定的一项规则没有根本违背体育组织成立时所依据的国内法律，那么体育组织可以根据自行制定的规则决定其应当如何管理体育活动。例如，独立自主、不受政府干预是国际奥委

---

① 李智：《国际足联腐败案冲击下体育自治的反思与完善》，载《天津体育学院学报》2016 年第 4 期，第 308 页。

② 高升、陆在春、金涛：《论司法对体育协会内部纠纷的介入——从足协风暴谈起》，载《体育与科学》2011 年第 2 期，第 32 页。

③ 邓志、伏创宇：《论司法介入竞技性体育纠纷的正当性——兼对特别权力关系的质疑》，载《政治与法律》2013 年第 6 期，第 107 页。

会和国际足联的一项基本原则。《奥林匹克宪章》规定：认识到体育是在社会框架内发生的，奥林匹克运动的体育组织应保持政治中立。它们有自治的权利和义务，其中包括自由制定体育规则，决定其组织的结构，享有不受任何外部影响的选任权利，并有责任确保善政原则得到实施。外部规则对体育组织规则的合法性和合理性审查必须谨慎，尤其是审查与体育组织所追求目标和价值息息相关的规则时，更应遵守法律保留原则，仅审查自治规范是否设定了只能由法律设定的对公民重要权利的限制，① 例如，运动员是否获得与参赛行为相对应的报酬、其正当商业利益是否因不当的组织规则而受到侵害。同时，在审查时应该考虑规则变动对体育组织运营可能产生的巨大影响，以免动摇体育组织存在的基础，造成对自治权的过度干预。

另一方面，外部规则应坚持其本身的中立、客观、谦抑的价值立场，② 避免外部权力的过分扩张。对于可根据体育组织内部规则解决的纠纷，应当先由体育组织自行按照组织内部规则及相应的纠纷解决机制尝试解决，外部规则仅在内部救济用尽后，方可作为维护公平正义的最后防线介入纠纷。此外，在纠纷介入前应当对该体育纠纷的法律性质进行分析，确保该纠纷可以通过外部法律予以解决，否则应当交由体育组织通过内部调解、仲裁等机制化解。

（二）具备正当管辖权

在明确由体育组织内部规则适用引发的争议属于外部规则可以介入的类别，且能通过外部规则使内部规则合理化，或化解当事方之间的争议之余，还应确保外部规则的执行方具备正当的管辖权，以保证外部规则对内部规则的限制兼具合法性和合理性。

目前，体育组织的管辖权主要通过属地管辖原则确定，注册地司法机关可以突破组织自治规则的限制，适用本国法律介入体育组织的内部事项，这也符合体育组织章程的规定。但对于国际体育组织而言，由于其在全世界范围内开展活动，许多国家的利益受其管理行为影响。基于不同国家的利益相关方之共同体育利益的保护，在确定管辖权时可能会突破属地原则的原则，由更便于开展事件调查的国家机关根据其国内法律规范对体育组织的内部事项进行干预，这实际上也

① 茅铭晨：《介入与止步——司法权在体育纠纷中的边界》，载《北京体育大学学报》2014 年第 1 期，第 30 页。

② 张奇、李亮：《体育纠纷的法理重述与规范治理——以体育治理法治化为指引》，载《武汉体育学院学报》2016 年第 1 期，第 50 页。

参考了国际私法的基本原则——最密切联系原则所确定的管辖权依据。当然，由一国国内司法机关对有关某一国际组织的特定事项行使管辖权，这种突破属地原则的做法难以避开管辖权是否正当的讨论，因此需要从实际案例出发，对国内法律的有关规定及国家司法机关所主张的管辖依据进行分析，以评估管辖权的正当性。

（三）确定外部规则的限制范围

根据体育组织章程的声明，规则的制定应受注册地当地法律的约束，但外部规则对组织规则的限制范围应当进行合理规划，以尊重当事人的意思自治和体育组织在专业领域的管理能力为前提。首先，对于允许当事人通过体育仲裁解决的纠纷，外部规则应当尊重当事人的意思自治，允许当事人选择最为适宜的规则体系及纠纷解决机制。其次，外部规则对体育自治的限制应当遵循技术事项例外原则，即有关体育比赛的竞赛规则、判罚标准、运动装备和场地的标准规格、运动员选拔标准中的技术问题等应当由体育组织自行决定、判断并形成规则。比如足球运动中的手球判定规则、乒乓球发球遮挡的判定规则等就时常会引起争议，若非具备相当的体育专业知识和对规则的深入理解，很难对这些争议行为进行判罚。而事实上一般的法官因不具有相应的专业知识和实践经验而缺乏此种裁决能力。[①] 另外，某些临场技术性纠纷，由临场裁判及临时设立的仲裁委员会专属负责处理，外部不必介入。[②] 对技术规则引发纠纷的专属管辖在多个国际体育组织的自治规则中均有体现，体育组织的专业性使其能比外界更加公正地评价赛场上的胜负关系。

近年来的外部规则限制实践表明，外部规则在组织官员涉嫌贪污腐败、操纵比赛等刑事犯罪领域发挥了重要作用；而在民法领域，外部规则已经使体育组织的内部规则发生实质性变更，外部规则对自治规则的限制范围正处于扩张的态势。例如，2023 年 12 月 21 日，欧盟法院官方就国际足联与欧洲足球联合会（Union of European Football Associations，UEFA，以下简称欧足联）涉嫌垄断欧洲足球一案作出裁决。法院认定，欧足联关于欧超联赛需事先经过国际足联与欧足联批准的规定违反了欧盟法律，它们也不能对相应的俱乐部进行处罚。欧盟法院作出该项判决无疑是司法介入体育自治的一个最为直观的体现。欧盟法院的既往

① 马宏俊：《中国体育法治发展报告（2022）》，北京大学出版社 2023 年版，第 189 页。

② 王显荣：《关于确立我国竞技体育纠纷解决有限自治原则的思考》，载《天津体育学院学报》2012 年第 1 期，第 52 页。

判决也多次强调了这一观点："当体育运动构成《欧洲共同体条约》第二条规定的经济活动时，仍需遵守欧盟法的有关规定。"具体而言，也就是遵守《欧洲共同体条约》中有关基本经济自由和竞争法的相关规定。因此，就保障公平正义的角度而言，体育争端对司法的介入是有着现实需求的。

二、《欧盟体育白皮书》对自治规则的介入

随着欧洲体育领域面临的威胁与挑战愈演愈烈，如滥用兴奋剂、种族主义、暴力事件、腐败和洗钱活动等。为了遏制这种趋势的进一步发展，2007 年 7 月，《欧盟体育白皮书》应运而生。《欧盟体育白皮书》是首份全面的欧盟体育倡议书，其目的在于增强体育在欧盟政策制定中的可视性。[①] 欧盟委员会肯定体育的特殊性和体育自治的必要性，但也认为欧盟各成员国和社会合作伙伴应当在运动员的自由流动与国籍、转会、运动员经纪人、未成年人保护、贪污、洗钱等方面加强对体育自治规则的监管和介入，保证体育组织自治规则的制定和实施符合欧盟法律。《欧盟体育白皮书》中有关体育组织的重要观点是，体育组织的自治应当是一种受监督的自治（supervised autonomy），[②] 无论体育组织的自治规则如何规定，当体育活动构成一项经济活动，就要受竞争法和欧盟内部市场规范的约束。

（一）运动员的自由流动与国籍

《欧盟体育白皮书》呼吁各会员国重视体育活动中存在的有关运动员国籍歧视的问题，不应因运动员的国籍或种族而出现对运动员的排挤和歧视现象。委员会通过与利益相关方代表对话确定因歧视产生的侵权行为的处理程序，共同打击体育歧视。此外，委员会还要求各体育组织合理限制运动员的自由流动，运动员有权在规定的时间和范围内选择自己效力的队伍，无需受到青训俱乐部的过多不合理限制。[③] 上述做法强化了体育活动的公正性，减轻针对运动员群体的不合理限制，以法治规范为运动员提供了权利保护。《欧盟体育白皮书》在提出对运动员国籍和自由流动的建议上，主要集中于反歧视视角下的运动员正当权利保护，

---

① 丁励翼、鲍明晓：《欧盟体育白皮书研究》，载《体育文化导刊》2009 年第 4 期，第 150 页。

② 楚英兰、汤际澜：《欧洲体育模式的源流与发展对我国的启示》，载《北京体育大学学报》2015 年第 2 期，第 29 页。

③ Kornbeck，White paper on sport，http：//www. dualcareer. eu/wp-content/uploads/2017/01/White_Paper_on_Sports. pdf，visited on 6 November 2024.

以及提升运动员选择效力俱乐部的自主性。

首先，《欧盟体育白皮书》致力于保护运动员的正当参赛权利以及接受正常训练和教育的权利。已完成国籍转化的运动员或拥有一国国籍的少数族裔的运动员，有权利与同国籍的运动员一起参与赛事选拔，代表国家队参与比赛，不因个人身份遭受歧视，从而失去参赛权利。此外，欧盟委员会保护运动员接受训练和教育的权利，年轻运动员应当接受正规教育，且体育专业训练也不能局限于体育俱乐部，运动员需要更丰富的训练渠道，在提升竞技水平的同时尽可能减少对体育俱乐部的依赖。[①] 不同俱乐部之间可以就运动人才培养进行公平竞争，以免造成俱乐部对年轻运动员的压迫与剥削。

其次，《欧盟体育白皮书》还通过法律保障减少对运动员自由流动的不合理限制，免去其承受的不合理违约金，让运动员在合理范围内选择自己想要加入的运动团队，有利于运动员的个人成长。欧盟委员会此举旨在保护欧盟境内所有公民的平等运动权利。运动员是体育俱乐部的宝贵资产，关乎俱乐部的竞技水平、知名度、影响力以及成就的达成。减轻对运动员自由流动的限制，一定程度上会降低部分俱乐部的核心竞争力，但也促成体育领域百花齐放的格局，有利于不同体育俱乐部之间的良性竞争，运动员的个人权利和经济利益也能得到保障。

（二）运动员转会

运动员的转会规则牵涉到运动员和俱乐部的切身利益，不受外部规则约束的转会制度会影响体育活动的正常开展。第一，体育俱乐部可以随意招募高水平运动员，破坏体育市场的公平竞争。第二，运动员无法按照个人意愿选择所要效力的俱乐部，其自由流动受限制。第三，球员转会往往涉及金额巨大的转会费，涉及资金的合法流动和透明度问题。

博斯曼案的判决无疑成为重大转折点，其为运动员在合同期结束后提供自由选择的权利，加强法律对自治规则的影响，使运动员的权利得到欧盟法律的保障。为进一步治理球员转会市场存在的混乱现象，确保体育俱乐部之间的公平竞争和球员的自由流动，《欧盟体育白皮书》对转会规则提出多个维度的限制。首先，明确年轻运动员有自由转会的权利，但体育俱乐部为培养该运动员所支出的训练费用应当得到赔偿。其次，合约到期后，只有处于转会窗口期，运动员才可

① Krejza, The European Commission ' s White Paper on Sport, 4 International Sport Law Journal (2007), pp. 69-77.

进行转会，窗口期以外的期间不得转会。再次，在年轻运动员接受体育专业训练的同时，也要保证其在校接受教育的机会。最后，有关球员转会引发的纠纷，可由国家法院介入。

在资金流动的透明度和真实性方面，《欧盟体育白皮书》认为应当建立与运动员转会相关的信息与资金核查机构，该机构并不直接参与交易双方的资金往来，只是负责保证资金信息的准确性和透明度，该职能可由欧盟成员国的国内信息与核查机构承担。

（三）球员经纪人

随着欧洲体育市场的市场化和商业化水平不断提升，运动员的商业价值和收入也水涨船高，对职业经纪人的需求也随之上升。经纪人负责处理运动员对内对外的大小事务，包括各项合同的签订和个人行程的安排，是必须同运动员建立相互信任的重要角色，因此也容易对运动员施加不正当的个人影响。经纪人出于经济利益的考量，可能会诱使、逼迫运动员参与违反运动管理规则的活动，经纪人本人也可通过洗钱、腐败、剥削运动员等行为实现不法目的。[①]《欧盟体育白皮书》关注到体育经纪人存在的上述问题，呼吁通过立法来规范经纪人的活动。

活跃在欧盟成员国的经纪人受不同国家和体育组织规则的约束。不同成员国有关经纪人的规则不一致，有的成员国有关于体育经纪人的专门立法，如法国；有的则直接适用有关雇佣代理的一般法律，如德国。此外，部分国际体育组织，如国际足联、国际篮联，设有体育经纪人的专门规则。政府立法的目的在于为体育经纪人开展活动提供法律依据、设立法定义务；体育组织设置经纪人规则旨在增加组织对竞技体育参与主体的约束力，改善竞技体育的外部形象，促进体育活动的合规运行。[②] 由于不同规则制定主体对经纪人的定义、准入机制、佣金等方面的规定存在一定差异，因此在规则适用时容易出现混乱，尤其是在那些并未进行体育经纪人专门立法的国家。《欧盟体育白皮书》并未明确在欧盟内部应当参照哪些法律或司法案例，以规范在欧盟活动的经纪人，也并未形成一部适用于全体欧盟体育经纪人的专门性法律。因此，体育经纪人的各项行为仍由成员国的国内法和国际体育组织的专门规则进行规制。

---

① Krejza, The European Commission's White Paper on Sport, 4 International Sport Law Journal (2007), pp. 69-77.

② 朱文东：《欧盟体育经纪人法律制度研究》，湖南师范大学 2011 年硕士学位论文，第 11—12 页。

（四）对未成年运动员的保护

《欧盟体育白皮书》关注未成年运动员受到的剥削和虐待。体育俱乐部在世界各地挑选值得培养的未成年运动员，然而，一旦这些运动员未能达到理想的培养效果，可能就无法在异国他乡得到妥善安置。对于训练过程中存在的欺凌、虐待等行为，来自国外的未成年运动员也难以进行权利救济和自我保护。① 上述行为虽不构成拐卖等刑事犯罪，但严重损害未成年人的身心健康，不符合欧盟成员国的基本价值观。

对此，欧盟委员会在《欧盟体育白皮书》中强调，将从未成年运动员保护、未成年运动员自由流动以及未成年运动员教育与福利三个角度加大对未成年运动员的利益保护和监管力度。体育俱乐部和其他体育队伍在世界各地甄选人才的同时，也要注重未成年运动员的身心健康与全面发展，避免揠苗助长的歪风邪气在体育行业蔓延。欧盟委员会建议各成员国和体育组织开展合作，通过立法确定未成年运动员保护的最低标准与最佳实践，保障他们人格发展与道德养成的完整性。

（五）防治腐败、洗钱与其他形式的金融犯罪

伴随着体育运动的国际化进程，体育行业的腐败、洗钱等金融犯罪也以跨国有组织的形式进行。此外，随着体育博彩行业的发展和地下赌庄的兴起，在利益驱使下，原有体育秩序的平衡被打破，体育运动的纯洁性也遭受威胁，非法赌博引起的假赛、黑哨、诈骗等行为成为欧盟的重点打击对象。为消除上述犯罪行为对体育活动产生的危害，欧盟委员会在《欧盟体育白皮书》中宣称要将跨国体育犯罪行为于欧盟层面进行法律管制，确保欧盟的反洗钱规则和机制作用于体育领域。

为解决非法资金流动和虚假财务信息问题，《欧盟体育白皮书》提出，欧盟委员会将与国际体育组织以及国家反腐机关共同制定体育领域腐败的预防和应对措施。此外，欧盟还将密切监视欧盟反洗钱规则在国际体育组织、国家体育机关、运动员、裁判员及其他利益相关方的遵守情况，并视违法行为的严重程度考虑是否由欧盟直接进行调查和处罚。② 欧盟委员会意图通过上述举措应对体育腐败给竞技体育带来的负面影响，呼吁多方合作，共同打击体育领域的不法行为，

---

① Chris Platts & Andy Smith, The education, right and welfare of young people in professional football in England: some implication of White Paper on Sport, 3 International Journal of Sport Policy (2019), pp. 323-339.

② Kornbeck, White paper on sport, http://www.dualcareer.eu/wp-content/uploads/2017/01/White_Paper_on_Sports.pdf, visited on 6 November 2024.

恢复体育发展所需的公开透明环境。

在《欧盟体育白皮书》发布之后，国际奥委会和国际足联立即表达出对欧盟委员会介入自治规则的不满，认为《欧盟体育白皮书》忽略了“国际体育组织的管理能力”、“单项体育总会和欧洲分会之间的分工合作”，以及“体育领域面临的挑战及其应对”。[①] 然而，外部规则介入体育组织自治的脚步不会停止，因为上述事项关乎体育利益相关方的切身利益，也对运动员、体育组织乃至整个体育运动的外在形象和声誉产生巨大影响，欧盟委员会在《欧盟体育白皮书》中表达出对这些体育自治事项的关切，以及对其进行外部法治化干预的决心，体育运动也会在外部规则的监管之下有序发展。

三、司法管辖权的确定——以美国调查国际足联为例

（一）司法管辖权的确定依据

国家司法机关或行政机关对体育组织自治规则进行限制的依据通常来自体育组织自行制定的章程。体育组织往往于章程中声明其是根据总部所在地的国内法设立，与组织规则有关的争议、针对组织的诉讼等应依照国内法律解决，此类措辞也赋予组织所在地国家司法机关以属地管辖权。根据属地管辖权确定有权介入体育组织自治的国家司法机关最具说服力。通常国内体育组织的管辖问题争议不大，但对于在全世界范围内广泛发展体育，宣传、推广体育活动的国际体育组织而言，管辖权分配问题则更加复杂——将管辖权完全赋予注册地所在的国家机关是否符合世界体育的普遍利益，根据属地管辖权确定的国家司法机关又能否应对全球体育活动对其调查能力提出的更高要求。

近年来，国际体育组织的官员腐败现象逐渐浮出水面，针对国际体育组织的调查报告使公众愈发关注国际体育组织的清廉问题。由于国际组织官员的腐败行为涉嫌违反国内刑法，且对不少国家的正常体育活动推广产生负面影响，单独凭借体育组织自治规则难以公正地消除这一负面影响，且组织章程并未完全将体育组织隔绝于外部规则之外，因此外部规则能合理地突破组织规则所明确的自治边界，对体育组织内部存在的腐败行为进行调查、起诉、作出判决。问题在于，应当由哪一国的国家机关对体育组织成员的疑似违法行为实行管辖最符合不同国家

---

① 《国际奥委会与国际足联批评〈欧盟体育白皮书〉》，https：//sports. sohu. com/20070713/n251037155. shtml，最后访问时间：2024 年 11 月 6 日。

在体育领域的共同利益，并尽可能减少对体育组织自治造成的不当影响。

自国家机关宣布将国际体育组织的腐败现象纳入外部干预范围以来，最具影响力的事件莫过于瑞士和美国分别调查国际足联官员疑似干扰足球世界杯举办地的选择，以及法国调查国际田联前主席在俄罗斯兴奋剂事件中掩盖运动员使用兴奋剂提高比赛成绩的行为。上述事件恰好分别代表了国家机关对体育组织内部事务行使外部管辖权的三种模式。

第一种，瑞士根据《国际足联章程》及瑞士国内法依法享有的管辖权。这也是属地原则的体现，符合国际社会对管辖权分配的惯常做法。第二种，根据不同主体之间达成的合作意向，委托一国国家机关根据其国内法介入体育组织内部事务。例如，国际田联在其组织章程中表明，其受总部所在地摩纳哥法律的管辖，与组织有关的法律争议，应当由摩纳哥当地法院处理，但针对国际田联前主席拉米·迪亚克的调查却是由法国国家机关主导。法国对此取得管辖的依据在于，国际刑警组织和 WADA 曾达成合作，对全球范围内的兴奋剂事件展开联合调查，由于对拉米·迪亚克的调查涉及多个国家执法机构的协同合作和信息共享，对主要调查机关的能力提出较高要求，法国的司法机关应邀主导此次调查，① 而不是由国际田联总部所在地摩纳哥直接参与。由此可见，当体育组织的内部事务涉及不同国际组织和不同国家在体育层面的利益而需要进行多方联合行动时，联合行动方可以商议由最适宜的调查主体主导行动，使其具有管辖权。而第三种则是当一国国家机关既不具备由体育组织章程赋予的管辖权，也未曾与其他利益相关方达成合作调查意向，而直接根据其国内法律突破体育组织规则所强调的组织自治。最为典型的例子是美国司法机关于 2015 年开展的一项针对国际足联官员可能存在的贪腐行为的调查。这类模式的争议之处在于国家机关对体育组织取得管辖的方式十分罕见，被视作美国“长臂管辖”的又一国际实践。美国司法机关对国际足联的介入，大大丰富了外部规则对体育组织内部规则自治限制的思路与途径。

（二）美国调查国际足联贪腐案

1. 事件经过

2015 年 5 月，瑞士当局应美国政府的要求在苏黎世一家酒店逮捕了国际足联

---

① 《国际刑警组织宣布将配合针对田径涉药腐败的调查》，http：//www.sportsonline.com.cn/n/2015/1110/c22155-27797713.html，最后访问时间：2024 年 11 月 6 日。

的数名官员，美国要求瑞士将这些官员引渡到美国，让他们接受美国司法系统的指控，以敲诈、贿赂、洗钱和欺诈等 47 项罪名起诉了国际足联的 9 名现任和前任高管，以及 5 名负责体育营销和广播业务的官员。而就在美国起诉这些人的同一天，瑞士司法部长在苏黎世对国际足联总部进行突击检查并收缴部分文件，并声称要对涉嫌犯罪的国际足联官员提起刑事诉讼。但据瑞士司法部长称，美瑞两国是独立行动的，并没有开展联合调查。而在 2015 年 12 月，美国又以敲诈勒索、贿赂、电信欺诈和洗钱等罪名起诉了 16 名国际足联官员。国际足联也根据组织内部规则，由国际足联道德委员会对国际足联内部展开调查，并对两位国际足联前主席布拉特和普拉蒂尼作出处罚，要求二者在 8 年内不得开展与足球有关的任何活动。此次调查行动引出管辖权归属问题，即美国和瑞士以几乎相同的罪名起诉一个国际组织的官员，而它们又并未组成联合调查机构，那么哪个国家应该对整个案件拥有管辖权。由于国际足联是按照瑞士法律组织的协会，总部设在苏黎世，瑞士可以声称其对该案件拥有管辖权，而美国则主张，由于腐败行为发生在美国，美国也可对犯罪嫌疑人提起指控。由于国际足联是不隶属于任何一个国家或地区的民间组织和超国际机构，存在于法律的真空地带，[①] 且尚不存在对国际组织具备正当管辖权的国际司法机构去审判跨国进行经济犯罪的体育组织官员，因此对管辖权归属的讨论应分别从两国的国内法律及其制度着手。

2. 注册国瑞士相关法律

瑞士的政治结构与美国非常相似，由 26 个联邦州组成，对国际足联腐败案保留管辖权的州法院是苏黎世州州法院，这是国际足联总部所在地，也是国际足联众多会议的召开地，还是美国和瑞士逮捕犯罪嫌疑人的地点。此外，根据国际足联的章程，国际足联根据《瑞士民法典》第六十条设立，受瑞士法律管辖。虽然瑞士具有对国际足联行使司法管辖权的正当理由，但其司法系统仍然受到质疑，被认为不能公平高效地对国际足联进行调查并对罪犯施以适当惩罚。原因如下：

第一，国际足联是注册在瑞士的非营利性组织。而根据瑞士《反腐败法》，国际足联并非《反腐败法》所规制的对象，瑞士对国际足联官员的指控缺乏一定的国内法律依据。

---

① 《国际足联反腐败，最后只能靠美国》，http：//news. 163. com/special/reviews/fifa0604. html，最后访问时间：2024 年 11 月 6 日。

第二，瑞士国家机关长期对一些国内实体缺乏有力的监督。例如，瑞士银行长期以来一直被指控帮助客户洗钱和逃税，部分原因是瑞士法律允许金钱在缺乏透明度的情况下在银行账户间运转。瑞士法律规定，任何银行泄露客户身份的行为都被视作犯罪行为，这使得客户很容易隐藏他们财富的真实价值，从而逃避更高的税负。① 包括国际足联在内的许多瑞士实体被认为利用了这种保密机制，能够将非法资金转入多个瑞士银行账户，而不用担心瑞士政府会发现这些账户的真正主人。

第三，瑞士的司法效率不如美国，至少在针对国际足联的调查方面，美国司法机关更为积极。在逮捕行动开始后的两年内，美国已经完成了对大部分犯罪嫌疑人的起诉，涉及 40 位被告，且部分犯罪嫌疑人已经认罪，而瑞士在同期并没有提起任何一起针对国际足联官员的正式起诉。截至 2021 年，虽然已经有 20 多起针对国际足联官员的诉讼在瑞士法院开庭审理，② 但这一司法效率较之美国仍略显低下。此外，美国法院所指控的罪名和罪数多于瑞士，被认为能提供更加有力的惩治手段，对防范国际体育组织的腐败行为有更强的威慑作用。

国际足联由来自 209 个国家和地区的足球协会组成，国际足联内部存在的腐败现象事关全世界相关体育组织、俱乐部、运动员的利益，在确定司法管辖权时可以参考国际公法上的普遍管辖概念。考虑到瑞士司法系统存在的一些问题，以及国际体育组织的法律地位，判断美国是否对国际足联官员的贪腐行为取得管辖权，需要从美国国内法律进行进一步分析。

3. 调查国美国相关法律

为获得相应的管辖权，美国司法机关尝试同犯罪行为建立最低限度的、持续的联系。首先，美国政府指出，中北美及加勒比地区足联前主席和国际足联（前）副主席杰弗里·韦伯滥用其地位向体育营销公司高管索取贿赂，作为回报，这些公司获得 2016 年美洲杯足球比赛的媒体、营销和赞助权。美国政府认为，即使这些犯罪行为发生在美国领土以外，美国也受到这些犯罪行为的影响，因此对犯罪行为具备管辖权。另外，美国还认为，国际足联官员借助美国的银行和金融系统，以美元从瑞士的金融机构向世界范围内的其他国际足联官员进行非

---

① Bruce B. Bean, The Perfect Crime? FIFA and the Absence of Accountability in Switzerland, 1 Maryland Journal of International Law (2017), pp. 119-120.

② 《因凡蒂诺案：国际足联丑闻何时休?》, https://www.sohu.com/a/411712580_120250661, 最后访问时间：2024 年 11 月 6 日。

法所得的转移，那么美国同犯罪行为就建立起最低限度联系，因此取得相应的管辖权。[①] 此外，美国还在起诉书中补充更多细节，指出被告曾在美国领土共同商议犯罪行为，并举出更多美国银行系统被用于贿款转移的例子，指出犯罪活动对美国金融机构的高度依赖性，以此证明其拥有正当的管辖权。

在建立最低限度联系以后，美国还需要一部国内法律来确定被告的犯罪行为性质和相应的处罚，美国选择《反诈骗影响和腐败组织法》（Racketeer Influenced and Corrupt Organization Act，RICO）。该法案多用于打击跨国犯罪集团，国际足联官员被指控因收受贿赂和回扣而违反他们对国际足联及其成员的诚信服务义务，涉嫌诚实服务欺诈、贿赂、洗钱等罪名。

然而，RICO 是一部美国国内法律，对于美国国内法律是否能在国外发生效力，美国司法机关颇为谨慎。美国向来遵循与治外法权相关的基本原则，即一项法令若未表明其可在域外发生效力，就推定其只能在国内适用，这是为了避免同其他国家的司法机关发生管辖权竞争与冲突。

对于不能推定具有域外效力的法律，美国通常以不方便法院原则行使国际礼让，而放弃对争议事项的管辖，此类措施在国际私法中较为常见。在刑法领域，尤其是针对国际组织内部官员的违法犯罪行为，由于缺乏专门的国际司法机构对其进行管辖，有学者认为，在评价域外管辖权的合理性时，应考虑犯罪活动的性质、犯罪行为对不同国家的重要程度，以及此类管辖在多大程度上能被普遍接受。考虑到国际足联存在的腐败现象，美国对国际足联的起诉和打击犯罪行为的努力似乎也符合公众的期望，这可能会为美国对国际组织采取执法行动提供合法性。此外，在“RJR Nabisco 诉欧共体”案件中，[②] 法官确认了 RICO 的域外效力。虽然国际足联的案件涉及多个司法管辖区，但考虑到国际足联的运作没有国界，美国对国际足联的调查并不会明显地干涉外国政府的事务。瑞士并未就国际足联内部腐败案的管辖权与美国发生竞争，反而应美国要求向美国引渡一批嫌疑人，彼此独立地进行调查、起诉和审判。

鉴于美国金融体系的突出地位，跨国犯罪中的许多腐败交易，无论是有意还

---

① Jake Elijah Struebing, Federal Criminal Law and International Corruption: An Appraisal of the FIFA Prosecution, 21 New Criminal Law Review (2018), p. 25.

② Conor Slattery, A New World Order: FIFA Fiscal Scandal Opens The Door For The United States Department Of Justice To Prosecute Crimes Committed Across The Globe Through The Use Of Extraterritorial Jurisdiction, 41 Suffolk Transnational Law Review (2018), pp. 201-231.

是无意，都在美国境内进行或借助美国金融系统运输资金，为区域司法管辖创造可能性。由于在国际社会上“长臂管辖”的广泛实践，美国拥有成功调查和起诉大规模腐败所需的执法资源和经验。国际足联缺乏有效运作的监管系统凸显了严格执法措施的必要性，而 RICO 提供的广度正好填补了这一空白。此外，还有学者认为，美国对国际体育组织的调查，在带来管辖权竞争的同时，也迫使其他国家的司法机关更加积极地介入国际体育组织内部潜在的犯罪行为，尤其是国际体育组织总部所在地的司法机关。[①] 美国司法机关的行为引发刑事领域的管辖权竞争，使得原本存在监管空白的国际体育组织面临更为严格的外部司法机关监督，一定程度上对违法行为起到震慑作用。2021 年 8 月，美国司法部表示，美国在调查中没收的违法所得合计 2 亿美元，将会返还给作为受害者的国际足联。[②] 从调查结果来看，美国通过国内法律介入国际足联贪腐案的行为，让涉案官员因自身不当行为受到惩治，为国际足联挽回了部分损失，同时也弥补了国际体育自治存在的些许缺陷，并起到重要的警示作用。

体育组织高度自治使得外部监管阻碍重重、效果不佳，内部人员腐败的可能性大为增加。美国根据国内法律对国际体育组织的自治进行限制的行为虽引发一定争议，但在客观上打击了体育组织内部存在的贪腐现象，也为外部规则介入体育组织自治提供了新思路。当体育组织内部成员为谋取个人私利而滥用职权、影响各利益相关方的共同利益时，国家司法机关可以通过国内法律对上述不当行为行使管辖权，以改善体育组织自治缺乏强有力的外部监督的问题。

四、外部规则的介入范围——以 NCAA 业余原则为例

外部规则对体育组织规则自治的介入，既可以由国家司法机关、仲裁机构或其他纠纷解决机构在组织内部救济用尽之后，介入组织利益相关方之间的争议，并提供终局性的解决方案，如 CAS 介入体育组织的纠纷，也可以在体育组织及其成员的行为疑似违反刑法，威胁世界体育的共同利益的前提下，由各调查主体以强有力的手段突破组织内部纪律处罚规范的限制，对犯罪嫌疑人开展更为中立公正的调查，施以更为严厉的处罚，如上文提及的国家司法机关介入国际体育

① Mike Leary, Where Should They Go? Why the United States Should Have Jurisdiction over Those Being Charged in the FIFA Corruption Scandal, 40 Loyola Law School, Los Angeles (2017), p. 71.

② 《没收资金将归还国际足联》，https：//www. 163. com/dy/article/GI88CO820549IKJ2. html，最后访问时间：2024 年 11 月 6 日。

组织内部贪腐调查。除此之外，外部规则还可对组织内部规则提出更加直接的挑战——影响组织内部规则的修改与制定。

在众多体育组织的章程中，体育组织声称其所制定的自治规则不得违背当地国家法律，因此，对于与国家法律不相适应的组织规则，应当进行修改，使其符合国内法的要求。体育组织对体育项目进行高度自治化管理的行为反映出一定程度的垄断性，体现在体育组织在大多情境下可以不受外界干扰而独立行使管理权能，并要求组织成员和其他利益相关方遵守其制定的规则，并且决定如何进行利益分配。体育组织的运行模式已经引发数起针对其开展的反垄断调查，形成外部规则对体育组织规则进行限制的重要突破点，因此本部分将以这一突破点为研究对象，探讨外部规则限制体育组织规则自治的新趋势。

（一）全国大学体育协会（NCAA）业余原则

全国大学体育协会（National Collegiate Athletic Association，NCAA），是由一千多所美国和加拿大大学院校参与结盟的一个协会。NCAA 的运动员虽全为学生运动员，但过去五年 NCAA 的平均年收入超过 11 亿美元，2021 年，NCAA 的转播和赞助合同收入超过 9 亿美元，NCAA 的高商业价值源自其在美国巨大的影响力，然而 NCAA 的自治规则正面临来自外部规则的前所未有的冲击。2021 年美国最高法院认为 NCAA 的一项有关学生运动员报酬的基本原则违反美国的反垄断法《谢尔曼法案》。过去由于 NCAA 内部一直坚持的业余原则，运动员个人无法因其姓名、形象和肖像（Name，Image and Likeness）被使用而获得相应的商业回报。① 美国法院的判决对 NCAA 所信奉的业余原则构成强有力的限制与挑战，此项判决促使美国的数个州着手修订法案，更多关注学生运动员利益受到剥削的问题，NCAA 也因外部规则介入而修改其内部自治规则。

1. NCAA 业余原则

NCAA 的组织内部规则十分重视学生运动员的业余性。根据 NCAA 的说法，坚持业余原则能够确保接受教育仍然是学生运动员的首要任务。基于这一基本原则，为获得参加 NCAA 赛事的资格，学生运动员必须严格遵守 NCAA 有关业余运动员的规定，如 NCAA 的所有学生运动员不能通过参加比赛获得相应的报酬，运动员参与体育比赛是为了纯粹的体育竞技精神，最大的动力是通过公平竞技获得

---

① Michael Delle Donne, The NCAA Is Not Above the Law: The Changing Landscape of College Athletics Changes Once Again, 7 Journal of Business and Social Science Review (2021), p. 19.

至高比赛荣誉。NCAA 的这一设计是为了保持大学体育和职业体育彼此的独立性。NCAA 认为，以学位、薪水或其他形式向运动员提供经济报酬，可能会导致 NCAA 成员学校以金钱左右学生择校的不良风气，形成不平等的市场化竞争，[①]这是 NCAA 一贯所反对的。自成立以来，NCAA 一直通过各种内部规则限制学校根据运动能力为运动员提供经济回报，同时仅允许运动员获得全体大学生都可以获得的经济补助，即 NCAA 禁止运动员通过参与体育赛事获得报酬，但学生运动员由此能获得的经济援助，同非学生运动员没有任何区别。

NCAA 所主张的业余规则不允许学生运动员获得工资收入。此外，NCAA 还禁止学生运动员与专业运动队和经纪人建立正式或非正式的合作关系。各个学校与 NCAA 认证机构开展合作，确保参加 NCAA 赛事的运动员都是满足业余原则的学生运动员群体，只有学生运动员有资格参加比赛，如果运动员因体育比赛获得经济收益，则违背业余原则，将被禁止参加 NCAA 体育赛事。[②] 对于日后想要从事职业体育的学生运动员而言，NCAA 赛事的高关注度使得运动员无法承受被 NCAA 禁赛的后果，只能接受 NCAA 的限制性规定。

运动员不能以任何形式使用其运动技能获得报酬，或者接受这种获得报酬的承诺，即使这种报酬是在学生运动员结束大学职业生涯之后才进行支付的。违反 NCAA 业余规则的报酬包括但不限于工资、超额奖励和现金福利，以及基于比赛表现的奖励。此外，禁止性福利还包括向运动员或其家人和朋友提供现金、贷款、商品、服装或运动器材。NCAA 的商业模式依赖于“业余”学生运动员在赛场的精彩表现和他们所维持的正面形象，NCAA 所组织的高水平学生体育赛事具备极高的商业价值，但作为价值的创造者，学生运动员获得的经济回报远低于其应获得的经济回报。

在 NCAA 看来，NCAA 坚持的业余原则应被豁免于国内法律的反垄断审查，这一观点的依据在于 1984 年俄克拉何马大学和佐治亚大学对 NCAA 提起的一项反垄断指控。NCAA 转播了这两所大学的橄榄球赛事，在获得相应收入的同时，却没有对这两所大学进行利润分配，且限制其自行转让转播权。这是美国法院首次认定 NCAA 的行为违反反垄断法，认为 NCAA 不应独占这一商业利益。这本是

---

① Alan J. Meese, Will THE Supreme Court Recover its Own Fumble? How Alston can Repair the Damage Resulting from NCAA's Sports League Exemption, 11 Wake Forest Law Review ONLINE (2021), p. 88.

② Andrew MontalbanoI, Making a Criminal: The James Gatto story-How NCAA Policies Have Threatened to Become Law, 2 Virginia Sports and Entertainment Law Journal (2019), pp. 144-170.

国内法律对体育组织规则的限制，但作出判决的史蒂文斯大法官在本案还对NCAA的业余原则进行了评价，在他看来，NCAA应获得“足够的自由”（ample latitude），以维护“受人尊敬的业余传统”（revered tradition of amateurism），为了保持大学体育的性质和赛事质量，运动员不应获得报酬，而应继续接受教育，以学习为主业。① NCAA依据史蒂文斯大法官的声明，认为外部规则应当遵守NCAA的业余原则，NCAA对运动员经济利益的限制是基于维护体育赛事和运动员学生身份的目的，学生运动员首先是学生，而不能以职业运动员的身份去看待学生运动员，限制收入使学生运动员更专注于接受教育和比赛本身。学生参加校际体育运动是出于业余爱好，应该保护学生运动员不受商业企业的剥削。

然而NCAA自身却进行销售商品、赞助、广告、转播等活动，从而获取高额收入，NCAA背后是价值130亿美元的体育产业，旗下有40多个体育项目每年能产生超过1亿美元的收入，许多大学管理人员、体育总监和教练的薪水高达数百万美元。与此同时，一项研究发现，由于NCAA对运动员经济利益的限制，多数大学运动员仍然生活在贫困线以下。

2. 奥班农案

NCAA禁止向运动员支付使用其姓名、形象和肖像的费用的规定最初在2009年奥班农（O'Bannon）诉NCAA案中被质疑，埃德·奥班农是20世纪90年代中期加州大学洛杉矶分校的明星篮球运动员。2009年，埃德·奥班农对NCAA和及其成员大学提起集体诉讼，声称NCAA运动员达成的协议违反了1890年《谢尔曼法案》，属于“限制贸易的合同”，其所签订的放弃对其姓名、形象和肖像的声明书同理也无效。

奥班农展示了娱乐与体育节目电视网（Entertainment Sports Programming Network，ESPN）的经典赛事重播、加州大学洛杉矶分校全国锦标赛的视频中有关其个人的形象，以及电子游戏开发商Electronic Arts（EA）在一款流行的电子游戏中使用其肖像制作的游戏。电视转播方与游戏制作方同NCAA达成授权使用协议，NCAA因此获得高额经济利益，但运动员本人却是分文未得。倘若没有NCAA的限制规则，上述主体要为他们在转播和游戏制作中使用运动员的姓名、图像和肖像而向运动员支付费用，奥班农认为，NCAA的限制规则是对大学商业

① John Y, Doty Rock the Cash-bah! How Alston Presents a New Challenge to the Amateurism Justification and Ways the NCAA Can Modernize to Remain Afloat, 1 University OF Miami Business Law Review (2021), p. 80.

竞争的不合理限制，使运动员的经济利益受到损害。

法官认为，尽管 NCAA 的业余规则被认为是有利于竞争的、有利于维护体育竞技的纯粹，但这并不能免除对 NCAA 自治规则的反垄断审查。这一结论实质上否认了 NCAA 一贯坚持的基本原则，然而，法院出于审慎的考量，并没有彻底推翻 NCAA 对学生运动员获取经济回报的限制，而是提供对现行 NCAA 规则影响较小的替代性解决方案，即 NCAA 应根据运动员的表现提供专属于学生运动员的体育奖学金，以及每年至高 5000 美元的奖励，以弥补运动员受损的商业利益。①

学生运动员虽仍然无法同市场化的体育联盟的运动员一样通过参赛和参与商业活动获得对应的报酬，但美国法律对 NCAA 自治规则的挑战为后续的类似诉讼提供了坚实的判例依据，也为 NCAA 作出让步、修改其内部规则埋下伏笔。奥班农诉 NCAA 的判决结果公布之后，学生运动员对 NCAA 及其所在的大学提起了一系列集体诉讼，继续对 NCAA 内部自治规则发起挑战。

3. 阿尔斯通案

2014 年，肖恩·阿尔斯通对 NCAA 提起诉讼，要求 NCAA 就使用其形象支付费用，这起案件可视为奥班农案的延续。经过漫长的审理程序，2021 年，美国最高法院再次认定 NCAA 的规则违背《谢尔曼法案》，但与奥班农案中的保守措辞不同，此次法院并没有再寻求其他替代性解决方案，而是直接认定学生运动员有通过参与体育赛事获得对应报酬的权利，彻底否定了 NCAA 的业余原则。

在诉讼过程中，NCAA 重申 1984 年史蒂文斯大法官对业余原则的评价，并认为 NCAA 并非传统意义的商业企业，至少是基于体育组织自治层面的考量，应使 NCAA 豁免于国内法律的审查。② 而法院则认为，NCAA 已经不止一次被认定为违反《谢尔曼法案》的相关规定，NCAA 作为体育组织具备同一般法人实体不一样的特征不能成为 NCAA 豁免法律审查的理由，NCAA 及其成员学校保持有关业余原则的传统，这些传统已经成为美国社会结构的一部分，但这些传统本身并不能证明 NCAA 在没有得到公平报偿的学生运动员的支持下建立一个大规模的能获得商业收益的实体是合理的，NCAA 的此类商业模式在美国任何其他行业都是

---

① Sam C. Ehrlich, Remembering the Lessons of The Baseball Exemption in NCAA v. Alston, Rutger Law Record (2021), p. 224.

② Michael A. Carrier, Christopher L. Sager the Alston Case: Why the NCAA Did Not Deserve Antitrust Immunity and Did Not Succeed Under a Rule-of-Reason Analysis, 4 George Mason Law Review (2021), p. 1479.

完全非法的。[①] NCAA 的限制报酬规定构成体育组织对学生运动员的实质剥削，学生运动员的劳动付出及创造的价值与获得的收益明显不成比例，这一规则因违反反垄断法应当作出改变。美国法院的最终决定表明，NCAA 作为享有高度自治权的体育组织，并不能凌驾于国家法律之上。

4. 近期措施

NCAA 对学生运动员的限制规则被国家司法机关所否定，在美国最高法院作出裁决的同时，多个州正在采取行动，开展相关立法工作，支持运动员追求正当经济利益。2019 年 9 月，加利福尼亚州州长加文·纽森正式签署相关法律，这使加利福尼亚州成为第一个确保大学运动员有权通过授权其姓名、形象和肖像而获得经济收益的联邦州。[②] 截至 2021 年 6 月，美国至少有 11 个州通过了类似的法案，以确保州所在的大学运动员没有同学校签署限制运动员收益的协议。

由于州一级相关立法的完善，NCAA 在阿尔斯通案判决公布一周后就公布了修订版的《大学运动员产品代言权暂行指南》。其中包含 3 项主要规定：第一，运动员暂时可以从符合学校所在州法律的姓名、形象和肖像授权中获得收入；第二，允许运动员同专业服务提供商进行合作；第三，建议运动员和学校制定向 NCAA 进行商业合同备案的制度。与此同时，NCAA 的新政策还允许各个学校自行制定相关规则，以取代 NCAA 之前实施的全国性规则。

（二）外部规则介入的司法实践启示

体育组织对于特定事务的专属管辖本身就形成一种管理权能的垄断，因此，对于体育组织规则的合法性审查，从国家反垄断规则着手较为适宜。与美国法院否定 NCAA 长期坚持的业余原则类似，德国反垄断调查机构联邦卡特尔局也曾于 2017 年对德国奥委会发布的文件进行合法性审查，并最终使德国奥委会修改相关文件。

事件的起因是，德国奥委会根据《奥林匹克宪章》第四十条的规定对德国运动员在奥运会期间进行商务代言的行为进行严格限制，具体表现为严格规范奥林匹克标志的使用、对违反规则的行为实施严厉惩罚，以及明显不合理的申请制度，运动员的商业代言因此受到极大影响。最终，德国卡特尔局认定德国奥委会

---

① Jodi S. Balsam, What NCAA v. Alston Means for Professional Sports Leagues, 1 Brooklyn Law School Legal Studies (2021), pp. 2-3.

② John T. Holden, Reimagining the Governance of College Sports After Alston, 1 Forthcoming Florida Law Review (2021), pp. 26-27.

的限制行为违反了《德国反垄断法》和《欧盟运作条例》，要求德国奥委会对其自行制定的规则进行合规修改。

美国和德国对于国内体育组织的反垄断调查及垄断行为的认定，表明外部规则已经可以对组织规则的具体内容产生影响。组织章程中有关遵守注册地法律的声明也不是一纸空文。当体育组织自治规则被认定为违背外部规则时，外部规则可以要求体育组织改变其自行制定的规则，强化规则的合法性。当然，上述案例主要涉及体育组织对运动员利益不当剥夺的非法规则认定，即外部规则对体育组织规则自治的限制范围主要停留在运动员的经济利益保护方面，并未对体育组织在其他体育管理领域的专属事项，如赛事规则的制定、参赛标准的认定等发起挑战。未来，外部规则对体育组织规则自治的限制，很有可能仍以利益相关方的权利保护为着力点。对于体育组织而言，规则自治不是不容踏足的禁地，只有加强对自身制定的规则的合法性审查，平衡公共利益与私人利益，才能从容应对外部规则对自身的限制。

第三章
体育组织的组织自治

体育组织有权根据自行制定的规则及设计的管理架构，决定如何对管辖范围内的体育事项进行管理，以实现组织的长远目标。然而，正是由于体育组织不受外部干扰的高度自治性，导致组织缺少与管理权限相适应的监督。尽管体育组织意识到治理内部腐败的重要性，并推动相关改革，但体育组织高度自治的特性使得改革局限于内部，受限于组织内部成员和机构，无法根除体育组织治理不善的问题，体育组织成为滋生体育腐败的温床，影响组织公信力、愿景和目标的实现。

近年来，针对体育组织成员贪腐行为的报道不断浮现于公众视野，CAS 处理的有关体育组织管理问题的纠纷也表明，利益相关方向体育组织自治过程中不合理和不合法之处发起挑战的意愿在逐渐加强。国际奥委会、国际单项体育联合会、WADA 等体育组织的内部管理问题愈发引起外界关注，体育组织的正直性、纯洁性与中立性遭到质疑，如何在尽量减少对体育组织自治干涉的前提下对体育组织的行为进行必要且合法的限制，提升体育组织的公正性与权威成为亟待解决的问题。

对于国际体育组织而言，仅仅数百人的组织规模，其规则和决策就能让拥有成千上万参与者的体育运动发生变动，在世界范围产生巨大影响。体育组织管理的争议涉及个人、团体，乃至一个国家，例如奥运会历史上，抵制奥运会、种族歧视等现象都让一群人被不合理地隔离于奥运赛事之外，还有近期俄罗斯代表团被集体禁赛等事件。显然，在上述事件中，一国政府往往也缺乏对国际体育组织事务进行管理的充分依据，不存在能主动介入体育组织自治的国际或国内机构，因此长期以来，对体育组织自治行为进行外部监督的难度更大，由不当行为产生的负面影响更为广泛，对体育组织的组织自治进行进一步限制有其现实需求。本节聚焦国际体育组织的组织自治中存在的问题，研究问题背后的成因，结合组织自治现状和发展趋势，探讨应如何对其组织自治进行限制，以应对体育组织法治化需求。

第一节　体育组织的组织自治现状

实践中，一个体育组织采取的立场和政策将对该体育组织管理结构下组织成员的决策产生影响，采取这种管理结构的体育组织一般被称为金字塔型组织，国际奥委会和国际单项体育联合会都是该形式的典型代表。一般而言，金字塔的顶端为国际体育管理机构，从上至下依次为以所在大洲为主要划分依据的“洲际体育组织”，以及上百个属于洲际范围内的“国家体育组织”。在这一框架体系中，所有体育组织都在它们所处的地域和职能范围内负责对一部分体育事务进行自主管理，但必须向体系中位阶高于它们的组织报告，并听从上一级体育组织对于特定事项的安排。对体育组织的组织自治现状的研究，主要是根据金字塔型体育组织的特点，分析体育组织的核心管理架构、体育组织内部和外部关系，以及不同体育组织自治的发展历程和趋势。

一、体育组织核心管理架构

体育组织的核心管理架构大致相同，主要由全体委员会、执委会以及具体职能委员会和主席组成。全体委员会主要负责组织文件的新增、修改、审议和通过，其余各机构根据组织规章文件和职权分配按照组织目标进行管理工作。

国际奥委会的核心架构主要由国际奥委会全体委员会议、执委会、专门委员会以及国际奥委会主席构成。其中，国际奥委会全体委员会议是国际奥委会的最高权力机构，负责通过或修改《奥林匹克宪章》、选举国际奥委会的委员会成员，包括委员会主席、副主席和其他成员。执委会对国际奥委会的各项事务管理承担总体责任，负责监督《奥林匹克宪章》的执行并制定组织内部条例，其他职能包括确定奥运赛事的候选人范围并制定选举程序、制作年度报告和财务报告并交由全体委员会批准等。国际奥委会主席代表国际奥委会并主持其所有活动，以无记名投票的方式选出，任期为8年，可连选连任，连任期间为4年。[①] 上述三者在国际奥委会的组织自治中扮演相当重要的角色，因此，国际奥委会对组织自治的内部改革，主要是从限制上述机构的权力着手，设置更为独立的监督与制衡体系，以规范组织整体的自我管理行为。

根据WADA的章程，WADA的治理结构包括：(1) 由42名成员组成的最高委员会，是该机构的最高决策机构。成员中来自奥林匹克运动的代表和世界各国政府的代表名额一致，由各自所属的团体（如国际奥委会、国际残奥会、国家奥委会、各国政府等）选举产生。目前，超过三分之一委员会成员由现役或前国际级运动员组成。(2) 由16名成员组成的执委会，由最高委员会授权负责管理和运营该组织。执委会有5名独立成员，即主席、副主席、3名由奥林匹克运动和各国公共机构提名的成员，上述成员由提名委员会进行审查。执委会的10名普通成员中，代表体育界的成员与代表国家政府的成员数量一致。目前，大约三分之一的执委会成员是前国际级运动员。(3) 5个常设专门委员会对执委会负责。其中，合规审查委员会是一个独立机构，3名来自非体育行业的独立合规专家、1名运动员代表和2名由利益相关者提名的成员（1名代表体育界，1名代表国家政府）组成。(4) 3个常设委员会，应主席的要求就其活动向总干事和执委会报告，常设委员会对该机构的反兴奋剂政策和优先发展发挥着关键的咨询作用。(5) 10个专家咨询组和若干工作组在其专业领域为该机构发挥关键咨询作用。[②] 对WADA管理成员的组成，可以从两方面进行解读，一方面，在世界范围内打击使用兴奋剂的行为符合各国政府的普遍利益，各国也在联合国牵头下就反兴奋剂达成一致；另一方面，WADA的运作资金有一半来自各国政府，因此，在WADA的管理架构中，有一半的成员来自各国政府。也正因如此，WADA在行使组织自治权能时，应充分考虑国际社会的普遍利益并受其监督，其组织自治应受到一定程度的限制。

国际单项体育联合会的管理机构则包括代表大会、执委会、主席等。与国际奥委会类似，代表大会是国际单项体育联合会的最高权力机关，负责监督章程及大会决议的执行，代表大会作出的决议对组织的管理机构及全体成员具备约束力；执委会负责监督其他内部机构对体育组织的管理，有权修改和通过为确保组

---

① IOC, Olympic Charter (in force as from 23 July 2024), Rule 20.

② WADA, Governance, https://www.wada-ama.org/en/who-we-are/governance, visited on 6 November 2024.

织章程实施而制定的实施细则、根据管理需要设立组织内部机构、确立各内部机构的权力和职能。国际单项体育联合会组织自治的主要问题在于，不同体育组织独立地进行体育活动管理，因此不同体育组织对内部治理的限制程度不同，治理水平参差不齐。

二、体育组织内部关系

国际体育组织的内部关系是指国际体育组织基于自治权实施内部管理措施而形成的一系列法律关系，包括各级组织之间以及组织内部各机构之间的相互关系。相比于其他国际组织的内部关系，国际奥委会与国家奥委会、国际单项体育联合会与国家单项体育联合会之间的关系具有其独特性。以国际单项体育联合会为例，其作为国际上某一项具体运动的管理者，在具体运动的组织、管理以及推广方面负有较大的国际责任。但国际单项体育联合会在履行职务的过程中也会与国家单项体育联合会就成员资格、成员权利等方面产生争议。

（一）国际体育组织成员资格

国际体育组织的成员资格是连接各国与国际体育组织之间的纽带，标志着该组织在本国体育事务中所拥有的特殊地位与责任。成员资格争议是国际体育组织管理纠纷中最为主要的争议，从反面印证了成员管理在国际体育组织管理中的重要地位。[①]

国际体育组织的成员资格以国家为基础。国际奥委会由国家奥委会组成，1980 年之前，《奥林匹克宪章》并未对“国家”一词进行解释，但随着中国大陆与台北奥委会、西德与东德奥委会、韩国与朝鲜奥委会的矛盾日益显现，国际奥委会开始对“国家”进行解释。[②] 1980 年的《奥林匹克宪章》对“国家”从体育的角度进行了解释，其被解释为“由国际奥委会全权判断认定的，构成被认证国家奥委会的管辖区域的任何国家、州、地区或地区中的一部分”。[③] 而自 2000 年开始，一直到 2024 年最新版《奥林匹克宪章》颁布，“国家”从国际法的角度被解释为“被国际社会承认的一个独立的国家，国家奥委会的名称必须反映其

---

① 罗莎：《国际体育组织管理类纠纷研究——以 CAS 数据库中“G”类判例为视角》，湖南师范大学 2020 年硕士学位论文，第 25 页。

② 夏骄阳：《国际奥委会与国家奥委会法律问题研究》，湘潭大学 2008 年硕士学位论文，第 35 页.

③ IOC，Olympic Charter（in force as form 1980），Rule 8.

国家的领土范围和传统，并须经国际奥委会执委会批准”。[①] 从宪章的角度出发，只有国际法上的国家才能被认定为国际奥委会的成员，但实践中也存在部分地区奥委会已经根据以往宪章被接受为国际奥委会成员的情形。

国际体育组织的成员资格具有唯一性。根据《奥林匹克宪章》的附则 Bye-Law to Rules（BLR）第二十七条和第二十八条：“对于国家的任何一个运动项目，国家奥委会都只能认证一名成员作为管理该项运动的国家联合会，并且该成员必须隶属于该项运动的国际体育联合会。”[②] 换言之，在一个国家或者地区之内，只有一个国家或者地区联合会能够取得国际单项体育联合会的会员资格，代表该国或该地区管理某项体育事务，参与该项运动的国际联合会。但实践中，在同一地区，存在国家奥委会同时认证两个以上国家联合会且多个机构相互混淆、管理混乱的情形。在印度尼西亚马术协会（PORDASI）诉印度尼西亚国家奥委会（KOI）案中，[③] 印度尼西亚奥委会认证了一个新的国家协会印度尼西亚马术联合会（Equestrian Federation of Indonesia，EFI），负责管理印度尼西亚马术运动，而仲裁庭则认为申请人一直是国际马术联合会（FEI）成员，且被印度尼西亚奥委会认证，所以印度尼西亚奥委会不能在已有一个成员的基础上再认证一个印度尼西亚马术联合会为国家单项体育联合会。因此，成员资格的取得必须满足唯一性的条件。

国际体育组织的成员资格在某些情况下也会被中止。第一，所辖运动员存在兴奋剂违规问题。例如，2015—2017 年间国际田联中止俄罗斯田径联合会（RUSAF）的成员资格、WADA 中止俄罗斯反兴奋剂机构（RUSADA）的成员资格、国际举重联合会（IWF）中止俄罗斯举重联合会（RWF）的成员资格、国际残奥会（IPC）中止俄罗斯残奥会（RPC）的成员资格、国际奥委会中止俄罗斯奥委会（ROC）的成员资格、国际举重联合会（IWF）中止中国举重联合会（CWF）的成员资格、国际举重联合会（IWF）中止埃及举重联合会（EWF）的成员资格。第二，联合会自治受到国家政府干预。例如国际足联中止尼日利亚足联（NFF）的成员资格，原因是尼日利亚政府对尼日利亚足球队在世界杯上的表现不满，进而停止尼日利亚足联主席、执委会以及大会的工作，干涉其体育自

① IOC，Olympic Charter（in force as from 23 July 2024），Rule 30.

② IOC，Olympic Charter（in force as from 23 July 2024），Bye-law to Rules 27 and 28.

③ CAS. Arbitration CAS 2013/A/3452 Indonesian Sporthorse Society / Pengurus Pusat Persatuan Olahraga Berkuda Seluruh Indonesia（PORDASI）v. Olympic Committee of Indonesia（KOI），award of 2 June 2015.

治。第三，政治因素。例如两次世界大战之后，国际奥委会都曾中止过部分战败国的会员资格。第四，人权问题。例如，1961 年国际足联因南非种族隔离制度而中止南非足联（SAFA）的成员资格、1999 年国际奥委会因塔利班政权歧视女性而中止阿富汗奥委会（AOC）的成员资格。①

（二）国际体育组织成员权利

国际体育组织的权力来源于与成员间的契约，成员通过契约让渡权利给组织，组织从而获得管理权力，与此相对，成员也获得了其成员权利。以国家奥委会为例，《奥林匹克宪章》规定了国家奥委会所享有的 11 项权利：（1）自称为“国家奥林匹克委员会”，其名称中应包含或引用此称号；（2）按照奥林匹克宪章的规定，输送参赛选手、团队官员和其他团队人员参加奥运会；（3）受益于奥林匹克团结；（4）经国际奥委会的授权并在符合其宪章第 7-14 条和 BLR 第 7-14 条规定的情况下，使用特定的奥林匹克资产；（5）参与由国际奥委会主导或赞助的活动，包括地区性比赛；（6）属于国际奥委会认可的国家奥委会协会；（7）提出关于奥林匹克宪章和奥林匹克运动包括奥运会组织的建议，并提交给国际奥委会；（8）就奥运会组织的候选人提出意见；（9）根据国际奥委会的请求，参与国际奥委会委员会的活动；（10）合作筹备奥林匹克大会；（11）行使奥林匹克宪章或国际奥委会授予的其他权利。②

国际体育组织成员的成员权利必须以国际体育组织章程为限，不能随意进行扩张。在巴基斯坦足球联合会（PFA）诉国际足联（FIFA）案③中，巴基斯坦足联请求国际足联就巴基斯坦足联与以色列足联之间的问题建立一个巴以事务专门委员会，国际足联秘书长根据其提议制定议程之后，将其交由国际足联理事会进行解决，但巴基斯坦足联认为国际足联未对提案进行投票，违背了其成员提案权。而仲裁庭在审理之后则提出，根据《国际足联章程》，成员享有的提案权并不保证其提案可进入国际足联大会讨论，甚至进入投票程序。也就是说，国际体育组织成员在行使章程赋予的权利之时，应当以章程为限，不得超出章程所赋予的范围。

---

① 邵沁雨：《国际体育组织做出中止会员资格处罚存在的问题与改善措施》，苏州大学 2020 年硕士学位论文，第 13 页。

② IOC，Olympic Charter（in force as from 23 July 2024），Rule 27.

③ CAS. Arbitration CAS 2017/A/5166&5405 Palestine Football Association v. Fédération Internationale de Football Association（FIFA），award of 9 July 2018.

三、体育组织外部关系

体育组织的外部关系，是指体育组织在履行管理职能时，同其外部组织和机构的交互关系。这种交互关系的存在表明，体育组织不是孤立地进行体育事务管理，在某些特定的管理领域，不同体育组织需要承担共同责任，同时，体育组织的组织自治也受到来自组织外部的限制。

（一）体育组织相互之间的关系

首先，国际奥委会与国际单项体育联合会之间的位阶关系。国际单项体育联合会是奥林匹克运动的重要成员，任何属于奥林匹克运动的个人或组织均受《奥林匹克宪章》的约束，并应遵守国际奥委会的决定。[①] 这意味着国际单项体育联合会的内部管理要受国际奥委会和《奥林匹克宪章》的限制，这一点在单项体育联合会的章程中也有所体现。例如，有的单项体育联合会将《奥林匹克宪章》中的原则视作其组织自治规则的一部分，自愿受《奥林匹克宪章》约束与限制，也有联合会在组织章程中作如下表述："当自治规则与《奥林匹克宪章》原则相冲突时，以《奥林匹克宪章》原则为准。"[②] 与之对应，按照《奥林匹克宪章》要求，国际奥委会也认可单项体育联合会在特定体育项目的管理权限。

其次，WADA 与国际单项体育联合会在反兴奋剂方面达成共识。国际单项体育联合会通常设立有内部反兴奋剂机构和药物管理委员会，有各自的反兴奋剂规定或条例，WADA 对体育组织开展反兴奋剂工作仍然发挥着较强的指导作用。国际单项体育联合会通常直接把 WADA 规则体系规则内容纳入反兴奋剂规则，[③] 这也被认为是《世界反兴奋剂条例》对联合会具有强制性效力的一种体现。体育组织与 WADA 之间签订的协议适用于兴奋剂管理工作，尽管其他检测主体也可独立开展兴奋剂工作，但其检测机构应是 WADA 认可的实验室。[④] 涉及用药豁免审查时，必须根据用药豁免国际标准的有关条款进行评估和决定，其中的国际标

---

① IOC, Olympic Charter (in force as from 23 July 2024), Rule 25.

② WBSC, WBSC Statutes, https: //static. wbsc. org/uploads/federations/0/cms/documents/48ebb7c0 - 0aad-df45-c502-28ebec82dbab. pdf, visited on 7 November 2024.

③ IHF, IHF Statutes, https: //www. ihf. info/sites/default/files/2024 - 02/01% 20 -% 20Statutes_E. pdf, visited on 7 November 2024.

④ UWW, UWW Anti-doping Rules, https: //cdn. uww. org/2022-05/uww_adr2021_final_approved. pdf, visited on 7 November 2024.

准一般必须为 WADA 所采纳。[①] 在反兴奋剂工作的执行方面，单项体育联合会的工作开展受 WADA 指导，接受其规则体系的约束。

最后，国际奥委会和 WADA 之间是发展协作的关系。WADA 的前身属于国际奥委会的一个职能部门，在 20 世纪末，它从国际奥委会独立出来，成为专门的反兴奋剂机构。根据两个组织的章程，二者并不存在明确的管理与被管理的关系，但国际奥委会对 WADA 的影响体现在：第一，国际奥委会负责提供后者所需资金的 50%；第二，WADA 的工作人员，和在国际奥委会工作的人员高度重合；第三，在部分反兴奋剂调查工作中，国际奥委会拥有独立的调查和处罚权能。例如，国际奥委会在 WADA 出具有关俄罗斯兴奋剂事件的调查报告和处罚意见后，国际奥委会又开展独立调查，并否定世界反兴奋机构的处罚措施。对此，也有学者指出，WADA 将其总部从注册地瑞士洛桑转移至加拿大蒙特利尔，是为了摆脱国际奥委会的深层控制和影响，是增强其独立性的表现。

（二）体育组织与国家之间的关系

首先，体育组织与国家之间存在合作关系，这种合作关系的主要体现就是体育组织将其署名赛事外包给国家，以及与国家合作反兴奋剂。[②] 通常，举办大范围的体育赛事需要极其高昂的成本，2000—2016 年举办夏季奥运会的平均成本为 211.8 亿美元，冬季奥运会的平均成本为 164 亿美元，近三届足球世界杯的平均成本为 100 亿美元。[③] 尽管举办此类体育赛事需要巨大的成本，且从赛事取得的直接经济利益很少超过成本，但仍有许多国家积极竞争此类赛事的举办权。对于体育组织来说，这种合作减轻了其财政负担，而对于民族国家来说，通过举办此类体育赛事，增强了其国民的民族自豪感。体育组织与国家合作的另一领域为反兴奋剂活动。WADA 在国际奥委会的牵头下，由国际奥委会与各国政府、体育联合会合作而成立，其预算的一半来自国际奥委会，另一半来自各国政府。WADA 在反兴奋剂领域设定统一的标准，并与各国政府以及体育联合会合作以保证其实施。

---

① World Aquatics, Doping Control Rules, https://resources.fina.org/fina/document/2024/02/23/5c40fb38-66b0-4a8a-a124-55b0b5d1ccf9/World-Aquatics-Doping-Control-Rules.pdf, visited on 7 November 2024.

② Windholz Eric & Hodge Graeme, International Sports Regulation: An Evolving Private-Public Partnership, 45 Monash University law review (2019), p. 321.

③ Windholz Eric & Hodge Graeme, International Sports Regulation: An Evolving Private-Public Partnership, 45 Monash University law review (2019), pp. 320-321.

其次，体育组织自治应当受到国家内部法律的规制。通常，独立自主、不受政府干预是国际奥委会和国际足联的基本原则，但这种独立、不受干预并非不受国家内部法律的规制，而是指不受来自各国的政治干预。所有国际体育组织是根据国内法而成立的组织体，应当受到国内法的规制，实践中国内法通常是瑞士法，因为大部分国际体育组织都是根据瑞士法于瑞士成立。但是，受到国内法规制，并不意味着各国政府能够自由干涉国际体育组织的内部事务。例如，国家通过其政治力量干预体育组织工作人员选举，插手国际组织与另一国家进行的谈判，以及非法利用国际组织抹黑其竞争对手以达到其政治目的，等等。

最后，CAS 作为一个解决私人体育纠纷的仲裁机构，其裁决效力取决于国内法院的承认与执行。CAS 作为国际上解决体育纠纷的上诉机构，在统一适用与执行体育规则方面发挥了巨大的作用，但其作为私立机构，管辖权来自于各方的同意，国家无义务承认与执行其裁决。因此，这对 CAS 审理体育纠纷案件提出了更高的要求，即在努力建立一套统一的、具有权威性的体育法律制度的同时，应当保障每一个主权国家的基本形象、尊严，同时确保每一个主权国家的运动员受到平等对待。

四、组织自治的发展变化及趋势

对体育组织内部管理的限制和自身治理能力的提升，长期来看二者处于此消彼长的关系，在组织管理实践中，内部改革和修正措施的实施落实在各个执行机构及其人员安排上，由于外部法律的约束和限制，组织内部成员滥用职权谋取私利的行为受到越来越严厉的管控。组织自身及其保护的普遍利益获得保障。本部分先就国际奥委会、WADA 和国际单项体育联合会三个主体的组织管理或治理的现状展开。

（一）国际奥委会的组织自治现状

随着国际奥林匹克运动的发展，多方利益交织其中，逐步形成了新的奥林匹克系统。奥林匹克运动的发展为国际奥委会的管理革新提供了平台和条件，伴随而来的巨大压力和严格要求也促使国际奥林匹克运动事务由机械管理向灵活治理转变。过往“以利益方树形结构体系为基础、以上至下政令模式为手段、以较单一标准为衡量指标的管理体系”逐步向“以利益方网络型结构体系为基础、以政策引导和协商为软性手段、以‘善治’为评价标准”的奥林匹克治理体系转变。[①] 除国际奥委会、国家奥组委、国家奥林匹克委员会、国际单项体育联合会和国家体育联合会之外，赞助商、运动员、体育俱乐部也逐渐成为国际奥委会修改规则、作出决议时应充分考虑且听取意见的主体对象，这实际上对国际奥委会的治理提出更高要求。在新奥林匹克治理体系中，国际奥委会必须兼顾更加多元化的利益方，并通过让渡部分权力和利益以维持整个系统的稳定。[②]

奥运系统内部治理存在的问题第一次暴露于公众视野前，是 2002 年盐湖城冬奥会涉及的贿选丑闻。数名国际奥委会官员收受贿款并操纵奥运会举办地的正常选举，该事件迫使国际奥委会采取一系列措施规范内部治理和腐败控制。当时，国际奥委会几乎未发布申请投标的任何程序或信息，盐湖城冬奥会丑闻发生后，国际奥委会首先为自己设立信息披露义务，决定在其官方网站上尽可能多地公布可公开的信息。同年，国际奥委会还决定，记者有权申请通过新闻中心转播的闭路电视跟踪报道国际奥委会举办的各项会议。[③] 在盐湖城冬奥会丑闻影响最严重的时候，国际奥委会还承诺，其将每四年发布一次有关其活动和账目的报告，每两年发布一次中期报告。从那时起，这些重要文件定期向公众公布，包括之前鲜为人知的财务数据。国际奥委会的报告详细说明了从奥运会转播权到国家奥委会资金分配的情况。

2001 年，为了更好地了解奥运会对城市、地区和主办国的影响，国际奥委会启动了奥林匹克运动影响（Olympic Games Global Impact）项目。该项目使用了大约 150 个与可持续发展息息相关的指标，分别散见于经济、社会和环境三个重点领域，并从举办地候选阶段进行数据监测工作，一直持续到奥运会结束的后几年。[④] 这一项目旨在收集长期的基本数据（如奥运会举办地的国内生产总值、失业率、体育锻炼水平、空气质量等），以评估奥运会的对举办地的影响，监测工作首次开展于 2008 年北京奥运会，在 2010 年温哥华冬奥会和 2012 年伦敦奥运会上，该项目在国际奥委会奥林匹克知识管理部门的指导框架下，以奥运会影

① 胡孝乾、郭惠珍、董刚：《国际奥林匹克治理体系发展、影响与思辩》，载《北京体育大学学报》2018 年第 1 期，第 30 页。

② 黄璐、高姊婷、李世森：《论奥林匹克治理体系及其变革趋势——从〈世界体育的治理〉一书谈起》，载《体育成人教育学刊》2017 年第 10 期，第 38 页。

③ Tom Serby，Sports Corruption：Sporting Autonomy，Lex Sportiva and the Rule of Law，2 Entertainment and Sports Law Journal（2017）.

④ Olympic Review 2006，Olympic Games Global Impact，https：//stillmed. olympic. org/Documents/Reports/EN/en_report_1077. pdf，pp. 1-2，visited on 7 November 2024.

响指标（Olympic Games Indicator）的名义继续进行。[①] 对奥运会候选举办城市的审查过程也按照规则和透明度的要求以报告形式公开，公众可以了解国际奥委会在考察举办城市时作出的判断。

2016 年，夏季奥林匹克国际单项体育联合会协会（Association of Summer Olympic International Federations，ASOIF，以下简称夏奥体协）通过一个特设工作组制定了 50 项治理指标，涵盖 5 项关键原则，包括透明度、诚信、民主、体育发展和团结、控制机制（Transparency，Integrity，Democracy，Sports development and solidarity，and Control mechanisms）。会议表决通过，ASOIF 内各成员的国际单项体育联合会必须评估上述指标在组织内部的遵守情况，特别是对于组织是否严格遵照原则进行内部事务管理。按照《瑞士民法典》第六十九条第二款的要求[②]，总部设立在瑞士的体育组织，在财务审计之中也应贯彻上述指标和原则。国际奥委会要求引入这样的监管系统，既可以确保国际单项体育联合会从奥运会收入中获得的大量资金得到合理使用，还可以降低资金被挪用、滥用的风险。

在回应上述可持续发展计划之下，国际奥委会还在金字塔结构下的重点支柱——国家奥委会——开发了一种名为理解、管理、审计、计划（Understanding，Managing，Auditing，Planning）的自我评估工具，供全世界所有的国家奥委会使用，借此判断资金使用的合理性。[③] 可见，国际奥委会为解决内部管理丑闻对组织形象产生的负面影响，果断采取提升组织透明度的指标措施，强化金字塔结构下各个成员组织的问责机制。同时，国际奥委会意识到自身治理水平的提高对成员体育组织的模范带头作用，开始着手制定并推广可在体育组织领域内通用的管理标准，这也是国际奥委会以实际行动为体育治理的全球化和规范化贡献力量。

综上，我们可以看到，国际奥委会作为世界范围内具备广泛影响力的大型国际体育组织，曾因内部管理不当受到外部质疑。体育组织在自由地制定和实施体育规则、决定其组织的结构和管理、不受任何外部影响进行选举的同时，也有责任确保善政原则得到实施，这是国际奥委会基本原则的体现。为实现这一目标，

---

① Jean-Loup Chappelet & Michaël Mrkonjic, Basic Indicators for Better Governance in International Sport (BIBGIS): an assessment tool for international sport governing bodies (2013).

② 据《瑞士民法典》第六十九条第二款，如果一组织的总资产、营业额以及员工人数中有两项达到标准，则应按照瑞士《公司外部审计师义务准则》进行外部审计，组织可以自行决定如何安排外部审计。

③ Jean-Loup Chappelet, Beyond governance: the need to improve the regulation of international sport, 11 Sport in Society (2017), p. 5.

国际奥委会推行一系列改革政策以维系组织的清正廉洁。研究发现，这些提升体育组织公信力的举措在一定程度上改善了国际奥委会的组织自治效能，可作为模范推广至其他国际单项体育联合会。尽管如此，国际奥委会在推行一系列计划和项目提升组织管理透明度的同时，却忽视了国际组织应承担的公共责任，特别是未能与组织内部具体机构和人员的问责机制相联动。因此，国际奥委会的内部治理仍存在一定提升空间，仍需对其组织自治进行进一步的合理限制，以维护其作为奥林匹克运动重要推广者的正当地位。体育组织问责机制的相关问题将在下文详细阐述。

（二）世界反兴奋剂机构的自治现状

如前所述，WADA 一直在其自己在世界体育治理框架下的独立性，无论是从资金来源还是从人员安排来看，它对各国政府和国际奥委会的依存度较高。WADA 是典型的公共与私人性质混合的体育组织，其私人性质表现为，国家政府可不受 WADA 制定的规范的约束自行开展反兴奋剂工作。其公共性质体现在，WADA 是全球反兴奋剂规范的制定者和反兴奋剂工作框架的设计者。WADA 最重要的贡献是《世界反兴奋剂条例》（World Anti-Doping Code，WADC），该规则于 2003 年通过，并于 2004 年 1 月 1 日生效。2003 年 3 月 5 日，在哥本哈根举行的世界反兴奋剂大会上，代表 80 个国家和国际体育机构的 1000 多名代表一致同意采用《世界反兴奋剂条例》作为反兴奋剂工作开展的基础文件（《哥本哈根宣言》）。《世界反兴奋剂条例》的最新版本于 2021 年正式生效，从强化运动员健康及权利保护、细化违规行为认定、修改兴奋剂违规罚则等几个方面进行规则修订和完善。①《世界反兴奋剂条例》的重要性和影响力体现在，所有签约方②都应当遵守《世界反兴奋剂条例》的各项规定，在反兴奋剂领域同 WADA 展开密切合作。具体表现为，对国际奥委会而言，必须制定同《世界反兴奋剂条例》一致的奥运会反兴奋剂政策，且要求国家奥委会和国际单项体育联合会遵守《世界反兴奋剂条例》的要求，否则该项目或该国家奥运代表团不得出现在奥运赛场；对国际单项体育联合会而言，则要求该单项体育联合会、所属国家单项体育

① 徐伟康：《2021 年版〈世界反兴奋剂条例〉（WADC）的修改评述——基于与 2015 年版 WADC 条款的对比》，载《西安体育学院学报》2020 年第 4 期，第 408—410 页。

② 据《世界反兴奋剂条例》第 21.1.1 条，下列实体可以成为《条例》的签约方：国际奥委会、国际单项体育联合会、国际残奥委员会、国家奥委会、国家残奥委员会、重大赛事组织机构、国家反兴奋剂组织和其他与体育有重大关系的组织。

协会、参赛运动员和辅助人员，都要受到《世界反兴奋剂条例》规则的约束；对于国家反兴奋剂机构而言，《世界反兴奋剂条例》要求其内部人员不得同时在政府和其他任何体育组织从事任何工作，并制定和实施与《世界反兴奋剂条例》一致的反兴奋剂规则。[①] WADA 及其规则指导全球范围内反兴奋剂活动的开展。

目前，签署并同意遵守 WADA 规则的体育组织包括国际奥委会、国际单项体育联合会、国际残奥委员会、国家奥委会、国家残奥委员会、国家反兴奋剂组织。国家政府的官方层面并没有履行《世界反兴奋剂条例》的强制义务，《哥本哈根宣言》的反兴奋剂工作要求仅对成员国发挥指导作用。直到 2005 年，联合国教科文组织《反对体育使用兴奋剂公约》（以下简称《公约》）获得 110 个国家的政府加入、批准和接受。各成员国政府应遵守《公约》的义务，使其国内反兴奋剂政策与《世界反兴奋剂条例》保持一致，与全球体育法规和公共立法在反对体育中使用兴奋剂的斗争中保持协调。[②] 尽管不同监管主体之间参照的反兴奋剂规则的依据不同，但不同依据对《世界反兴奋剂条例》文件的广泛认可表明，WADA 仍处于世界反兴奋剂工作领导者的地位。因此，《世界反兴奋剂条例》是为体育组织内部和国家政府之间的反兴奋剂政策、规则和规章的协调提供框架的核心文件，具备“软法”的性质。[③] 与此同时，WADA 很可能面临国内法律的挑战，由于使用兴奋剂的行为被越来越多的国家纳入国家刑法进行规制，对于不当使用兴奋剂的运动员的处置，WADA 和国家司法机关之间在管辖权方面可能也存在一定竞争关系。

近期，WADA 加强了对各反兴奋剂组织（即《世界反兴奋剂条例》签约方）的约束，主要表现为以下两个方面：一是 WADA 有权依法追究签约方的违约责任。2021 版《世界反兴奋剂条例》第 24. 1. 1 条规定，WADA 可直接依据《签约方遵守条例国际标准》监督签约方执行《世界反兴奋剂条例》和各项国际标准的活动。WADA 前主席克雷格 · 里迪表示：“这一框架不仅将巩固 WADA 作为清

---

① 世界反兴奋剂机构：《签约方条例遵守国际标准 2021》，https：//www. sport. gov. cn/sszx/n15182/c977804/part/627931. pdf，最后访问时间：2024 年 11 月 7 日。

② Stuart Miller，Good governance and anti-doping policy：an international federation view，2 international Journal of Sport policy and Politics（2011）.

③ Lorenzo Casini，Global Hybrid Public-Private Bodies：The World Anti-Doping Agency（WADA），3 International Organizations Law Review（2009），p. 11.

洁体育国际监管机构的角色，也将改变全球反兴奋剂运动的格局。”① 二是 WADA 组建了专门机构负责合规审查。WADA 设立了独立的情报和调查部门，专职负责调查各利益相关方在反兴奋剂工作方面的不合规行为。实际上，WADA 在情报信息技术方面的专业性的确对潜在的违规方有一定的威慑力。

综上，WADA 的混合性质意味着 WADA 创造了一个利益相关者相互交织的网格，当然这也意味着 WADA 在全球反兴奋剂治理中所扮演的角色对部分利益相关者（例如运动员群体）来说更加不透明，因为他们不具有国际奥委会等体育组织和政府部门那样的地位和机会，无法直接参与甚至是掌控（资金和成员组成方面）该组织。很明显，利益相关者与 WADA 之间的分歧也给组织的管理带来了困难，这导致 WADA 将其重点从反兴奋剂监管制度转移到解决利益相关者的斗争和分歧上。

（三）国际单项体育联合会的自治现状

与国际奥委会和 WADA 相比，国际单项体育联合会的影响力相对单一，覆盖范围相对较小。但对于具体体育项目，其在管辖事项范围内享有更高的自治权限。国际奥委会和 WADA 正常工作的开展，离不开国际单项体育联合会的支持，国际单项体育联合会指导国家单项体育联合会在不同国家发展体育运动，因此，国际单项体育联合会的组织自治问题同样引发众多关注。考虑到各个单项体育联合会内部管理制度存在些许差异，以及近年来部分体育组织因管理问题面临的争议及其应对，本部分主要以国际足联、国际自行车联合会，以及国际田联的自治现状为例，分析国际单项体育联合会组织内部自治的现状和发展趋势。

1. 国际足联

由于足球运动市场化发展较快，足球赛事规模大、受关注度高，国际足联的内部管理需要承受更多外部关注。数十年来国际足联受到的官员腐败指责，也促使国际足联的内部组织结构与管理制度不断发展完善。然而国际足联一系列提升内部治理清廉的举措，并没有从根本上解决组织内部存在的腐败行为，仍然需要外部法治的监督与介入。在阿维兰热担任国际足联主席的 20 多年（1974—1998 年）间，足球运动的商业化进程不断加速，影响力也与日俱增。阿维兰热在任职期间也受到外界的质疑，包括个人权力过大和涉嫌受贿等。但国际足联并未就此

① 张婵丽、郭志光、贾志强：《国际反兴奋剂治理特点、新动向及启示》，载《体育文化导刊》2021 年第 2 期，第 5 页。

展开调查，也没有在内部推行相应的提升监督的措施，直到 2006 年才引入道德委员会，在此之前则是由纪律委员会负责组织内部成员的道德监督管理问题。应道德委员会的要求，国际足联官员应公开任何个人利益以及潜在的利益冲突，个人利益包括为自己、家人、亲戚、朋友和熟人谋取任何可能的利益。

在 2010 年就选择世界杯举办地举行投票前，有两名执委会的成员被道德委员会调查，也有媒体指出，俄罗斯获得世界杯主办权的背后可能存在贿选行为。[①] 为应对越来越多针对国际足联内部腐败的指控，2011 年 10 月，国际足联宣布成立独立善治委员会（Independent Governance Committee，IGC），以改善国际足联的治理和透明度。设立独立善治委员会的根本目的在于，国际足联的内部管理系统应符合各利益相关方的普遍利益。国际足联的利益相关者范围很广，包括会员协会、球员、裁判员、球员经纪人、俱乐部、营销人士、球迷社区和广大公众。这种普遍利益意味着国际足联应对普通公众负有责任，有义务提升其内部管理能力，维持体育组织的公正清廉。尽管国际足联在法律上仍被视作非营利组织，但足球产业蕴含大量的商业价值，尤其是四年一度的世界杯，仅电视转播权就高达数十亿美元，赞助商也希望借助大型足球赛事宣传自己的品牌，国际足联作为这一体育产业的管理者，拥有极高的自治权能。

为实现这一目标，独立善治委员会与来自全球各地的咨询公司、职业足球领域的顾问展开广泛合作，共同商讨应如何推动这一改革。几年之内，国际足联在改革方面取得了一些重要进展，包括修订道德准则和道德委员会职责、对国际足联选举的候选人引入诚信检查制度、创建拥有独立主席的审计与合规委员会以规范资金使用，并将世界杯主办权的投票权从执委会的数十名成员移交给在国际足联全球大会上拥有投票权的会员。

然而，被国际足联视作提升内部问责和道德水准的重要设计——独立善治委员会——在成立之初就遭到质疑。一方面是经济独立性，在被任命为委员会主席之前，皮埃斯收到来自国际足联的一笔费用，用于出具一份有关国际足联诚信改革的报告，但国际足联和皮埃斯并未披露这一信息。进一步的分析也表明，国际足联独立善治委员会的 12 名成员中有 6 人与国际足联有直接的财务关系，[②] 这无疑大大减损“独立”委员会的独立性。在国际足联缺乏有效的问责机制的前提

① Alan Tomlinson, The supreme leader sails on: leadership, ethics and governance in FIFA, 9 Sport in Society (2017), p. 1163, p. 1165.

② Roger Pielke Jr, How can FIFA be held accountable? 12 sports management review (2013), p. 6.

背景下，实际上，财务不独立也可能引发人员不独立，从而降低了恢复国际足联信誉的独立善治委员会的作用。另一方面，许多重要的改革建议未得到国际足联高层的足够重视，导致无法落地。比如，对主席进行任期限制、管理层薪酬披露、通过外部顾问委员会对执行机构进行独立监督，以及更好地监督国际足联的资金如何使用，等等。

颁布改革措施后，国际足联在防腐败机制上看似有了极大进步，但实际收效甚微，更像是为了应付公共质疑不得不采取的止损措施。这一点在有关俄罗斯和卡塔尔是否涉及贿选的报告中有所体现。美国律师迈克尔·加西亚曾担任国际足联道德委员会调查小组的独立主席，他对与申办 2018 年和 2022 年世界杯期间有关的腐败指控进行了为期两年的调查，他的调查最终于 2014 年形成一份长达 430 页的报告，即所谓的“加西亚报告”。但国际足联拒绝公布完整报告，仅以摘要形式发布报告的只言片语。对此，加西亚批判道，这种处理存在“严重的不完整和错误”，随即他便辞去了在国际足联的职务。[①] 直到 2017 年，这份报告迫于外界舆论压力被国际足联完整公示。国际足联道德委员会的负责人表示，加西亚的调查报告结果初步表明在世界杯举办地的选择上，部分官员的行为的确违反了举办地申请规则和国际足联的道德准则，但他却认为，一笔现金交易并不足以改变执委会成员的投票意愿，加西亚在报告中的指控并不符合推断的一般逻辑。[②]

在 2011 年至 2014 年间，国际足联在道德委员会之外设立一个独立的监督委员会。但该组织形同虚设，表面上展示国际足联追求良好治理和高组织透明度的态度转变，然而，在现实中，国际足联却没有对道德委员会和监督委员会的工作成果给予基本的尊重，完全无视来自全新机构的改革意见，组织内部腐败现状的持久性也就不足为奇。在国际足联官员于 2015 年被美国联邦调查局（Federal Bureau of Investigation，FBI）和瑞士司法机关执行正式调查之前，有理由认为，国际足联并未真正意识到内部治理改革的必要性。国际足联官员被美国和瑞士的司法机关采取强制措施并提起诉讼后，国际足联才重拾过去被忽视的改革建议。自 2015 年后，国际足联开启了新一轮改革。

对国际足联财务管理不善的广泛指控同时引发了改革的呼声。尽管国际足联发布了年度财务报告并根据瑞士法律进行了审计，仍有许多国际足联的财务信息

---

① Ina Kubbel & David Forrest, Corruption and Norms, Palgrave Macmillan Cham (2018), p. 340.

② Markus Breuer & Annika Engelbert, The Palgrave Handbook on the Economics of Manipulation in Sport, Palgrave Macmillan Cham (2018), pp. 301-302.

并未公布，甚至国际足联主席和执委会成员的薪水也未被列入公开信息的范围。[①] 直至 2016 年，在国际足联的一次大会中，才正式将国际足联主席的薪水限制为不超过 150 万瑞士法郎。针对国际足联主席任期过长的问题，全世界的共识是国际体育组织最高领导人的长期连任的确在组织内部滋生贪污腐败行为。在国际足联 100 多年的历史上，已有 5 人任期超过了 12 年，包括过去的 3 任国际足联主席。[②] 同年，国际足联表示，国际足联主席任期不能超过 3 届，每届任期为 4 年。

2. 国际自行车联合会

国际自行车联合会虽不像国际足联一般丑闻频出，但知名自行车运动员阿姆斯特朗因为兴奋剂事件被剥夺世界冠军头衔，暴露出国际自行车联合会内部管理背后的深层次问题。美国反兴奋剂机构在针对阿姆斯特朗的一项反兴奋剂调查中同时指明国际自行车联合会存在以下的问题：（1）未能严格遵循反兴奋剂制度和政策；（2）不当收受来自阿姆斯特朗的款项；（3）不配合美国反兴奋剂机构的调查、拒绝承认和接受美国反兴奋剂机构提供的证据。

首先，国际自行车联合会并未严格遵循 WADA 的指引，其派出的检测人员穿着醒目的服装，驾驶标识明显的汽车，不符合突击检查保密性的要求。在检测过程中，检测人员甚至还会提醒和警告运动员其血液样本可能存在问题。此外，国际自行车联合会还被认为减少了样本的测试流程，并未彻底分析样本可能包含的所有违禁成分。

其次，针对美国反兴奋剂机构提出的有关体育组织收受来自运动员款项的指控，国际自行车联合会主席否认了这一点。随着证据越来越清晰，他重新发表声明指出来自阿姆斯特朗的 10 万美元款项属于个人捐赠，将被用于联合会发展和推广自行车项目，并非所外界所指责的体育组织收受的贿款，以掩盖运动员服用兴奋剂的行为。联合会前后矛盾的说辞显然无法证明这笔款项的正当性。

最后，阿姆斯特朗并非第一次陷入兴奋剂风波，在一次服用兴奋剂遭受禁赛处罚后，联合会在禁赛期还有 13 天才结束的情况下允许阿姆斯特朗参赛，却并没有给出正当理由。为回应美国兴奋剂检测机构的指控，联合会成立了独立的事件调查委员会。然而，委员会的正式调查还未取得进展，就被联合会以 WADA

---

① Roger Pielke Jr, How can FIFA be held accountable? 12 sports management review (2013), p. 7.

② Guillermo Jorge, Fixing FIFA: The Experience of the Independent Governance Committee, https://heinonline.org/HOL/LandingPage?handle=hein.journals/sjlta21&div=13&id=&page=, visited on 8 July 2022.

和美国反兴奋剂机构不配合为理由解散。实际上，该调查委员会从未向 WADA 和美国反兴奋剂机构提供任何有利于调查开展的书面材料，后两者也因质疑联合会内存在的严重管理问题拒绝同联合会商讨替代性解决方案。

实际上，国际自行车联合会内部治理确实存在较大问题，这一点在自行车运动员反兴奋剂调查中也有所体现。国际自行车联合会内部在人员选任方面存在"任人唯亲"的倾向，[①] 海因·维尔布鲁根自 2006 年卸下联合会主席职务之后，并未离开联合会，而是作为所谓"名誉副主席"继续参与组织内部的事务管理。根据国际自行车联合会的内部章程，组织职位中并未包括"名誉副主席"，应当退休的联合会主席仍担任组织管理委员会成员显然是对组织章程的公然违背。还有一点十分明显，联合会并未有效回避利益冲突。2009 年，国际自行车联合会成立了一家"全球自行车推广公司"，该公司于 2011 年在联合会的批准下承办北京自行车赛事。根据章程要求，联合会与其他公司和组织的合作应严格区分体育利益与商业利益，二者不可发生冲突，而当时联合会设立该公司是基于追求商业利益的目的，其应认识到自己与商业组织之间的本质差别，这是对组织章程的又一次违背。此外，联合会与商业公司之间在管理层人员方面也存在混同的现象，但联合会主席认为设立公司并不会造成利益冲突，也不影响联合会内部的治理环境。然而，自行车协会对涉嫌使用兴奋剂运动员的包庇和对组织章程的公然违背行为无法得到有效限制，体育组织自治使其尽可能地隔离于外部司法框架之外，严重阻碍体育运动的正常发展。

3. 国际田联

另一个因近年的腐败指控而受到公众关注的单项体育联合会为国际田联，其是国际田径运动的管理机构。2014 年至 2017 年期间，国际田联被指控滥用管理权能保护受俄罗斯兴奋剂事件影响的运动员。国际田联前主席拉米·迪亚克涉嫌通过掩盖俄罗斯运动员的兴奋剂阳性结果来破坏田径比赛的诚信，包括迪亚克的儿子帕帕·马萨塔·迪亚克在内的其他国际田联官员也参与其中。此外，拉米·迪亚克还安排一名律师负责拖延阳性兴奋剂报告的提交。为应对腐败和兴奋剂丑闻，国际田联于 2016 年发起了一项治理结构改革，认为其改革具有"其他国际

---

① Lloyd Freeburn, The Union Cycliste Internationale: a study in the failure of organizational governance of an International Federation, 13 International sports law (2013), p. 72.

体育联合会没有的领先的诚信框架”。[①] 国际田联主要从如下几个方面，提升其组织管理能力和诚信。

第一，限制国际田联主席的任期，强化运动员委员会的职能。根据最新规则，主席的任期最长不得超过 3 届，每届任期 4 年。与国际田联的其他委员会不同，运动员委员会的成员由国际田联理事会直接任命，而不是由国际田联大会选举产生。在设立后的几年里，该机构发挥了专业咨询作用，但没有任何参与决策的权力。[②] 国际田联的改革方案重新定义了运动委员会的角色和责任。国际田联运动员委员会主席，以及由运动员委员会成员选举产生的代表，将有资格参加国际田联举办的年度大会，并对国际田联的重要事项享有投票表决权。此外，两名运动员委员会代表需为不同性别。

第二，成立国际田联诚信机构。2014 年，国际田联公布首个道德准则，该文件包括反兴奋剂规定，禁止赌博、操纵比赛和贪污的规定，以及国际田联选举规则，并首次提及国际田联官员的利益冲突问题。同样成立于 2014 年的国际田联道德委员会被选为监督《国际田联道德准则》执行的机构。然而，在引入组织成员道德标准后，围绕拉米·迪亚克的领导层丑闻证明，仅凭国际田联现行监管机制，不足以保证组织成员的整体诚信行为，由此给国际田联带来的负面声誉迫使该组织实施重大改变，设立田径诚信机构。

国际田联设立了一个“独立管理和独立运营”的国际田联田径诚信机构（IAAF Integrity Athletics Unit），以监督新建立的诚信规范。诚信机构有独立的委员会，并与国际田联分开运作。因此，国际田联在历史上第一次允许其受到部分来自外部的监督与控制。然而，诚信机构并不是一个独立的法律实体，其向国际田联大会报告并对其负责。诚信机构负责处理兴奋剂问题，并通常监督与体育竞赛、赌博、腐败、利益冲突、利益相关披露、礼物收受等方面的规定的执行。[③] 此外，国际田联还引入组织成员审查要求，允许在任命或雇用任意国际田联官员之前对其进行背景调查。

---

① Jorge Krieger, No Struggle, No Progress: The Historical Significance of the Governance Structure Reform of the International Association of Athletics Federation, 11 Journal of Global (2018), p. 3.

② Jorge Krieger, No Struggle, No Progress: The Historical Significance of the Governance Structure Reform of the International Association of Athletics Federation, 11 Journal of Global (2018), p. 13.

③ Jorge Krieger, No Struggle, No Progress: The Historical Significance of the Governance Structure Reform of the International Association of Athletics Federation, 11 Journal of Global (2018), p. 15.

第三，强化财务信息透明度。国际田联财务管理的调整与组织诚信度的提高密切相关。对此，国际田联执委会承担了更多的责任，控制国际田联的所有商业决策。在财务方面，国际田联执委会任命一个财务小组委员会（finance sub-committee），与专业人员一起对国际田联的财务进行管理。为进一步增加透明度，国际田联还引入外部财务审计进行外部监督，从2019年起每年向国际田联大会报告审计信息。改革的另一影响是，国际田联财务主管的职位退出历史舞台。这或许与俄罗斯兴奋剂事件有关，因为国际田联前财务主管参与了兴奋剂结果操纵和管理层腐败。

第二节　组织自治面临的现实困境

一、组织自治存在的问题

当下，随着体育的商业化和市场化进程，金字塔下层的体育组织与上层的体育组织在利益分配方面的冲突愈发明显，体育组织内部也因收入增加而激发更多贪腐动机。[①] 综合来看，国际体育组织的组织自治存在的问题主要是问责机制欠缺、信息透明度不足、成员参与渠道有限，以及权力制衡失效。

（一）问责机制欠缺

问责制度是公共治理和公司治理的基石，这项基本制度提醒拥有和行使职权的组织机构应当对行使管理权限所产生的后果承担责任。管理主体有义务向问责人告知其行为可能产生的影响，问责人亦有权对报告的充分性或行为的合法性提出质疑，并对该行为作出判断。[②] 由问责制度引起的管理主体对问责人承担的报告义务，使得管理主体更加谨慎地开展内部事务管理工作，以避免来自利益相关者的质疑甚至诉讼行为。

问责制度的重要性具体表现为，第一，问责制度是实施外部监管的有效渠道，管理主体的行为处于利益相关者的密切关注之下，管理主体有义务自觉接受问责人的监督，并规范自己的管理行为。第二，问责制可以有效防止权力集中。

---

① Arnout Geeraert，A rationalist perspective on the autonomy of international sport governing bodies：towards a pragmatic autonomy in the steering of sports，7 International Journal of Sport Policy and Politics（2014），pp. 7-9.

② Parent MM，Evolution and Issue Patterns for Major-Sport-Event Organizing Committees and Their Stakeholders，22 Journal of Sport Management（2018），p. 6.

无论是现代企业、国家政府、还是体育组织自治，出于专业性的考量，其管辖范围内的事务都交由一小部分专业团体进行打理，这一少数团体的决策和行动可以产生极大范围的影响，因此，对该团体的权力应当进行一定限制，以避免团体内部成员因少数利益而牺牲广大群体的共同利益。第三，问责制度可以提高治理能力和治理成效，管理主体对问责方所负有的义务使得其必须提升内部管理能力，努力提升管理效能，以应对可能来自外部的问责。总之，缺乏有效问责制度会带来腐败、权力集中、缺乏民主和效率等问题，甚至可能滋生犯罪行为，严重损害利益相关方的切身利益。

拥有问责权的主体相较于管理方通常处于弱势地位，他们的利益与治理成效密切相关，但无法直接接触内部管理信息，也不便给出专业方面的意见，因此需要内部管理主体提供有效问责渠道，向利益相关方如实提供所需关键信息，并接受来自他们的监督与问责。①

与现代公司治理机构相比，虽然国际体育组织没有与之对应的股东，但体育组织也有需要向其承担管理责任的对象——利益相关方。例如，按照体育组织自行制定的规章加入该组织并接受该组织管理的会员、能否参加特定体育赛事，以及是否会因自身行为受到处罚的广大运动员团体、组织运动员参与体育联赛的体育俱乐部，以及全球体育商业化背景下与国际体育组织产生经济联系的主权国家等。从章程规定到组织管理实践中，体育组织对外部监管力量都较为排斥，一国监管机关很难干涉体育组织的内部事务，媒体监督、公众监督也仅能对体育组织造成一定舆论压力，难以对体育组织的管理产生直接影响。因此，体育组织通常会设立内部监督机构，如道德委员会，但问责制度要求内部管理团队建立向外部利益相关者负责的桥梁，设立于组织内部、服从组织工作安排的内部监督机构显然无法胜任，外界无法有效地获取体育组织的管理信息，而对于内部管理团队的失职问题，也很难从外部进行谴责，通常由体育组织内部决定如何对不当行使职权的行为进行惩罚。体育组织的高度自治性使得组织缺少有效的问责机制，这一点造成的负面影响在国际体育组织表现得更为明显，国际体育组织的影响范围更大，但受国家机关监管的力度更小，即使是国际组织注册地的国家机关，也很难干涉体育组织的内部管理。治理体育组织内部贪腐问题更多依赖体育组织自发进

① Parent MM, Stakeholder perceptions on the democratic governance of major sports events, 19 Sport Management Review 2016), p. 6.

行的制度改革，而不是建立有效的问责机制。

（二）信息透明度不足

由于近年来接连爆出的内部管理负面新闻，负责管理世界上最具商业价值的运动的国际足联，对于内部资金使用的信息公开愈发规范详细，包括商业收入在不同会员之间的分配、国际足联主席和高管的薪资标准等。① 但除国际足联，还有许多未被关注的国际体育组织，其财务信息的公开透明程度还有待提升。国际足联是外界的关注焦点，但其不断完善的财务公示信息仍然被认为无法真实反映资金是否得到合理使用，其他财务数据公示更为简洁的体育组织，其财务数据的真实性就更加难以保障。

财务信息不公开透明造成的影响主要有二，其一是许多国际体育组织协会直接或通过内部制定的发展项目为其会员提供资金，体育组织财政上支持会员协会和体育联合会有助于发展这项运动，然而，这也可能带来某些风险。因为受到资助的会员可能在组织内部行使其相应权利（如投票权）时受到影响，或者过分宽容地对待上位阶体育组织的措施和行为。② 例如，为了确保获得选票，以支持某一议程或确保某一官员能被组织选任，组织内部资金可能会分配给具有投票权的会员，以获得选票的回报。此外，获得资金支持的组织会员，也可能怠于行使属于会员的部分正当权利，使得本就孱弱的内部制衡机制处于失灵状态。

其二，国际体育管理机构本应对会计和财务报告的准确性和完整性负责，但由于某些体育组织官员在组织中的地位和对资金的控制权，未将收受贿赂纳入体育组织自发公示的财务数据。很明显，当体育管理机构和公众存在财务信息不对称时，这种腐败行为确可发生。为了确保管理机构按照推动体育运动在世界范围内发展的目的而正确调用资金，资金应该以更加透明的方式进行分配，这需要更多独立的外部审计机构进行介入监督，确保财务数据的真实性。

（三）成员参与渠道有限

对于体育组织而言，除组织会员能对事关组织运行的大型事务进行投票表决以外，其他重要的利益相关方，如赞助伙伴、运动员、俱乐部等，都无法通过有效的程序参与体育组织的管理，而这些利益相关方往往是体育组织不当行使管理

---

① Sorensen, E. and Torfing, J., Making governance networks effective and democratic through metagovernance, 2 Public Administration (2009), p. 234.

② Arnout Geeraert, Good governance in international sport organizations: an analysis of the 35 Olympic sport governing bodies, 3 International Journal of Sport Policy and Politics (2016), p. 288.

权能的最直接受害者。这些主体通常只能通过用尽内部救济后上诉至 CAS，或通过外部舆论给体育组织施压，保护自身合法权益。

以运动员为例，国际体育组织有权修改比赛有关的技术规则和装备标准，运动员往往只能被动适应规则的改变，一些优秀的运动员可能因为无法适应赛事规则的变化从而比赛成绩下降，运动员直接受体育组织制定的规则及作出的决定的影响，却常常被排除在决策作出的过程之外。当然，体育组织并未阻碍运动员发声和申请权利救济的渠道，一些体育组织在内部设有运动员委员会，代表运动员的利益向组织提出建议，另外，体育组织也提供一套完整的、贯穿体育组织内外的纠纷解决途径。但这些只能为运动员提供事后救济，却无法在事前对规则修改提出意见，导致权利受损。换言之，制度化、程序化的协商并不代表利益相关方对组织决策的实际参与，体育组织的民主化进程较为缓慢，利益相关方缺乏能真正影响体育组织决策的正式渠道。

（四）权力制衡失效

体育组织自行制定规则，按照规则进行组织管理，并对违背规则的成员施以惩罚，体育组织集规则制定、事务管理、惩罚等权能于一身，且排斥外界规则的干扰，因此体育组织内部的权力制衡尤为关键。体育组织内部的权力集中易导致权力滥用，直接影响利益相关方的切身利益，也使得体育组织提升内部治理的改革措施难以发挥其效用。

执委会和主席等组织机构和个人的权力较为集中，为避免组织内部群体出现腐败和滥用职权的行为，各体育组织设立有道德委员会或更进一步，设立专门监管体育组织成员的独立委员会，然而这类内部监管机构的独立性难以真正实现，其资金来源和成员组成难以完全脱离其监管对象。

此外，体育组织对于主席任期的限制力度较小，也对内部权力的平衡造成不利影响。对于主权国家而言，国家最高领导人的任期一般有所限制，且需要经过严格的、广泛参与的投票进行领导人选任。对于国际体育组织而言，拥有投票权的个人和组织较少，而主席的连任期却过长，对于体育组织而言，十几年甚至更长的主席任期并不少见，任期过长也是影响体育组织的组织自治行为正当性的关键因素。① 首先，资历越久，在组织内部就能积累更多的人脉和声望，如果没有

① Arnout Geeraert, New EU governance modes in professional sport: enhancing throughput legitimacy, 3 Journal of Contemporary European Research (2014).

明确的任期限制，持续连任的概率很高，如此，组织内部存在的问题就容易在同一个领导班子的掩护下不为外界所知晓。其次，连选连任也会动摇投票选举制度存在的根基，这是为数不多的能体现体育组织民主的领域。当然，体育组织有其一贯坚守的战略方针，体育运动发展面临的外部环境变化也不如政治、经济环境一般丰富多变，体育政策执行的连续性也十分重要。因此，对于体育组织最高领导人的任期限制不宜太过严格，但过长的任期，对体育组织的组织自治产生的不当影响也是显而易见的，限制任期也是体育组织民主化的内在要求。

上述体育组织的组织自治存在的问题，在不同体育组织有不同表现形式，下文将根据各体育组织在组织自治存在的具体问题，对上文提及的各个问题做详细阐释。

二、问责机制欠缺

（一）缺乏统一外部监督实体

为防止盐湖城冬奥会贿选事件再次发生，1999 年 6 月在首尔举行的国际奥委会定期会议上通过国际奥委会的新章程和道德守则。道德委员会规则规定，委员会的主要职责是监督奥林匹克运动各方在道德准则方面的行为，即国际奥委会成员（但不包括国际奥委会工作人员）、奥委会组织委员会和候选委员会、国家奥委会和奥委会认可的运动员的行为。道德委员会向国际奥委会执委会提交有关组织成员的建议，委员会可以全部或部分接受这些建议，并将这些建议公开，对具体成员行为的调查报告，还可以提交国际奥委会年度会议。委员会成员中非国际奥委会成员必须占多数，但这一规定自成立以来很少得到遵守。

道德委员会面临的主要问题是，它是设立于组织内部，仅对组织内部成员的不当行为进行调查并披露，自身独立性不足，无法完全独立于国际奥委会。2007 年，国际奥委会对部分组织章程进行修改，只有在国际奥委会主席同意的情况下，道德委员会方可审查某一案件。[①] 即使未获得主席授权，道德委员会仍可正常行使职权，但调查是否顺利开展，调查报告是否得以公布，有待另行决定。缺乏统一的外部监督实体，使得组织内部监管的局限性被放大，削弱内部监管的效果。对于国家体育组织而言，体育行政机关有权对其进行监督。例如，我国体育

---

① Jean-Loup Chappelet, Towards better Olympic accountability, 3 Sports in society (2011), p. 326.

组织通常会在组织章程中列明，其受登记部门民政局和国家体育总局的领导与监督。[①] 保加利亚体育管理部门曾在 2012 年对其国家射击协会非法使用资金的问题展开调查并通知保加利亚国家奥委会，最终该国家射击协会因内部管理不当被保加利亚国家奥委会向国际射击联合会申请除名，并被新国家射击联合会所替代。[②] 但对于国际体育组织而言，其监管问题就复杂许多，国际体育组织虽在其章程中表明其受注册地国内法约束，但并未提及受某一国家机关所监督，而众多国家组织所在的瑞士，也没有设置专门的外部监督主体考察体育组织章程的遵守情况。

此外，在奥林匹克系统中，如何协调适用于不同组织的各种道德规范也是一个潜在的问题。事实上，自 1999 年以来，有的国际单项体育组织（如国际足联）和国家奥委会（如美国奥委会）已经在内部管理采取自行制定的道德标准及防范不当行为的措施。这些规则与国际奥委会的规则不同，国际奥委会难以确保金字塔下层的体育组织均按照上述规则和措施对组织内部管理进行监督审查。过去，规则难以统一适用，影响正常工作开展，这种情况最初在反兴奋剂领域较为常见，直到 WADA 的成立和《世界反兴奋剂条例》的通过，才统一世界范围内的反兴奋剂工作方针。这表明，有必要建立一个独立的实体，首先在奥林匹克系统内解决系统的道德问题，随后在全球范围内解决各体育组织对外部的问责问题。

（二）宽松的外部监管环境

迄今为止的约 70 个国际体育组织中，有 53 个将总部设在瑞士并根据瑞士法律注册。[③] 因此，其必须遵守瑞士法律的规定。然而，规范体育组织行为的《瑞士民法典》对这些组织的监管要求并不高，《瑞士民法典》仅在第六十条至第七十九条对组织的设立、运行、解散等作十分简单的规定，并设定体育组织必须满足的最低限度的外部问责要求。根据《瑞士民法典》第六十九条的规定，体育组织只需要按照会计准则进行账本登记，并自行决定其外部审计的方式即可，但

---

① 中国棒球协会，《中国棒球协会章程》，http：//baseball. sport. org. cn/about/baseball/2019/0805/411026. html，最后访问时间：2024 年 11 月 14 日。

② CAS. Arbitration CAS 2014/A/3863 Bulgarian Sport Shooting Federation（BSSF）v. International Sport Shooting Federation（ISSF）& Bulgarian Shooting Union（BSU），award of 25 August 2015.

③ Alexandra Veuthey，Claude Ramoni. The Sports Law Review：Switzerland，https：//thelawreviews. co. uk/title/the-sports-law-review/Switzerland，visited on 8 July 2022.

无需对外公布其财务报表。除此之外，瑞士法律没有对体育组织提出更高的外部要求，包括任何强制信息披露。从以休闲娱乐为主的小型体育俱乐部，到影响范围巨大的大型国际体育组织，都受同样的法律标准所约束，没有因组织规模大小而有所区分。因此，在瑞士注册成立对于那些特别被监视或控制、保持高度自治性的组织是十分有吸引力的，可以为他们提供一个没有经济和政治干预的有利环境。正是如此，瑞士的灵活性政策已经吸引了全球许多体育组织在此登记注册。

瑞士对体育组织进行的最低限度的监管，源自在瑞士和根据其法律注册的体育实体之间存在的、与经济密切相关的社会契约。根据国际体育科学技术学院（International Academy of Sports Science and Technology）2021 年公布的《在瑞士国际体育组织经济影响报告》，在 2014—2019 年，在瑞士的体育组织及其访客平均每年支出为 11 亿瑞士法郎，这一数字较 2008—2013 年提升 57%，此外，国际体育组织还在瑞士当地创造 3300 余个相关就业岗位。[①] 国际体育组织对瑞士如此巨大的经济影响，也成为瑞士推动体育组织自治法治化的阻碍，对体育组织自治的干涉，必然会降低瑞士对体育组织的吸引力，继而影响瑞士，尤其是众多国际组织所在地洛桑的经济发展。但随着近年来体育组织丑闻逐渐曝光，瑞士与体育组织之间的社会契约不再如往日般牢靠，2015 年瑞士针对国家足联官员采取的一系列调查，以及国内反洗钱法的修改，[②] 允许司法机构对体育组织及其领导人的银行账号信息进行调查的行动表示，国际体育组织当前所处的外部监管环境逐渐加强。

过去，瑞士的反腐败法规并不适用于体育组织这样的非营利性组织，在 2015 年后，《瑞士刑法典》对第三百二十二条进行修改，自 2016 年 7 月 1 日起，向任何公职人员或代表官方行事的个人（如国际体育组织的官员）行贿的行为在瑞士都被视为犯罪，双方都要受到刑法的规制。再结合《瑞士刑法典》第二十九条的连带责任条款，[③] 国际体育组织对于个人的违法行为可能也要承担连带责任。组织不承担连带责任的前提，根据《瑞士刑法典》第一百零二条的规定，需要证明自身已经采取一切合理的组织措施（reasonable organizational measures）

---

① Aists, The Economic Impact of International Sport Organizations in Switzerland, https://aists.org/wp-content/uploads/2022/01/AISTS-Ecoimpact-21-Full-Report-FINAL-EN.pdf, visited on 14 November 2024.

② Numerato D and Baglioni S., The dark side of social capital: An ethnography of sport governance, 5 International Review for the Sociology of Sport (2012).

③ 据第 29-7 条的规定，对于组织高管、合伙人、在特定领域拥有独立决策权的雇员，组织要对其违规行为承担连带责任。

以阻止犯罪行为发生，但《瑞士刑法典》并未对何谓合理的组织措施提供进一步说明，目前也没有体育组织被瑞士司法机关要求承担连带责任的案例，该法规在体育组织的实施效果还有待验证。此外，对于组织内的个人在瑞士国土之外的犯罪行为，是否能适用上述法规，瑞士法律也没有作出相应说明，与之对应的是，德国法律就明确表示类似的法律对行为人的海内外行为都具有同等效力。[①]总之，瑞士法律对于体育组织的约束将比以往更为紧密，但考虑到国际体育组织对瑞士产生的巨大经济影响以及瑞士同国际体育组织建立起的长期关系，其法律效果还有待验证。

三、信息透明度不足

（一）信息公示不全面

善政和问责制的关键要素是透明度和有效沟通。透明度既涉及组织诚信，也涉及组织报告的真实性。除上文提及的财务信息透明度外，体育组织的规则制定以及人员组成的透明度同样重要，其关乎体育组织管理的科学性和有效性。以国际反兴奋剂机构为例，自成立以来，WADA 已采取一些积极措施，尝试在上述两个方面建立一个透明的问责系统。例如，WADA 会在官网上公布组织愿景、战略计划、组织结构、会议记录、准则和执行政策和兴奋剂调查的信息。[②] WADA 的大部分信息在每年的年度报告中公布，包括财务状况。听从欧洲联盟善政问题专家组的建议，WADA 还利用网站与其利益相关方和社会公众进行磋商，建立有效的沟通渠道。但仍有许多内部讨论产生的意见书和结果，例如导致 WADA 修订组织规则的报告，已不再向公众提供，这可能使人们对 WADA 向公众传达的透明和独立的外部形象产生怀疑。

除 12 人组成的最终决策机关执委会，WADA 还有一些其他委员会，如运动员委员会、教育委员会、财政和行政委员会、卫生委员会、医疗和研究委员会，它们具有咨询和管理职能，并为 WADA 的方案提供指导。但是，这一管理级别再次爆出透明度问题，因为除总干事职位外，WADA 高级管理职位的空缺情况往

① Michigan State International Law Review, Ending Swiss Secrecy: Switzerland's Lex FIFA, https://www.msuilr.org/msuilr-legalforum-blogs/2018/2/15/ending-swiss-secrecy-switzerlands-lex-fifa, visited on 14 November 2024.

② Jin-kyung Park, Governing Doped Bodies: The World Anti-Doping Agency and the Global Culture of Surveillance, 5 Cultural Studies & Critical Methodologies (2005).

往未向公众公布，[1] 这一做法透露出 WADA 内部对人员调动安排不需要经过严格的选任流程并对外公示，无法保证成员遴选的公正性与公开性。

WADA 对于反兴奋剂调查的积极性遭到质疑，2015 年关于俄罗斯田径队的调查报告反映了这一现实：WADA 未能确保各国遵守《世界反兴奋剂条例》，在运动团队服用兴奋剂之后，WADA 也没能根据其设计的方案及时识别运动员使用兴奋剂的行为，俄罗斯运动团队的兴奋剂丑闻并非由全球兴奋剂治理机构揭露，WADA 没能起到威慑和及时制止服用兴奋剂的作用，因此 WADA 的反兴奋剂工作被认为是被动消极，而不是积极主动。

（二）政策制定不透明

WADA 的几个委员会，包括制定禁用清单的关键专家小组成员的构成，仅基于 WADA 的主动邀请，[2] 而非公开选任，这同时造成专家选定的透明度和问责问题。长期以来，禁用清单的确定遭受体育组织相对人的质疑，后者认为其的确定具有任意性。WADA 委员和专家仅凭借医药科学确定兴奋剂的物质，但未结合具体体育运动的特殊性，进行细致筛选。而且，WADA 作出的大多数科学决策的过程较为隐蔽，未经过同行评议，[3] 这都导致禁用清单可能无法真实反映违禁用品的正确组成。此外，WADA 制定一项适用于所有体育项目的反兴奋剂工作政策，并适用于运动员赛前训练、赛场竞技，以及赛后恢复的全过程。虽然这体现出 WADA 为反兴奋剂政策一致性作出的努力，但不同的药物对于不同运动项目的提升并不一致，无法由统一的标准适用于运动员，由此对运动员展开的调查或处罚不被认可，也在一定程度上削弱禁用清单的客观性和权威性。

值得注意的是，在禁用清单方面，运动员或是运动员代表对于反兴奋剂政策的制定缺乏充分的发言权。运动员的参与十分有限，因为 WADA 制定的标准规范直接影响运动员的参赛权利，他们受反兴奋剂规则限制，却无法有效参与规则的制定。如果在 WADA 的管理结构中没有适当的运动员代表权，WADA 就不能对不断变化的体育领域作出适当的回应。此外，与国际奥委会的运动员委员会不

---

① Catherine Ordway & Marina Nehme, Governance and Anti-Doping: Beyond the Fox and the Hen House, https://www.researchgate.net/publication/318813588_Governance_and_Anti-doping_Beyond_the_Fox_and_the_Hen_House, visited on 8 July 2022.

② Andy Miah, Governance, harmonization, & genetics: The world anti-doping agency & its European connections, 2 European Sport Management Quarterly (2002).

③ April Henning, Dealing with doping. A plea for better science, governance and education, 7 British Journal of Clinical Pharmacology (2001), p. 6.

同，WADA 的运动员委员会成员并非通过选举投票产生，而是由 WADA 直接任命，[①] 运动员委员会也没有重大事项的投票表决权，其实，WADA 体系内的运动员委员会没有充分发挥其应有的作用。

四、成员参与渠道有限

（一）赛事举办地的选举程序不当

体育运动市场化、商业化进程使得举办大型体育赛事涉及更多商业利益在不同利益主体之间的分配，赛事转播、门票、赞助收入和与之相关的体育旅游收入引起越来越多的关注，为承办体育赛事，东道国也需要投入大量资金进行场馆建设并承担赛事运营需要的其他费用。但根据相关组织的章程，主办城市往往是由少数选民代表选出，例如，国际奥委会约有 100 位代表决定在何地举办体育奥林匹克赛事，国际足联为 200 个，国际田联则为 20 个。对体育赛事牵扯的巨大商业利益而言，拥有投票权的主体无论从数量还是代表性方面都存在问题，这使得整个投票系统更容易受到腐败的影响，小规模的贿选便可以打破选举的公平性。[②] 由于组织成员的参与渠道受限，赛事举办地的产生易被操纵。

对此，有专家提出的解决思路是扩大选民范围，包括曾参加奥运会的运动员、前世界杯运动员、一般运动员甚至球迷等，从而大大增加选民人数。选民人数的大幅增加将有效降低腐败的风险。但到目前为止，还没有任何组织考虑过这样的改革，因为这必须得到上层体育组织的批准，目前，有权决定这项决策能否通过并实行的群体与现如今享有赛事举办地投票权的群体高度重合，扩大投票权无疑会稀释当前主体的投票权。国际奥委会作为其他单项体育联合会的模范，应当发挥自身正面的广泛影响力，强化组织内外监管，优化选举程序，采取有效措施打击贿选和内部贪污行为。

（二）运动员委员会权力受限

为了增加运动员对奥林匹克运动的参与，1981 年奥运会组委会邀请 30 名运动员参加在巴登举行的大会。会后，国际奥委会主席萨马兰奇宣布创建一个新的奥委会委员会——国际奥委会运动员委员会，并逐渐推广至其他国际和国家体育

---

① Daniel Read, Balancing Mission Creep, Means, Effectiveness and Legitimacy at the World Anti-Doping Agency, 6 Sports society (2018), p. 22.

② Roger Pielke Jr., An evaluation of good governance in US Olympic sport National Governing Bodies, 6 European Sport Management Quarterly (2019).

组织。在萨马兰奇担任主席期间，运动员委员会成员扩充至近20名，并在1999年提高运动员委员会的代表性。当时执委会决定，运动员委员会将有12名成员由奥运村的运动员通过无记名投票方式选出，这是国际奥委会在盐湖城丑闻后进行的管理改革的一部分，每位成员的任期不超过8年，要求从未因服用兴奋剂而受到制裁，必须由所属国家的国家奥委会提名，而且必须是现役运动员，即他们参加了奥运周期内的本届奥运会或上届奥运会的比赛。[①] 12名通过无记名投票当选的成员应占据运动员委员会的多数席位。此外，国际奥委会主席可以任命其他现役运动员进入委员会，无需通过选举进行，以确保地区和体育运动之间更好的平衡，而运动员委员会主席和副主席则由委员会成员选举产生。

通过运动员投票组成的国际奥委会运动员委员会的目标是代替运动员在组织决策上的发声，与国际奥委会建立更为有效的沟通渠道。但十余位运动员代表无法全面考虑基数颇大的运动员群体的利益，运动员群体更多时候是规则的被动接受者而无法参与规则的制定，作为受体育规则和政策变化冲击最大的团体，也是构成体育运动基础的重要主体，运动员参与奥林匹克运动治理的程度还明显不足，国际奥委会的民主化程度还有待进一步加强。

五、权力制衡失效

近些年来，体育组织权力失衡的典型案例莫过于国际足联轰动一时的大规模高管贪腐案。因此，对权力制衡机制失效的研究，主要从国际足联的案例切入。国际足联的改革是在纯粹自我监管的背景下进行的，而全球企业的合规改革通常是由国家执法行动推动，并进行多年的外部监督，国际足联的治理改革的动力更多来自媒体、民间社会组织和普通公众的压力。[②] 但是，国际足联现任和前任委员会重要成员的贪腐案例表明，国际足联系统的运作存在漏洞，追求私人利益在国际足联的治理框架中并非难事。近年来浮出水面的各种腐败指控表明，国际足联可能没有遵守自诩的标准，也没有遵守更广泛的国际社会的标准。此外，国际足联进行从内部发起的自我改革成效不明显，也是国际足联面临问责危机的原因。

---

① MacAloon, J, Scandal and Governance: Inside and Outside the IOC 2000 Commission, 3 Sport in Society (2011).

② Guillermo Jorge, Fixing FIFA: The Experience of the Independent Governance Committee South, 21 western Journal of International Law (2014), p. 171.

（一）内部权力过于集中

国际足联治理结构将权力集中于国际足联主席和执委会，在2016年2月的改革之前，国际足联有两个常设机构——国际足联主席和国际足联总秘书处，前者是合法代表国际足联行使权能的机构，后者则是国际足联的行政机构，受主席监督。国际足联主席拥有主持国际足联年度大会，以及其他国际足联委员会的权力，并可对委员会的工作开展提出建议。国际足联主席的主要权力来源是执委会，该委员会权力范围极广，可干涉除国际足联大会和按照内部章程需交由外部机构解决的事项。[①] 虽然执委会一年只开两次会议，但它控制着国际足联的收入——媒体转播权的销售、国际比赛的规则和世界杯主办国的选择——以及国际足联的预算审批，以及资金在不同会员协会之间的分配。此外，执委会还控制该组织的内部规章。虽然国际足联大会是"最高和立法"机构，但它每年只召开一次会议，而且权力有限，而选举国际足联主席和接纳新的国际足联会员协会的权力集中在国际足联主席和执委会身上，降低了国际足联的决策的透明度。

（二）内部缺乏制衡机制

国际足联各机构之间缺乏明确的制衡机制。例如，作为"立法"机构的国际足联大会本可以被赋予制定"标准、政策和程序"的权力，但在目前的结构中，执委会可以同时制定内部规则，监督规则的实施，并发布国际足联管理条例，将权力在内部进行分配。[②] 不可否认，国际足联的治理结构在一定程度上借鉴了公司治理模式，而非国家治理结构。国际足联执委会可以被视为公司中的"董事会"，国际足联大会则代表国际足联的所有者或利益相关者。[③] 但是，即使在公司治理模式下，国际足联仍然容易受到管理不善的影响。国际足联大会由成员协会组成，通常无法囊括所有参与足球领域的利益相关者，如运动员、俱乐部、赞助商等。同时，与大多数企业不同，国际足联是一个非营利性组织，理论上，国际足联大会应该要求国际足联执委会为国际足联的非营利性目的，即在世界范围内为发展和推广足球运动目的行事。但实际上，国际足联执委会有能力通过足球赛事运营获得巨大的商业利益，且由于其在国际足联内部享有的权力和与

---

① Sahiba Gill, Whose Game? FIFA, Corruption and the Challenge of Global Governance, 30 The European Journal of International Law (2016), p. 1054.

② Christopher J., Bend it like FIFA: Corruption on and off the Pitch, 9 Managerial Finance (2014), p. 12.

③ David Rowe, Sports Journalism, and the FIFA Scandal: Personalization, Co-optation, and Investigation, 6 Communication & Sport (2016).

权力范围不相匹配的监督与制衡机制，为国际足联官员追求个人利益并掩饰其不当行为创造了条件。

为避免权力过于集中，并实现有效的权力制衡机制。在2016年2月的改革中，国际足联要求其治理委员会、财务委员会和发展委员会的成员中至少有一半由独立成员组成，审计和合规委员会的成员则必须都是独立的，而管理委员会的任务是对国际足联成员进行资格审查，以确保他们没有不正当的利益关系。此外，治理委员会、审计和合规委员会以及内部司法机构都对国际足联大会负责，而不是像过去一样对国际足联理事会负责。然而，国际足联的改革路线图完全置于执委会的指导、审议与控制下进行，执委会在最终审议改革工作报告方面具有否决权，在选择性执行一些改革建议方面也具有自由裁量权，[①] 难以指望国际足联执委会能在多大程度削弱自身在组织内部的权力。国际足联希望以提升成员和委员会独立性的举措对国际足联较为集中的权力分配进行监督与限制，国际足联的改革仍以自治为核心出发点，并依赖重权在握的国际足联执委会削减自身权力，并未展示希望外部独立机构介入的意图。

权力制衡失效对体育组织自治的负面影响也存在于体育组织及其会员组织之间，体育组织的权力行使不受外部约束，其所作之决定直接影响组织会员的会员资格，但组织会员难以通过内部救济渠道进行权力救济，只能诉诸CAS。例如，印度尼西亚奥委会就在完全没有任何依据的前提下，直接认证新的马术项目管理组织，并要求国际马术联合会取消现印度尼西亚马术协会的会员资格，接纳新认证的马术管理组织。[②] 正是由于印度尼西亚奥委会在作出决定时没有与之匹配的权力制衡机关对其明显不合理的行为进行干涉，才促使其会员组织寻求体育仲裁机构的帮助。此外，权力制衡失效还会导致决策的任意性，损害组织会员的正当权利。例如，欧洲高尔夫联合会就曾于2010年10月（该组织的年度会议的前一天）才临时告知克罗地亚高尔夫联合会，次日举行的年会需讨论后者的会员资格问题，导致后者完全没有时间准备在年会上针对该问题的抗辩陈词，这严重侵犯其公平听证权。[③] 国际体育组织提升内部权力制衡的举措仍需权力中心审批、受

---

① 黄璐：《国际足联改革路线图研究：批判性反思》，载《成都体育学院学报》2016年第4期，第11页。

② CAS. Arbitration CAS 2013/A/3452 Indonesian Sporthorse Society / Pengurus Pusat Persatuan Olahraga Berkuda Seluruh Indonesia（PORDASI）v. Olympic Committee of Indonesia（KOI）, award of 2 June 2015.

③ CAS. Arbitration CAS 2010/A/2275 Croatian Golf Federation （CGF） v. European Golf Association（EGA）, award of 20 June 2011.

权力中心影响。通过权力的内外制衡，以法治化手段保障利益相关方的正当利益，方能限制体育组织内部权力滥用的现象。

六、余论：俄罗斯兴奋剂事件

俄罗斯兴奋剂事件是一起较为典型且涉及多方主体的大型兴奋剂丑闻，俄罗斯兴奋剂事件反映的是多个体育组织内部存在滥用其管理权能谋取不当利益的行为。委托代理关系中的代理人——体育组织只顾谋求自身利益，而不顾委托人——运动员、赞助商、公众群体对体育诚信的要求，不受约束的体育组织自治和体育管理中的利益冲突是导致这一事件的根本原因。正如上文所述，该事件暴露出体育组织的组织自治过程中存在的诸多问题。第一，体育组织缺乏有效的问责机制。该事件涉及多个国内和国际体育组织，包括俄罗斯反兴奋剂机构、国内单项体育联合会和国际田联等。这些体育组织的违规行为缺乏来自外部的有效监管，体育组织不需要向外部机构定期汇报其行为，组织设立地的司法系统也没有对体育组织的自治行为提出更高的监管要求，为体育组织隐瞒其不当行为创造了机会。此外，WADA 对于《世界反兴奋剂条例》签约方的监督力度也不够，无论是违规行为的识别，还是事件的调查开展，WADA 都没有扮演好世界反兴奋剂工作领导者的角色。第二，体育组织内部缺乏制衡机制。体育组织的管理人员在组织内部拥有过多的权力，却缺乏与之匹配的制衡机制，仅需通过体育组织个别管理人员的授意，就可以隐瞒违规使用兴奋剂的行为、并扰乱事件的正常调查程序。该事件表明，体育组织的组织自治体系存在漏洞，其自治权能应当受到来自外界的进一步限制。

（一）事件经过

2010 年 2 月，俄罗斯反兴奋剂机构的教育官员维塔利·斯捷潘诺夫，开始与 WADA 的工作人员交流他在俄罗斯反兴奋剂工作中的一些遭遇。2013 年 1 月，他的妻子尤利娅·斯捷潘诺娃加入这一队伍。尤利娅收集了视频和音频记录，作为支持指控的证据，并寄给反兴奋剂机构，但没有受到来自该机构的任何回应。俄罗斯铁饼运动员、2012 年伦敦奥运会银牌得主达莉亚·皮查尔尼科娃也联系 WADA，透露了俄罗斯运动员服用兴奋剂的具体细节。再结合俄罗斯田径教练奥列格·波波夫提供的证据，英国记者尼克·哈里斯和玛莎·凯尔纳向 WADA 报告了俄罗斯田径运动员服用兴奋剂的问题。随后，一部纪录片的团队采访举报人并制作了纪录片，有关俄罗斯运动员涉嫌使用兴奋剂的纪录片便出现在公众视野。

该纪录片引发轩然大波，也促使 WADA 成立独立调查委员会对此展开调查。此次调查分为两个阶段，在第一个阶段中，调查主要涉及单一的体育项目，由于举报人为田径运动员，于是委员会对国际田联和俄罗斯的国家体育组织展开调查，调查发现，在国际田联及俄罗斯体育组织内部存在严重的腐败现象。对此，调查委员会建议解除莫斯科实验室主任的职务，暂停（随后取消）该实验室在 WADA 的资格，发表声明称俄罗斯反兴奋剂机构不符合《世界反兴奋剂条例》的要求，并暂停俄罗斯田径联合会在国际田联的成员资格。① WADA 和国际田联都接受并执行了这些建议。在调查过程中，调查委员会还发现了俄罗斯国家田径协会的官员为掩盖阳性兴奋剂案件而对运动员进行勒索的证据。② 这种行为超出了调查委员会和 WADA 的管辖范围，因此委员会向国际刑警组织提供了相关证据，法国当局已对此案展开刑事调查。

WADA 第二阶段主要是调查罗琴科夫在 2016 年初披露的信息。他是 WADA 认可的莫斯科反兴奋剂实验室的前主任，调查报告在里约奥运会开幕的前几周公布，报告指出，俄罗斯制定全面系统的方案对运动员的检测样本进行篡改，包括开启样本容器对样本进行替换等行为，以掩盖阳性样本的存在，直接证明文件的副本也与最终报告同时公布。③ 考虑到国际奥委会和奥林匹克运动利益相关者的普遍利益，WADA 作出禁止俄罗斯运动代表团参与里约奥运会的决定。

国际奥委会根据 WADA 报告中的“指控”，立即撤销了俄罗斯体育部长和其他俄罗斯政府官员出席奥运会的资格。然而，国际奥委会拒绝 WADA 禁止俄罗斯参赛的建议。相反，国际奥委会对俄罗斯运动员实施了有限的参赛标准政策，将是否能参赛的决定权交由国际单项体育联合会。国际奥委会还为未服用兴奋剂的俄罗斯运动员提供参赛途径，即以“来自俄罗斯的奥林匹克运动员”的身份参加，而这些运动员的名单，则由“独立检测机构主席领导的小组酌情考虑”。④ 这一禁赛政策出台后，除国际田联保留了对俄罗斯田径联合会的禁令外，其他体育单项联合会则保持缄默，最终只有俄罗斯田径队无缘里约奥运会。国际奥委会

---

① Spencer Harris，An analysis of governance failure and power dynamics in international sport：the Russian doping scandal International，5 Journal of Sport Policy and Politics（2021），pp. 24–25.

② Chappelet，J. -L.，From Olympic administration to Olympic governance，6 Sport in Society（2016）.

③ Cuffrey，S.，Passing the baton，2 Brooklyn Journal of International Law（2008），p. 666.

④ Dowling，M.，Leopkey，B.，& Lee，S.，Governance in sport：a scoping review，5 Journal of Sport Management（2018）.

后来宣布，它将成立独立的委员会，负责证实 WADA 报告中的“指控”，并处理那些被认定可能服用兴奋剂的运动员。在 2017 年，国际奥委会发布《施密德报告》，证实俄罗斯存在大量运动员服用兴奋剂且国家体育组织试图掩盖阳性样本的行为。根据国际奥委会的惩罚措施，从 2018 年平昌冬奥会到 2022 年北京冬奥会，俄罗斯运动员都只能以个人名义参加奥林匹克赛事。

（二）体育组织的管理问题

俄罗斯兴奋剂事件反映的体育组织存在的管理问题，一方面是国家体育组织和国际体育单项联合会相互勾结，为自身利益牺牲公共利益。俄罗斯国家体育组织为掩饰运动员使用兴奋剂的行为，实施篡改样本分析的实验室记录、打开样本容器以将阳性样本替换为干净样本、采取消极的反兴奋剂政策以尽量避免对运动员实施赛外抽检。此外，俄罗斯国家体育组织还向国际田联高官支付贿款，要求国际田联推迟或取消对俄罗斯运动员使用兴奋剂的指控。①

另一方面是国际反兴奋剂机构作为统领全球反兴奋剂工作的专门体育组织，对运动员服用兴奋剂行为的识别和收到举报后的正式调查行动，都显得过于迟缓，因此 WADA 对于反兴奋剂工作的立场是否坚定，也受到外界的质疑。

首先，WADA 对运动员使用兴奋剂及实验室掩盖阳性样本的识别问题。依照 WADA 颁布的《实验室国际标准》，WADA 每年都要对其认证的实验室进行考核，未通过考核的，暂停认证资格。资格暂停期间，各国反兴奋剂检测中心不能参与任何与国际奥委会有关的兴奋剂检测事务，包括对任何竞技运动员的尿样与血样进行检测分析。实验室必须按照国际奥委会的要求进行整改，才可恢复资格。② 位于俄罗斯的兴奋剂实验室是这次俄罗斯兴奋剂事件的关键推动力，样本的调换、数据的变更都出自该机构之手，然而 WADA 并未察觉到发生在实验室的数据异常，表明 WADA 对于其所认证的实验室的监督力度还有待提升。

其次，WADA 展开调查的时间节点。尽管对于俄罗斯运动员使用兴奋剂的指控可以追溯到 2010 年，但 WADA 直到 2014 年 12 月才展开调查。WADA 被认为在一开始不能或不愿调查在俄罗斯普遍存在的、由国家体育组织支持的兴奋剂违规行为。WADA 对于调查行动开展迟缓给出的官方解释是，WADA 在当时不具

---

① Richard W. Pound, The Russian Doping Scandal: Some Reflections on Responsibility in Sport Governance, 4 Journal of Olympic Studies (2020).

② 李智、蓝婕：《“俄罗斯兴奋剂事件”的法律争议研究》，载《首都体育学院学报》2021 年第 1 期，第 107 页。

备正当的管辖权和支持调查展开的条件。WADA 声称其没有合法的调查权力，因为此事件涉及对国家机关的指控，WADA 并没有要求国家政府遵守 WADA 的规范准则。[①] WADA 执行主任大卫·豪曼表示，“我们不想当警察，我们也不能当警察”，而美国反兴奋剂机构首席执行官特拉维斯·泰加特则认为，WADA 在面对此类指控时袖手旁观，违背其在全球范围打击使用兴奋剂服用行为的使命。[②] 而在有关俄罗斯运动员使用兴奋剂的行为通过纪录片曝光，在国际社会引发广泛讨论后，在该纪录片播出 10 天后，WADA 决定对此展开调查，成立独立调查委员会，并于 2016 年发布调查报告。

由于其人员组成和资金来源有一半来自国家政府的特点，WADA 的独立性一直受到质疑，而 WADA 对俄罗斯兴奋剂事件的调查节点再次引发外界对 WADA 独立性的思考，认为 WADA 的这一运作模式与其所追求的反兴奋剂目标存在固有的利益冲突，WADA 无法真正摆脱国家政府的影响，反兴奋剂工作可能成为政治力量之间的博弈。[③] 国际奥委会则批评 WADA 没有尽早地开展调查，并且在里约奥运会即将开幕的时间节点发布调查报告并出具处理意见，使得其他体育组织没有足够的时间分析报告的内容并采取相应措施。国际奥委会认为这一事件反映出 WADA 现行管理体系存在严重问题，并呼吁对反兴奋剂体系进行全面改革。WADA 在俄罗斯兴奋剂事件中没有妥善履行其应尽的职责，体现出国际反兴奋剂工作的开展，需要外部力量的介入，以提升反兴奋剂的治理成效。

第三节 完善组织自治的相关建议

体育组织在如今仍然享有很大程度的组织自主权，大多数政府对体育组织自治的干预停留在体育的边缘地带，避免对有关体育活动的核心规则造成影响。政府干预体育组织的情形通常包括打击体育赛事中的腐败现象、减少暴力、实施安

① 各国在联合国牵头下签署的反兴奋剂文件承认《世界反兴奋剂条例》的规定和 WADA 在反兴奋剂工作的独特地位，但 WADA 的相关文件对国家政府并没有直接的约束力。

② Pound, R. W., The Russian doping scandal: some reflections on responsibility in sport governance, 1 Journal of Olympic Studies (2020).

③ Bergsgard's, N. A., Power and domination in sport policy and politics-three intertwined levels of exercising power, 4 International Journal of Sport Policy and Politics (2018), pp. 3-5.

全标准、促进体育联盟的合理运作、鼓励教育和防止歧视等,① 这是基于政府机关对体育组织自治的尊重和自身专业程度的考量，以及对体育界普遍利益的保护。

当然，体育组织存在的上述问题也表明，外部力量对于体育活动核心规则以外的组织事项的干预程度还不够，导致部分体育组织在组织管理的过程中背离其设立目的。因此，在特定领域强化对体育组织自治的限制，一定程度上有助于规避组织自治对组织诚信、中立、公正带来的不利影响，保护体育利益相关方的正当权利。由于各个体育组织面临的具体问题不一，因此本节将从不同体育组织的实际出发，对完善体育组织的组织自治分别提出建议。

一、国际奥委会

通过盐湖城奥运会后一系列的整治措施，国际奥委会的内部治理体系已逐渐符合其作为具备广泛国际影响力的体育组织的要求，但这些措施在实行后仍然存在一定问题。从政策设计和政策执行来说，国际奥委会推行的政策文本倾向于纲领性和宏观性，理念性成分远多于操作性问题。② 政策条款能够传达出的信息量较少，自颁布以来从未修订更新，对全球治理实践的前沿性问题回应不足，在理念、完整性、可操作性等方面存在一定滞后。

（一）自内而外强化组织监管

首先，规范体育组织的治理应从内部着手。国际奥委会可以建立一个内部实体，作为监管中心，以监督国际奥委会的全部管理活动。该实体必须是独立的，且组成成员需为专职、与国家奥委会不存在利益冲突的个人，该内部监管中心必须与外部监管机关建立有效联系。例如，为规范国际奥委会在奥林匹克运动会举办全过程中的管理行为，监管中心需与赛事举办国的国家监管机关进行有效联系，必要时请求国家机关介入调查。

其次，出于专业性的考量，国际奥委会还可将一部分审计工作委托给外部机构，如会计师事务所。在国际奥委会总部所在地瑞士，自 2005 年以来，对于非营利性组织而言，根据《瑞士民法典》第六十九条第二款，只要在连续两个会

---

① Henk Erik Meier, Borja García, Protecting Private Transnational Authority Against Public Intervention: FIFA'S Power over National Governments, 4 Public Administration (2015).

② 黄璐:《国际体育组织自治问题审视——以奥林匹克善治改革为背景》，载《天津体育学院学报》2016 年第 1 期，第 10 页。

计年度中满足以下三个条件中的两个，外部审计就是强制性的：（1）营业收入超过2000万瑞士法郎；（2）资产超过1000万瑞士法郎；（3）平均每年全职员工人数超过50位。由于外部审计人员的薪酬全部来自委托方，因此外部审计的独立地位一直遭受质疑。例如，在国际足联于2015年爆出一系列内部丑闻之前，担任国际足联外部审计的毕马威会计师事务所被质疑在2015年之前的审计报告中，从未提示国际足联财务数据中可能存在的风险。[①] 而该事务所也于2016年结束与国际足联的委托关系，原因是其声誉面临潜在的系统性风险。

为强化外部审计的独立性问题，可以考虑建立一个专门机构来监督和改善所有国际体育组织的管理，作为外部审计的重要补充。对此，1999年成立的，旨在协调全球反兴奋剂工作的WADA可以为此类机构提供一个典范。国际体育界另一个例子是CAS，于1983年根据瑞士法律成立，其化解体育领域纠纷的权威现如今被所有奥林匹克体育组织以及单项体育联合会所接受，参照WADA和CAS建立世界体育范围内的反腐败机构有其合理性。其设立方式既可以参照WADA，由国际奥委会牵头，独立出专门治理体育组织腐败的组织，并借助国际奥委会的广泛影响力在全球体育组织进行推广。也可以由众多体育组织总部所在地瑞士发起一项国际公约，在世界各国共同努力下，成立世界体育反腐败机构，由国家强制力保证该机构的工作开展，并提供更广泛的资金来源以强化其独立性。

（二）建立奥林匹克反腐公约

国际奥委会为强化内部管理合法性合规性，一直试图建立能提升国际体育组织治理能力的国际秩序。2014年，国际奥委会在已于1999年成立道德委员会的前提下，又成立了内部道德与合规办公室，进一步强化对组织自治的管理。在国际体育安全中心（International Center for Sport Security）的支持下，全球体育诚信联盟（Sport Integrity Global Alliance）于2016年4月成立，旨在于全球范围内提升体育组织透明度。同年，国际奥委会成立联合诚信情报部门，以监测和评估里约奥运会中任何潜在的不道德行为，而2016年2月，国际奥委会在洛桑的一次重要会议上又启动国际体育诚信伙伴关系（International sport integrity Partnership）。[②] 尽管这些在全球范围内规范体育组织内部治理的倡议有其价值，但这些提议未能让世界各国政府真正参与进来，仍局限于体育组织之间的交流与合作，

---

① Roger Pielke Jr. , Obstacles to Accountability in International Sports Governance, in Transparency International, 3 Global Corruption Report: Sport (2016), pp. 7-10.

② Jean loup, From Olympic administration to Olympic governance, 6 sports in society (2015).

对体育组织内存在的体育腐败现象的打击力度不够强劲。

为强化监管力度，可以制定一个或多个体育公约，以提供有效的国际法律框架。这是因为，如果没有政府更大程度地参与管理国际体育，进而管理国家体育，体育组织的组织自治无法真正处于监督之下，对腐败行为的治理力度也有所欠缺。对于在多个体育组织存在的不当管理行为而言，这样一项条约正变得越来越不可或缺。当然，体育组织的自治权也应得到尊重，不能因国际条约而受到不当减损，国际奥委会要求体育组织享有“负责任的自主权”，以换取其“善治”。① 因此，体育组织在享有高度自治权的前提是，其必须保证已采取一切合理手段保证内部管理行为正当性，否则，国家机关就可凭借签署的条约对体育组织的组织自治进行及时干涉。

(三) 扩大成员参与管理的渠道

正如体育组织经常宣称的那样，运动员是体育运动的核心，或者更确切地说，他们是奥林匹克系统及其合法性的基础，这是因为国际体育组织的规则之所以能产生等同于法律的约束力，源于包括运动员在内的体育运动参与者的约定接受，② 他们直接受体育组织管理活动的影响，但对于体育组织的内部事务却只能非常有限地介入。因此，为了提高体育民主和奥林匹克及体育运动的治理，倾听运动员的声音变得越来越重要。第一，应当强化运动员委员会的职能，对广大运动员的提议应当做好总结分类，同国际奥委会就运动员最为关切的问题进行有效沟通，并由国际奥委会出具相关书面意见。第二，在规则与体育政策的制定过程中，应由运动员委员会成员广泛收集与之关联密切的运动员群体的意见，确保新的规定和政策符合运动员群体的基本利益。第三，将强化运动员对奥林匹克治理的参与度作为长期目标，持续推动国际奥委会的民主化进程，服务于沉默大多数的根本诉求。

二、世界反兴奋剂机构

如上文所述，相对于各国政府的立场，WADA 在组织自治方面存在的问题源自其成立方式、规则的普遍适用性，以及成立时所依据的理念。WADA 的主要工作是确保各体育组织开展符合《世界反兴奋剂条例》的反兴奋剂教育和测试项

---

① Stephanos Anastasiadis, An Olympic-sized Challenge: Effect of Organizational Pathology on Maintaining and Repairing Organizational Legitimacy in Sports Governing Bodies, 1 British Journal of Management (2019).

② Ken Foster, Global Administrative Law: The Next Step for Global Sports Law?, 1 Sport & Law (2011).

目。因此，WADA 并不强调应如何规范自身治理，只是在章程中提及体育组织独立性的重要性，并提倡诚信和问责的价值观，而没有进一步的指导。

（一）提升组织透明度和民主化程度

WADA 有必要在其各委员会的具体工作方面增加透明度，以重拾因俄罗斯兴奋剂事件失去的部分公信力。第一，公示专家组确定一份药物是否属于 WADA 认定的禁用清单的过程，以及 WADA 如何得出这一结论，该结论有无独立的外界医药团队进行审核。第二，提供有关兴奋剂样本分析和解释的技术文件的委员会，在确定反兴奋剂具体操作指引时的考虑，并充分考虑各利益相关方以及反兴奋剂工作开展的实际。第三，完善禁用清单申请和审核程序，保障运动员得到治疗和顺利参赛的权利不被侵害；此外还要扩大公众对于禁用清单申请过程以及结果的监督力度，即在适度的范围内由保护运动员隐私权向维护公众知情权让渡。① 第四，充分披露委员会成员在管理方面的具体信息，包括但不限于委员会成员在反兴奋剂工作中扮演的角色、他们的责任、专业知识技能、委员会的总体作用，以及通过何种指标监测和评估他们的工作表现。第五，建议在反兴奋剂管理中引入更多的民主原则，增加由选举产生的运动员的代表权限，强化运动员委员会的作用，在运动员与 WADA 之间建立有效的沟通渠道，让运动员团体充分参与 WADA 政策的推行与制定，尊重运动员的基本权益。

（二）强化 WADA 私法框架与国家公法体系的衔接

鉴于《世界反兴奋剂条例》的私法属性，WADA 私法框架是指该组织依托内部规则，在全球范围内设立有序管理兴奋剂违规行为的机制，WADA 在反兴奋剂治理领域具备极强的带头作用，并被各国政府以国际条约的形式加以认可。伴随体育参与者对体育治理法律化和公正性诉求的提升，以体育自治为依托的 WADA 私法框架需要同国家公法体系建立有效衔接。② 世界反兴奋剂已形成 WADA 立法、国际单项体育联合会执法和 CAS 司法的架构。今后的工作，应围绕这一框架，不断加强执法、监督和裁决的法律化程度。一方面，应继续根据公约，完善反兴奋剂规则制定工作，使国际国内反兴奋剂规则体系趋向统一。另一方面，规范执法程序和措施，完善反兴奋剂仲裁程序，保证程序公正。依托明确的实体

---

① 邢婉莹、王大鹏、张世杰：《政治博弈下世界反兴奋剂机构公信力的流失与重塑》，载《北京体育大学学报》2019 年第 3 期，第 86 页。

② Dag Vidar Hanstad, Drug Scandal and Organizational Change within the International Ski Federation: A Figuration Approach, 8 European Sport Management Quarterly (2008).

和程序规则，提升 WADA 私法框架法治化的程序，实现各机构的相互合作和制衡。各国政府应在反兴奋剂框架内，对兴奋剂违规行为进行适当管理，弥补体育自治不足。体育自治具有局限性，对于某些特定情形缺乏规则和处理方法，没有相应的权力对特定行为进行规范，当体育自治显失公平，且内部渠道无法进行纠正时，国家司法可以通过适当的路径，介入体育自治，发挥矫正功能。

三、国际单项体育联合会

（一）建立明确问责机制

没有明确直接的问责机制意味着问责无法实现，章程中对于外部司法的排除并不能在实践中完全排除司法机关的介入。对于单项体育联合会而言，其业务范围涉及多个国家，难以明确哪一国家能拥有管辖权，但是体育组织的章程也表明，其遵守注册地法律的相关要求。因此，提升体育组织治理以限制体育组织内部腐败行为的关键在于完善注册地的反腐败相关法案。瑞士作为诸多国际组织的所在地和管理主体，理应在相关组织及其官员有违社会公德且造成恶劣国际影响前有所作为。除瑞士外，其他的一些经济大国，由于其经济实力强大、国际金融体系发达，有的国际体育组织在其境内举办相应的赛事，其腐败行为也通过这些国家的金融机构来进行，因此这些大国尤其要承担起相应的责任，通过其国内立法的完善积极打击在其境内的国际体育组织及其官员的腐败行为。① 美国针对国际足联开展的调查就起到示范作用，由于世界各国在体育领域存在共同利益，倘若只完善国家立法，或许会造成管辖权的竞争关系。因此，成立国际体育领域的反腐败公约，设立国际体育反腐治理框架，既有利于协调不同国家之间的管辖冲突，又能使规范体育组织自治行为成为世界各国的普遍义务。

（二）强化外部监督

国际体育组织需要政府的帮助，政府同时也需要国际体育组织的协作，这是一个相互合作与共赢的过程。同时，国际体育组织提升内部治理能力、强化道德准则，需要外部机构不断施加改革压力。② 以专业事务所为典型代表的外部监督力量，由于其业务收入全部来源于体育组织，其独立性受到质疑。因此，对体育

---

① 马迅：《国际体育组织反腐败若干法律问题的思考——以 FIFA 反腐败案为切入点》，载《天津体育学院学报》2016 年第 6 期，第 500 页。

② 战文腾、孙晋海、曲爱宁：《国际体育组织善治改革问题研究》，载《西安体育学院学报》2018 年第 9 期，第 519 页。

组织的监管，可以考虑从区域性的国际组织入手，体育组织的注册地大多位于欧洲且以瑞士为主，欧盟一向重视对体育领域的监管，在全球体育组织监管框架尚未完全搭建的阶段，可由欧盟作为外部监督机制对体育组织的组织自治进行限制。此外，还应充分发挥其他利益相关者的监督作用，赞助商、运动员、媒体、普通民众能为体育组织施加一定的压力，促使其更加注重内部规则的遵守与执行。

（三）完善组织管理契约

从委托代理理论的角度出发，完善合约是制约代理人腐败的有效手段。对于企业，委托人在代理过程中通过逐步完善契约，以保证代理人的正常职责；对于政府，则是通过立法机关明确领导管理职责，强化官员的责任制，以达到尽可能完善契约的目的。① 而对于非政府和非营利性质的国际体育组织，很难在法律层面进行法律制约，然而，这并不代表针对国际足联无法实现"完善契约"。按照单项体育联合会的治理理念，可要求联合会实施严格"责任制"，明确各层级管理者职权范围，使其严格遵照组织内部分配的职责行使职权。

① 任振朋、李利利、刘涛：《基于"委托代理"理论的国际足联腐败探究》，载《天津体育学院学报》2019 年第 3 期，第 268 页。

第四章

体育组织纠纷解决自治

自治，按照字面的意思，就是“自己管理自己”。体育纠纷自治表明，体育组织在内部管理中享有对体育管理活动的约束力和支配力，并且基于组织成员的授权制定规则，并在授权范围内强制实施这些规则。许多国家体育运动的现行法规都保护体育纠纷自治。如比利时法律承认各体育行会自治地位的法律。比利时《宪法》（Belgian Constitution）第二十七条规定了结社自由的基本原则，这也成为建立体育联合会或体育组织的宪法基础。[①] 1921 年 5 月 24 日比利时《结社自由法》（Freedom of Association Act）第二条进一步强调结社自由权利的必要性和重要性，该条规定：“任何人如经要求成为协会成员，承诺通过其成员资格，服从根据该等规则作出的规则、决定和制裁；任何放弃这种自由的规则都是无效的。”这意味着体育组织在结社自由的基础上，行使一定的自治权。这是维持体育自治的重要工具，以保护体育活动中固有的价值观免受政治、法律以及现代商业的不利影响。[②] 体育组织的纠纷解决自治是体育组织自治的主要内容，并发挥主体职能和重要作用，如设立纠纷解决机构、制定纠纷解决规则并依法裁决纠纷。本章节通过解构体育组织纠纷解决自治的具体内容，详细梳理并分析国内外两个层面下典型体育组织纠纷解决自治的规则规定和运行特点，发现体育组织在纠纷解决过程中存在自治不合理或不合法的问题，以期有针对地提出优化路径，实现国际和国内体育组织纠纷解决自治的法治化。

---

① András Gurovits, Sven Demeulemeester, The Sports Law Review, Belgium, Law Business Research Ltd (2016), p. 14.

② Richard PARRISH, The Autonomy of Sport: A Legal Analysis, https://www.sportetcitoyennete.com/en/ articles-en/the-autonomy-of-sport-a-legal-analysis, visited on 8 July 2022.

第一节　体育组织纠纷解决自治的主要内容

基于体育纠纷解决的专业性、高效性和公正性的要求，各个体育组织在纠纷解决自治过程中承担着制定和适用规则、裁决纠纷的重要职能。一方面它们要处理好各个体育组织之间的协调合作，另一方面它们也要相互监督，保证各个组织的中立性与独立性。围绕体育组织履行的职能分为三个部分展开讨论，一是确定解决纠纷的范围；二是设置内部纠纷解决的机制；三是制定纠纷解决的规定。其中，制定纠纷解决的规定在本章第二节中将结合具体纠纷解决机构具体分析，本节就不再赘述。

一、纠纷范围的确定

现代体育的发展规模不断扩大，体育纠纷涉及的领域也越来越多。如前文所述，一国国内部门法规范与体育相关的事项，如裁判员的贪污腐败可依据相关法律规定由国内司法机关管辖。但是对于有关体育比赛的竞赛规则、判罚标准、运动装备和场地的标准规格、运动员选拔标准中的技术问题等由体育组织内部纠纷解决机构处理，可见，并非所有与体育相关的纠纷都受体育组织内部纠纷解决机构管辖。因此，在探析体育组织内部纠纷解决之前，应当首先明确体育组织内部纠纷解决机构的受案范围，即我们应当确定体育组织内部纠纷解决机构有权处理哪些类型的体育纠纷。

（一）体育纠纷的概念

有学者将体育纠纷界定为：“体育纠纷，又可以称为体育争议，是社会纠纷的一种，是因从事体育活动主体之间的利益分配、权利义务争议而引起的一种紧张的社会关系。”[①] 基于此逻辑，体育纠纷由体育活动主体、体育纠纷主体之间的权利义务关系，以及因权利义务关系引发的利益冲突构成。

体育活动主体呈现出多样性，既包括体育组织、运动员、体育俱乐部、教练员、裁判员等与体育活动直接相关的主体，也包括体育活动的间接主体：场内观众、体育赛事赞助商等。就双方主体的法律地位而言，体育活动主体之间的法律

① 郭树理：《体育纠纷的多元化的救济机制探讨——比较法与国际法的视野》，法律出版社 2004 年版，第 47 页。

地位可能平等，也可能不平等。而关于平等或不平等的性质取决于纠纷所涉权利义务的内容。就体育纠纷的权利义务内容而言，体育纠纷的权利义务内容是多层面和多样性的，不仅涉及民商事法律关系，还涉及刑事法律关系等。就涉及体育专业性和技术性的权利义务而言，通常是与基于体育组织处罚权、运动员参赛资格权等系列权利未能被遵循或未能受到应有的保障所引发的纠纷。在实践中，体育纠纷必须是体育活动主体之间所客观存在的一种真实利益对抗。我们有必要认识到体育竞赛中所存在正常对抗的正当性，如因运动员比赛或参赛的技术性规则而产生的正当竞争。该种正常对抗与我们所论及的体育纠纷中利益对抗不同，体育纠纷中利益对抗是以权利义务争议为前提，如一方违背体育组织内部章程，而损害体育赛事的权益、体育组织的权益或是其他运动员的权益，这时才能称之为体育纠纷。

(二) 体育纠纷的类型

在明确体育纠纷涉及体育活动有关主体、权利义务以及利益冲突的基本逻辑结构之后，我们应对体育纠纷的类型有所把握。学界存在多种方式划分体育纠纷的类型，如郭树理教授首先以当事人、争议内容、纠纷所涉法律关系、纠纷解决方式作为分类标准划分不同的体育纠纷类型。后又以社会学角度深入分析六种具有典型意义的体育纠纷，具体包括球场暴力引发的纠纷、使用违禁药物引发的纠纷、运动员资格作弊引发的纠纷、种族歧视引发的纠纷、妇女偏见引发的纠纷、体育的商业化和职业化引发的纠纷。① 在董小龙、郭春玲所主编的《体育法学》(第二版) 中，还出现以“体育内容”为纠纷类型划分标准，将体育纠纷分为经济体育纠纷、社会体育纠纷，以及学校体育纠纷。②

由此可见，体育纠纷繁复杂，分类标准多种多样，纠纷涉及范围十分之广。参考上述学者对体育纠纷的分类，结合本章研究目的，我们将以争议内容作为分类标准，依据所涉不同法律关系，将体育纠纷分为宪法体育纠纷、刑事体育纠纷、行政体育纠纷和商事体育纠纷。

宪法体育纠纷是指体育活动主体涉及宪法所规定的权利义务冲突，如宪法规定体育组织等社会团体享有的结社权受到侵犯等其他情形而产生的纠纷。刑事体育纠纷是指体育活动主体违反一国刑法规范而产生的纠纷，如兴奋剂纠纷，依据

---

① 郭树理：《体育纠纷的多元化的救济机制探讨——比较法与国际法的视野》，法律出版社 2004 年版，第 67—79 页。

② 董小龙、郭春玲：《体育法学》(第二版)，法律出版社 2013 年版，第 285 页。

兴奋剂违规行为的不同，各国刑法对兴奋剂违法行为进行规制，如意大利于2001年开始实施的《关于反兴奋剂的第376号法令》第九条规定：对他人使用兴奋剂行为处以2500欧元至50000欧元的罚金，最低3个月最高3年的监禁。[①]又如贪污贿赂等纠纷（裁判员或体育活动的官员收受贿赂，进行不公正的裁判），以及球员赌球等系列纠纷。行政体育纠纷，是基于主体之间不平等法律地位，强势一方在实施管理时所引发的纠纷，或是弱势一方违反相关规则时所引发的纠纷，如体育纪律处罚纠纷，广义的体育纪律处罚纠纷包括违反技术性规则或内部章程或兴奋剂规范而受到处罚，因不满处罚而产生的纠纷。该类纠纷带有较强的行政特征，但应该与行政管理纠纷区分开来，行政管理纠纷也属于行政性质的纠纷，但是其是基于国家授权而行使管理权限，是真正意义上的行政性质纠纷。商事体育纠纷通常是指平等主体之间所产生的体育纠纷，例如合同性质的体育纠纷，体育赞助纠纷或侵权纠纷等。

（三）由体育组织内部处理的纠纷类型

鉴于体育组织的行业自治性，绝大部分的一般性体育纠纷能在体育组织内部得以解决。[②] 司法机关为尊重体育行业的独特性通常也不会主动介入。但值得注意的是，不同性质的体育纠纷，体育组织内部管理程度不一，具体存在以下两种情形：一是完全排除体育组织内部解决的纠纷；二是由体育组织内部纠纷解决机构确定受案范围，即可解决的纠纷类型。鉴于此，本章将根据上文所划分的体育纠纷详细论述，何种体育纠纷允许司法介入，何种体育纠纷完全排除或只能体育组织内部处理。

一方面，就完全排除体育组织内部解决的纠纷而言，主要是刑事性质的纠纷，如裁判员贪污贿赂等事项引发的纠纷，“基于法益理论的检视，如我国贪污罪与受贿罪构成要件中，体现廉洁性的要素是国家工作人员的主体身份及其在行为过程中对于职务便利的利用”。[③] 因此，在与一国法益有关的侵害案件中，尽管发生于体育领域或是与体育因素相关，因司法机关更具权威性，故而通常由司法机关介入解决此类纠纷以维护所侵犯的法益。当体育行业自治权的异化和扩张

---

① 国家体育总局政策法规司：《外国体育法规选编（二）》，北京体育大学出版社2009年版，第170—175页。转引自窦峥、石经海：《对他人使用兴奋剂行为入刑的研究》，载《体育科学研究》2019年第4期，第29页。

② 郭树理：《体育纠纷的多元化的救济机制探讨——比较法与国际法的视野》，法律出版社2004年版，第2页。

③ 马春晓：《廉洁性不是贪污贿赂犯罪的法益》，载《政治与法律》2018年第2期，第52页。

等问题层出不穷时，导致腐败、赌博、滥用兴奋剂、侵害运动员人权等现象频发，国家对体育行业进行合理、有效的法律规制就显得非常必要。但司法介入不单指司法机关对体育刑事案件，还可以就体育行政争议案件或当事人诉请的体育民事纠纷案件中某一类案件的处理。①

另一方面，体育组织内部纠纷解决机构可解决的纠纷。实质上，体育组织内部处理的体育纠纷大部分是由内部纪律处罚机制中引发的纠纷，即行政性质中所包括的体育纪律处罚纠纷、兴奋剂处罚纠纷等。在英国大多数体育纠纷是因为运动员或俱乐部不服其所属的体育组织对其作出的纪律处罚而引起的。② 体育纪律处罚纠纷，专业性更强，例如，对于兴奋剂检测结果的认定，对比赛判罚的争议等，通常由体育组织内部纠纷解决机构处理。③ 对于技术性纠纷，CAS 裁决的基本原则就有技术事项不予审查，应由裁判负责处理。值得注意的是，体育组织内部解决的纠纷类型并不意味着完全排除外部纠纷机构，基于仲裁协议优先原则，当事人可通过合同中的仲裁条款事先约定或仲裁协议事后约定将争议提交给外部独立的仲裁机构解决。不过基于用尽内部救济的前提要求，体育组织通常规定体育纪律处罚纠纷必须经过体育组织内部纠纷解决机构解决无果后才允许向外部独立仲裁机构申请仲裁。例如，国际足联中相关规定，俱乐部或俱乐部成员不得将与国际足联或其他协会、俱乐部或俱乐部会员之间的纠纷诉诸法院，甚至有的禁止当事人向国内法院起诉，或者惩罚意图将争议提交法院的当事人。④

二、内部纠纷解决机制的设置

体育组织的内部纠纷解决机制在专业性、时效性、国际化对接以及对于体育项目的理解方面相较于传统司法解决机制来说更能满足争端解决的实际需求。⑤鉴于体育组织的权威地位和自律作用，体育纠纷多在体育组织内部解决。同时，2022 年修订的《体育法》第九十五条第一款规定：“鼓励体育组织建立内部纠纷

① 王显荣：《关于确立我国竞技体育纠纷解决有限自治原则的思考》，载《天津体育学院学报》2012 年第 1 期，第 50—53 页。

② 郭树理：《体育纠纷的多元化的救济机制探讨——比较法与国际法的视野》，法律出版社 2004 年版，第 93 页。

③ 李超、范铭超：《体育纠纷与体育仲裁立法的若干法律思考》，载《体育科研》2010 年第 5 期，第 27 页。

④ 董小龙、郭春玲：《体育法学》，法律出版社 2013 年版，第 303 页。

⑤ 马宏俊：《中国体育法治发展报告（2022）》，北京大学出版社 2023 年版，第 116 页。

解决机制，公平、公正、高效地解决纠纷。”基于此，体育组织应当具备较为完整的内部纠纷解决机制，其设计主要包括机构的设置、人员的组成和程序的保障。我国单项协会目前一共存在三种情形的内部解纷模式，单设纪律委员会情形、纪律委员会和仲裁委员会同构情形，以及未常设纠纷解决机构的情形。除上述三种类型，中国篮球协会、中国垒球协会、中国棒球协会、中国信鸽协会、中国台球协会等还设立了民主协商和内部矛盾解决机制。[①] 一般而言，内部纠纷解决机制模式大致分成三种，内部调解、内部听证和内部仲裁。下文将逐一介绍上述三种内部纠纷解决机制，并以三种不同内部纠纷解决机制中机构设置、人员组织和程序的保障展开论述。

（一）内部调解机制

结合法律语义学和体育社会关系，有学者将“体育调解”定义为：“为解决体育纠纷，当事双方在自愿的基础上，由第三方从中调停，促使当事人双方和解的一种方法。”[②] 也有学者对“体育调解”做一个整体性概括，“它是一种由当事人双方自愿选择，有无利害关系的第三方介入，以寻求就体育争议达成妥协的纠纷解决程序”。[③] 借鉴学者们对“体育调解”的观点，综合理解后对“体育组织内部调解”作出如下表述：体育组织内部调解是指在体育组织仲裁庭或调解员的主持下，基于双方当事人平等协商，达成协议终结仲裁程序或调解程序，或调解不成转入仲裁的程序。

由此可知，体育组织内部调解实际上存在两种不同的具体做法，一是调解程序作为一个单独的内部纠纷解决程序，设有专门的内部调解机构，如调解委员会，依据单独的调解程序规则协助双方当事人进行调解。但是，本文通过检索典型的国际体育组织内部组织结构和章程后发现，如国际足联和国际篮联、国际排联等并无组织内部设置单独的调解委员会，即并不设立专门的调解委员会，而是通过内部的其他裁决机构进行调解，将调解程序作为仲裁程序的前置程序或补充程序，这实际上是第二种模式。在仲裁程序开始前将调解程序作为先行程序，双方当事人得先行调解，调解不成才转入仲裁程序，或在仲裁程序开始后，双方当事人协商一致或经仲裁庭主动征得当事人的同意后进行调解。实际上，大多数体育组织均采取第二种模式。

---

① 马宏俊：《中国体育法治发展报告（2022）》，北京大学出版社 2023 年版，第 116 页。

② 张笑世：《体育纠纷解决机制的构建》，载《体育学刊》2005 年第 5 期，第 15—18 页。

③ 肖永平、郭树理：《外国体育法律制度的专题研究》，武汉大学出版社 2008 年版，第 277 页。

如前所述，学界通说认为调解所适用的纠纷主要包括体育赞助纠纷、体育合同纠纷、商业权利纠纷、轻微伤害赔偿纠纷，并明确纪律纠纷、选拔纠纷、兴奋剂纠纷、除名纠纷不属于调解所适用的纠纷。[①] 兴奋剂纠纷和体育纪律处罚纠纷往往涉及公共利益，应当通过对兴奋剂违规行为实施处罚达到警示作用，而调解的保密性决定其不适用此类纠纷的解决。但近些年，一些国家的体育法律实践开始打破这点共识。在调解程序中，调解员的中立性可以帮助各方缓解不安的敌对情绪，帮助他们澄清对彼此的看法，改善当事人之间的沟通方法。[②] 而体育作为一个“小”世界，体育组织与运动员通常不愿意产生对抗的关系。如在 2015 年，美国奥委会作为调解机构，参与美国反兴奋剂机构与游泳运动员亚当的调解一案中，美国奥委会主张在兴奋剂纠纷提交给反兴奋剂机构处罚之前，可由美国奥委会作为中间方，促进运动员和美国反兴奋剂机构的调解，就处罚进行协商。[③] 在法国，根据《法国大众竞技体育运动组织和促进法》的规定，体育组织内部直接确定体育争端调解制度，由法国奥委会和体育委员会建立的体育调解委员会，对体育纠纷进行强制性的先行调解。[④] 这些实践表明，调解的受案范围并非如理论界所讨论的完全排除兴奋剂纠纷和体育纪律处罚纠纷，国家体育组织可以在违规行为发生之后，处罚作出之前将调解作为预防纠纷的手段。

目前，经整理发现，体育组织内部调解的程序包括受理、调解员选任、正式进入调解和调解结束阶段。一、受理。受理的方式包括体育纠纷当事人申请或体育组织自动介入强制调解两种方式。二、调解员选任。体育组织会直接提供一份调解员的名单供双方当事人进行选择，调解员名单上人员不仅具有调解技巧、体育知识，还具备较强的法律背景。三、正式进入调解阶段。尊重每一方当事人，以自治为原则进行调解。在调解阶段并不是以调查事实和查明争议为主，而是以缓和双方当事人之间紧张关系为主。四、调解结束阶段。由双方当事人达成和解协议——此处所称和解协议是指双方就争议事项协商一致后所达成的和解书——或是未达成和解转至仲裁作为结束。除上述事项外，各体育组织内部调解规则或仲裁中的调解程序有更为具体和细致的表达，将在下文详细展开。

---

① 董小龙、郭春玲：《体育法学》，法律出版社 2013 年版，第 293 页。

② 乔一涓、王慧：《律师在调解活动中的角色转变》，载《商事仲裁与调解》2020 年第 4 期，第 130 页。

③ John Criste, The Mediation Protocol: The United States Olympic Committee's Experimental Trial with Mediation as a Form of Doping-Control Dispute Resolution, American Journal of Mediation (2013-2014), p. 32.

④ 董小龙、郭春玲：《体育法学》，法律出版社 2013 年版，第 293 页。

（二）内部听证机制

"听证"（hearing）也被称为听取意见。[①] 有学者认为，"听证是指行政机关在作出影响相对人权益的行政决定时，就与该行政决定有关的事实及其法律适用问题，提供申述意见，提供证据的机会的程序"。[②] 听证的核心在于作出处罚决定之前听取一方当事人的意见和提供证据，有助于保障运动员权利和实现程序公正。听证制度较多地被适用在体育组织内部处理的纪律处罚之中，如果有俱乐部或运动员、教练员在联赛中受到纪律处罚，并对裁判工作评议委员会评议结果持有异议，可向体育组织内部听证机构，一般是纪律委员会和仲裁委员会组成听证机构，申请举行听证会，听证机构有权通过听证会对与纪律处罚有关的争议事项进行裁决。如美国自行车协会和举重协会，对运动员的处罚，要经专门小组主持的听证会再作出处理决定。体育组织内部的听证制度旨在平衡体育组织内部处罚权和内部救济程序的公正，听证不仅发生在内部处罚决定作出之前，还可以在内部仲裁程序之中。

一般而言，国际体育组织内部听证的程序包括一方当事人或利益相关人提供证词，另一方当事人进行反驳以及结案陈述。听证结束后，听证机构应当回避，对其裁决进行非公开审议，由出席的听证委员过半数作出裁决，并在一定时间段内传达给当事人。听证机构有权就其他事项作出裁决，一般包括批准辩诉交易协议、就针对调查机构采取的临时措施提出的上诉作出裁决、暂停制裁、向公众通报正在进行或已结束的听证程序、公布其决定。

（三）内部仲裁机制

仲裁是第三方根据争议各方提出的论点作出具有约束力的裁决的过程。仲裁亦称"公断"，是指当事人之间发生争议不能解决时，自发地申请仲裁机构居中裁决的方法。体育仲裁就是在体育活动中发生纠纷的双方在争议发生前或发生后达成协议，自愿将争议提交依法成立的仲裁机构解决，体育仲裁机构组成仲裁庭依照法律，根据事实进行审理后，作出对双方当事人均有拘束力的终局裁决。[③] 一般而言，该仲裁机构应具有独立性，至少独立于有可能作为当事人的体育组织一方。而体育组织内部的体育仲裁机制，直接是由体育组织设立的内部仲裁机构

---

① 刘国媛：《刑事检察听证制度的"理"与"法"》，载《法学评论》2015 年第 1 期，第 175 页。

② ［日］室井力主编：《日本现代行政法》，中国政法大学出版社 1995 年版，第 178 页。转引自刘国媛：《刑事检察听证制度的"理"与"法"》，载《法学评论》2015 年第 1 期，第 175 页。

③ 肖永平、郭树理：《外国体育法律制度的专题研究》，武汉大学出版社 2008 年版，第 280 页。

行使仲裁职能。许多国际体育组织和国家体育组织都建立了内部仲裁机构，在国际层面，如国际足联设置了国际足联争议解决委员会；在国内层面，如中国足球协会设立了内部仲裁机构。正因为如此，不少学者批评，体育组织内部设立的仲裁机构并非真正意义上的仲裁，通常内部仲裁机构是由体育组织所设立，在基础上无法脱离体育组织的制约而完全独立，这也决定了此类仲裁不可能具有完全意义上的独立性和中立性。[①] 本文认可该观点，体育组织内部仲裁机构由体育组织设立，在裁决纠纷时难免不偏袒体育组织一方，中立性令人生疑，不符合仲裁“中立性”的要求。但体育组织内部仲裁机制的设立又是体育纠纷解决的必然要求，体育纠纷具有时效性等特点，通过设立体育组织内部仲裁制度能更快速且专业地解决体育纠纷。体育组织内部仲裁是以体育仲裁（指真正意义上的仲裁）的仲裁规则为蓝本，其程序规则并无不公，基于此，我们还是应该关注体育组织内部仲裁程序的规则，其中立性问题将在本章第三节做详细探讨。

在体育组织内部，一般由申诉委员会下设体育组织内部仲裁庭作为体育仲裁机构行使仲裁职能。每个国际体育组织或国际体育组织的仲裁程序规则的框架大同小异，一般包括仲裁庭的组成以及仲裁员的选任、仲裁的申请、仲裁的审理、仲裁的裁决四个阶段。但由于各国际体育组织和国内体育组织涉及不同的运动项目，纠纷频发类型具有差异性，更进一步说，具有处于不同的法律文化背景之中，因此各国际体育组织和国内体育组织在具有共性的程序框架下，又存在具体的细节差异，如申请仲裁的主体资格要求、受案范围、法律的适用等方面不同，因此为区分各国际体育组织的差异性，本章将在第二节进行详细论述。

三、小结

本节以体育纠纷为逻辑起点，以体育组织内部调解、内部听证、内部仲裁三种主要的模式为论述主线，对体育组织内部纠纷解决机制进行讨论，为国内外各体育组织通行的内部纠纷解决机制提供一套框架性认识，以便详细讨论国际体育组织和国家体育组织内部纠纷解决机制的特殊性。体育运动的普及，导致体育利益呈现出多元化，体育纠纷类型的多样性，单一的纠纷解决机制无法满足体育纠纷的解决。考量到体育纠纷的技术性、专业性和时效性等特点，建立体育组织内

① 钱静：《中国足球协会内部纠纷解决机制的完善——以体育自治为基础的考量》，载《体育与科学》2014 年第 3 期，第 45 页。

部纠纷解决机制是维护体育行业自治，维持体育秩序，提高纠纷解决效率的必要要求。应该注意的是，根据不同的体育纠纷的解决，我们在维护体育自治的同时，还应当采取与司法相结合的方式来解决纠纷，在追求体育自治的同时实现善治。最后，除内部调解、内部听证、内部仲裁，体育组织内部还存在咨询等内部纠纷解决方式，但限于本文的篇幅，将不在此进行讨论。

第二节　若干国际体育组织内部纠纷处理机制的自治体现

为更好地理解体育组织内部纠纷解决机制的实践运用，下文将以典型的国际体育组织和国内体育组织为视角，以体育组织内部纠纷受案范围、机构设置和仲裁规则等运行机制为主线，逐一分析和探讨内部调解、仲裁、听证等纠纷解决机制在体育自治实践的模式。

一、国际体育组织内部仲裁机制

（一）国际体育组织内部仲裁机构

在国际体育领域中，仲裁是解决体育纠纷的主要形式，目前解决国际体育争议的最高仲裁机构是国际体育仲裁院（CAS）。各国际体育组织内部通常设有包含仲裁的纠纷解决机构，下文将主要对 CAS 和内部仲裁机构的设置、产生和发展、仲裁程序、仲裁的受案范围进行研究。

1. CAS 的内部仲裁机构

CAS 是由民间团体所设立的组织，主要为各种类型的体育纠纷提供争端解决服务。从广义来说，属于非政府国际组织。CAS 作为国际体育界的“最高法庭”，以其权威实践诠释了体育仲裁协议的自治特征，实现了行业自治与接近正义精神的两全。① CAS 自 1984 年正式成立以来，一直对国际奥委会负责且由国际奥委会监督。直至 1993 年，国际体育仲裁理事会（ICAS）代替国际奥委会行使对 CAS 的监督职能。该理事会由 20 位国际著名法学家以及运动专家组成，由各大国际体育组织联合推荐，通过多方的充分协商，确保对 CAS 管理的高效性和独立性。在 2015 年新一届为期四年的理事会成员中，海牙国际法院中国籍法官

① 张春良：《论国际体育仲裁协议的自治性——特别述及国际体育仲裁院之规则与实践》，载《天津体育学院学报》2011 年第 6 期，第 510 页。

薛捍勤女士当选新一届理事会成员，成为ICAS中国籍理事。

目前，CAS已经成为解决国际体育争议的主要机构，依据管辖内容不同划分为三个不同的内部仲裁庭，包括普通仲裁庭、上诉仲裁庭和反兴奋剂仲裁庭，三者各司其职，相互独立，为体育纠纷仲裁程序适用提供良好的基础。下文将对这三个内部仲裁庭分别进行介绍。

一是普通仲裁庭（The Ordinary Arbitration Division）。普通仲裁庭的职责是解决提交至普通程序的争议，并通过其主席或副主席履行与根据程序规则有效运行程序有关的其他职能。① 以普通仲裁程序“Ordinary procedure”为关键词在CAS案例数据库进行检索发现，共存在82个案例适用普通仲裁程序，以兴奋剂案件为主，如新近案件，CAS 2020/O/6689世界反兴奋剂机构（WADA）诉俄罗斯反兴奋剂机构（RUSADA）；② 2020年12月17日裁决2019年10月18日裁决的案件CAS 2019/O/6153国际田径联合会（IAAF，现已更名为WA）诉俄罗斯田径联合会（RUSAF）和Yulia Guschina。③

二是上诉仲裁庭（The Appeals Arbitration Division）。上诉仲裁庭的职责是解决与联合会、协会或其他体育相关机构的决定有关的争议，只要上述体育相关机构的法规、条例或具体协议有规定；以上诉仲裁程序“Appeal procedure”为关键词在CAS案例数据库进行检索发现，共存在1907个案例适用上诉仲裁程序。由此可见，CAS以受理上诉案件为主。

三是反兴奋剂仲裁庭（The Anti-Doping Division，CAS ADD）。CAS ADD主

---

① 英文原文：S20：The CAS is composed of three divisions，the Ordinary Arbitration Division，the Anti-Doping Division and the Appeals Arbitration Division. The Ordinary Arbitration Division constitutes Panels，whose responsibility is to resolve disputes submitted to the ordinary procedure，and performs，through the intermediary of its President or her/his deputy，all other functions in relation to the efficient running of the proceedings pursuant to the Procedural Rules（Articles R27 et seq.）. The Anti-Doping Division constitutes Panels，whose responsibility is to resolve disputes related to anti-doping matters as a first instance authority or a sole instance. It performs，through the intermediary of its President or her/his deputy，all other functions in relation to the quick and efficient running of the proceedings pursuant to the Procedural Rules（Articles A1 et seq.）The Appeals Arbitration Division constitutes Panels，whose responsibility is to resolve disputes concerning the decisions of federations，associations or other sports-related bodies insofar as the statutes or regulations of the said sports-related bodies or a specific agreement so provide. It performs，through the intermediary of its President or her/his deputy，all other functions in relation to the efficient running of the proceedings pursuant to the Procedural Rules.

② CAS. Arbitration CAS 2020/O/6689 World Anti-Doping Agency（WADA）v. Russian Anti-Doping Agency（RUSADA），award of 17 December 2020.

③ CAS. Arbitration CAS 2019/O/6153 International Association of Athletics Federations（IAAF）v. Russian Athletics Federation（RUSAF）& Yulia Guschina，awards of 18 October 2019.

要行使兴奋剂违规的管理职责，被赋予了从兴奋剂违规认定到处罚的全部权力。[①] 以上诉仲裁程序“Anti-Doping procedure”为关键词在 CAS 案例数据库进行检索发现，共存在 5 个案例适用兴奋剂仲裁程序。适用兴奋剂仲裁程序的第一个案例是 2019 年 5 月 20 日国际奥委会诉白俄罗斯举重运动员 Mikalai Novikau，本案的争议焦点在于认定运动员是否违反《世界反兴奋剂条例》第 2.1 条（在场）和第 2.2 条（使用）的反兴奋剂规定。在 CAS 裁决书第 28 段中，“ADD 规则第 A2 条规定如下：CAS ADD 应是初审机构，在向其提交涉嫌违反反兴奋剂规则的文件时，可进行诉讼并发布决定，以及因发现违反反兴奋剂规则而实施任何制裁。CAS ADD 有权作为初审机构代表任何体育实体进行裁决，该实体已正式将其权力委托给 CAS ADD 进行反兴奋剂诉讼并实施适用制裁”。[②] 从该条款可知，CAS ADD 可作为针对兴奋剂违规的处罚机构。CAS 的三个仲裁庭都设有 1 名主席和 1 名副主席，主要负责在仲裁程序开始之后，当事人尚未选择仲裁员之前，保障仲裁程序的正常运转。在仲裁程序开始之前，也是由主席和副主席负责仲裁程序的预备工作。此外，CAS ADD 的秘书工作是由一个独立的办公室负责，而普通仲裁和上诉仲裁共用一个仲裁秘书办公室。[③]

2. 国际足联内部仲裁机构

除 CAS 设立三个内部仲裁庭作为解决体育纠纷的机构，基于体育纠纷的自治性，各国际单项体育组织内部也设有仲裁部门。国际足联和国际篮联在全世界范围内的足球和篮球运动中享有举足轻重的地位，如制订比赛规则、确定场地和器材规格、确定运动员在协会及俱乐部之间的转会等与各类主体利益攸关的问题。[④] 在解决争议的仲裁机制方面，两者都设有自己的仲裁机构、规定了仲裁程序规则、确定了受争议的范围。

为了更好地解决国际足球领域产生的纠纷，国际足联于 2001 年在内部建立了独立的纠纷解决机构，主要的机构是足球仲裁庭（Football Tribunal）。依据

---

① 周青山：《国际体育仲裁院兴奋剂仲裁机制评析》，载《武汉体育学院学报》2019 年第 5 期，第 52 页。

② CAS. Arbitration CAS 2019/ADD/1 International Olympic Committee（IOC）v. Mikalai Novikau，award of 20 May 2019.

③ 周青山：《国际体育仲裁院兴奋剂仲裁机制评析》，载《武汉体育学院学报》2019 年第 5 期，第 52 页。

④ 黄世席、孙勇：《国际足联 DRC 和国际篮联 FAT 裁决制度之比较》，载《体育学刊》2010 年第 11 期，第 26—29 页。

《国际足联章程》第五十四条的规定，足球仲裁庭的职能由理事会颁布的《国际足联程序规则》（Procedural Rules Governing the Football Tribunal）规定。足球仲裁庭主要负责就与足球有关的争议和监管申请作出裁决，依据有关章程和《国际足联纪律守则》的规定对会员协会、俱乐部、官员、球员、足球经纪人和比赛经纪人作出处罚，以及向理事会提出针对其规则的修订议案。足球仲裁庭由三个委员会组成，分别为球员身份委员会（Players' Status Committee，PSC）、争议解决委员会（Dispute Resolution Chamber，DRC）和球员经纪委员会（the Agents Chamber，AC）。[①] 此外，《国际足联程序规则》第一条第二款规定了足球仲裁庭各个委员会的管辖职能和机构组成。下文将结合相关规定，对足球仲裁庭的三个委员会的职责和组成进行具体介绍。

（1）球员身份委员会（PSC）。PSC 是国际足联的一个正式部门，在纠纷解决方面，其主要职责是负责解决《球员身份与转会规则》（Regulations on the Status and Transfer of Players，以下简称《转会规则》）第二十二条第（a）款和第（f）款规定的纠纷。《球员身份委员会和争议解决委员会程序规则》（Rules Governing the Procedures of the Players' Status Committee and the Dispute Resolution Chamber，以下简称《程序规则》）第四条明确规定，PSC 由主席、副主席和委员组成，目前共有 9 名委员。《转会规则》第二十三条指出，在一般情形下，仲裁庭应该至少由 3 名委员组成，并应该包括主席或副主席；在特殊情形下（紧急情况抑或没有复杂的事实或法律问题时），PSC 主席及当事人也可以委任独任仲裁员（single judge），负责仲裁相关纠纷。

（2）争议解决委员会（DRC）。DRC 不是国际足联的正式组成部门，而是在 PSC 下面建立的专门纠纷解决机构。它根据《转会规则》于 2001 年建立，而 PSC 早已建立，并且是国际足联的专门性组成部门。从某种意义上讲，DRC 是 PSC 的附属机构，PSC 有权规范 DRC 的行为。《程序规则》第四条明确规定，DRC 由 24 名委员组成，包括主席、副主席和委员，其中球员和俱乐部各占 12 名代表，他们根据球员联合会和俱乐部或联盟提名由国际足联执行委员会任命。《转会规则》第二十四条指出，在一般情形下，仲裁庭应该由 3 名委员组成，并应该包括主席或副主席，一名从俱乐部提名的委员中指派，另一名从运动员提名

① FIFA，FIFA Statutes_2021，https：//digitalhub. fifa. com/m/7e791c0890282277/original/FIFAStatutes-2021. pdf，visited on 8 July 2022.

的委员中指派；在特殊情形下，DRC 也可以委任一名仲裁员（DRC judge）仲裁案件，负责仲裁相关纠纷。

（3）球员经纪委员会（AC）。AC 并非实质意义上的纠纷解决机构，在《球员经纪人规章》（Regulations Players' Agents）第一条规定了球员经纪人的职能："根据本条例的规定，向俱乐部介绍球员以期谈判或重新谈判雇佣合同，或向两个俱乐部介绍球员以期签订转会协议的自然人。"[①] 此外，《球员经纪人规章》第三十条规定："为了处理与球员经纪人活动有关的国内争议，协会应作为最后手段，将由国家球员经纪人条例引起或与之相关的任何争议提交给独立、正式成立和公正的仲裁法院，同时考虑国际足联法规和协会领域内适用的法律；如果发生与球员经纪人活动有关的争议，可向国际足联 AC 提出仲裁程序请求；若有理由相信案件会引起纪律问题，PSC 应根据《国际足联纪律守则》和下文第八章的规定，将文件连同开始纪律程序的请求提交给纪律委员会；如果引起争议的事件发生后两年以上或相关球员经纪人终止其活动后六个月以上，PSC（视情况而定）不得审理任何受本条例约束的案件。这一时限的适用应在每一个案中依职权进行审查。"

3. 国际篮联内部仲裁机构

国际篮联是一个国际性的篮球运动组织，由世界各国的篮球协会组成，总部设在瑞士日内瓦。其主要职责包括负责制定国际篮球运动规则、制定篮球比赛场地和篮球规格、控制球员的流动、任命可在国际篮球比赛执法的裁判员和举办大型篮球比赛等决策依据。自 1932 年成立至今，共有 213 个会员国家。篮球作为世界上一项普及性很高的体育运动，国际篮联作为国际篮球的监管机构，在世界体坛扮演着重要角色。正因为篮球运动的普及性和重要性，国际篮球领域不可避免地出现很多内部纠纷。为解决这些内部纠纷，国际篮联建立了自己单独的内部纠纷解决机构。

为简单、快速和经济地处理国际篮球领域出现的国际纠纷，国际篮联于 2007 年建立了独立的内部仲裁机构——国际篮联仲裁庭（the FIBA Arbitral Tribunal, FAT），2010 年改名为篮球仲裁庭（Basketball Arbitral Tribunal，以下简称篮球仲裁庭或 BAT），篮球仲裁庭设有秘书处，负责纠纷解决程序的日常事务性工作。

---

① FIFA, Regulations Players' Agents, https://digitalhub.fifa.com/m/61a181520bfe5b8c/original/noocabtokk00rft7ds71-pdf.pdf, visited on 8 July 2022.

目前有7名仲裁员，主席为加拿大 Richard McLaren，是加拿大西安大略大学的一名法学教授。篮球仲裁庭主席和副主席由国际篮联中央局任命，任期4年，主席、副主席和仲裁庭都必须具备体育知识且接受过法律训练。① 主席的职责包括：保障篮球仲裁庭职能的实施，负责篮球仲裁庭的行政事务，每4年更换至少3名仲裁员，为每一案件指定仲裁员，为篮球仲裁庭仲裁员建立报酬体系。副主席协助主席工作，并在主席不能履行职责时代替主席工作。② 国际篮联负责保障篮球仲裁庭的财政开支，但篮球仲裁庭应尽量保持财政独立。

（二）国际体育组织内部仲裁机构的管辖权和受案范围

1. 国际体育仲裁院的管辖权和受案范围

在探讨 CAS 的管辖体制之前，有必要了解一下奥林匹克运动的结构。奥林匹克运动是一个金字塔式的结构体系，国际奥委会是奥林匹克运动的最高权力机构，它制定的基本原则、规则和附则的汇总，即《奥林匹克宪章》的效力是最高的，对所有奥林匹克运动的成员，包括国际单项体育联合会、国家奥委会、国家体育协会以及单个运动员等都具有约束力。在国际奥委会最高权力的指导下，奥林匹克运动吸收愿意遵守《奥林匹克宪章》的组织、运动员和其他人员。

参加奥林匹克运动的条件是取得国际奥委会的承认。在某运动员或者运动队参加奥林匹克运动的比赛之前，其所属的国际单项体育联合会和国家奥委会必须得到国际奥委会的承认。譬如，对于国际单项体育联合会的承认，《奥林匹克宪章》第二十九条规定："为得到承认，这些组织（国际单项体育联合会）必须执行《世界反兴奋剂条例》并按照已制定的规则有效地进行赛外检验。"该条同时规定："就各国际单项体育联合会在奥林匹克运动内的职责而言，其规章、做法和活动必须与《奥林匹克宪章》一致。"另外，《奥林匹克宪章》第七十四条规定："在奥林匹克运动会举办时发生的或与奥林匹克运动会有关的任何争议，须按照 CAS《体育仲裁规则》提请 CAS 独家仲裁。"由此可见，CAS 的管辖权主要来自《奥林匹克宪章》第七十四条关于管辖权规定的条款。根据 CAS《体育仲裁规则》的规定，CAS 有以下两个特殊作用：

第一，根据合同中的仲裁条款或争议发生后当事人签署的提交仲裁的协

---

① Mr Heiner Kahlert, The Basketball Arbitral Tribunal (BAT), https://jusmundi.com/en/document/wiki/en-the-basketball-arbitral-tribunal-bat, visited on 8 July 2022.

② Erika Hasler, The Basketball Arbitral Tribunal—An Overview of Its Process and Decisions, https://link.springer.com/chapter/10.1007/978-94-6265-129-6_6, visited on 8 July 2022.

定，CAS 作为初审仲裁院应立即和直接仲裁争议。在此方面，CAS 可以解决产生于诸如赞助合同、运动员和管理者之间的合同、与体育运动有关的电视转播权合同等争议。这些争议适用普通仲裁程序。普通仲裁分院拥有广泛的管辖权，可以仲裁“在体育运动的实践或发展中与体育、金钱或其他利害关系有关的争议，一般来讲，是指与体育有关的所有活动”。也就是说，所有的因当事人之间的法律关系而引起的但又不能提请上诉仲裁程序解决的争议都通过普通仲裁程序解决，这包括所有的因合同解释或不能履行合同而引起的争议，范围涉及赞助、电视转播权、体育设施及用品的供应、劳动合同等。另外，那些涉及民事责任的争议也可以申请 CAS 仲裁，如体育比赛中的突发事故引起的争议。其他体育争议，不管其是否具有金钱性质，只要当事人达成协议也可以提请 CAS 仲裁。

第二，如果一方当事人对体育联合会的决定不服向 CAS 提出上诉申请，CAS 的上诉仲裁分院就是终审仲裁庭。在这里，CAS 的管辖权也必须基于仲裁协定或仲裁条款，如体育联合会章程或条例中规定的仲裁条款。这些争议适用上诉仲裁程序。和普通仲裁分院相比，上诉仲裁分院的管辖权是有限的，它仅处理那些当事人“已用尽体育联合会、体育协会或体育团体的所有的内部救济而意图将其裁决上诉到 CAS 的争议”。上诉仲裁程序解决的争议主要具有纪律处罚性质，通常因体育协会或联合会就纪律性问题作出的最终裁决而产生，它是目前适用最广泛的程序，包括所有国际单项体育联合会所作的裁决以及那些涉及选拔运动员参加奥运会或世界锦标赛的管理性或程序性争议。

由于 CAS 普通仲裁分院和上诉仲裁分院的管辖范围不同，它们的管辖根据也略有不同。普通仲裁分院审理的争议基于当事人之间缔结的将争议提交 CAS 仲裁的协议，该协议可以在争议发生之前缔结，也可以在争议发生之后缔结。上诉仲裁分院的管辖基础则是体育组织在其章程或条例中规定的将争议提交 CAS 仲裁的强制性仲裁条款，或在运动员和体育协会的注册许可合同中规定的强制性仲裁条款。运动员为了参加某体育协会或联合会主办的比赛，必须遵守包括强制性仲裁条款在内的协会章程。而且，为了参加国际单项体育联合会主办的比赛，运动员必须签署此类注册许可合同，因此，合同中的仲裁条款为强制执行针对某个运动员作出的裁决提供了基础。根据 CAS《体育仲裁规则》第 R47 条的规定，当事人可以根据这些条款将对有关体育联合会裁定的质疑上诉到 CAS 裁决。参加奥林匹克运动的运动员不仅有权将国际奥委会或者某国际单项体育联合会的裁决上诉到 CAS 进行仲裁，而且有义务就该争议放弃向法院提起诉讼。

任何自然人或者法人，只要具备行为能力，都可以作为 CAS 仲裁的当事人，包括运动员、俱乐部、体育协会、体育比赛的组织者、赞助商以及电视转播公司等。运动员通常是 CAS 的申请人，CAS 对其管辖的根据在于运动员所属的单项体育运动协会或者联合会的章程里的规定、运动员签署的仲裁协议等。而对于国际奥委会、国家奥委会、国际单项体育联合会、体育运动协会、国内体育协会等，它们都参与了奥林匹克运动，其活动已属于奥林匹克运动范围内的活动，根据《奥林匹克宪章》第七十四条的规定，仅仅存在争议事实就足以确立 CAS 对它们的管辖权。换句话说，因为它们参与奥林匹克运动和参加奥运会，所以它们被认为事实上已经同意《奥林匹克宪章》中的仲裁条款。更何况所有的奥林匹克国际单项体育联合会的章程都规定了 CAS 仲裁条款，而国家奥委会有发展奥林匹克运动和确保《奥林匹克宪章》在本国得到实施的义务，国内单项体育协会则因是国际单项体育联合会的成员而接受管辖。至于“一般有权利解决争议的任何自然人和法人”，已有的裁决表明这类当事人主要包括在其章程里规定接受 CAS 管辖条款的非奥林匹克国际体育运动联合会、通过签署仲裁协议接受 CAS 管辖的体育器材的生产供应厂商等。

2. 国际足联的仲裁管辖权和受案范围

DRC 对仲裁案件的管辖依据主要规定在国际足联及其会员协会的章程或者条例中的相关争议解决条款。无论是作为国际足联的直接会员（各国足协和洲际足联），还是间接会员（足球运动员、俱乐部、经纪人等），都负有遵守国际足联章程和条例的义务，间接会员还要遵守本国足协及所属洲际足联的有关规章和职业联赛的有关规定。这些足球管理组织的章程或者条例就是 DRC 受理案件的依据。具体来讲，《转会规则》（2021 年版）第二十四条规定：“争议解决委员会可以处理第二十二条第（a）款、第（b）款、第（d）款和第（e）款项下的所有争议，但有关国际转会证明（ITC）的签发争议除外。”据此规定，DRC 有权管辖如下争议：（1）产生于球员和俱乐部之间有关合同稳定性的争议；（2）球员和俱乐部之间具有国际性质的雇佣合同争议；（3）涉及不同足协的俱乐部之间的球员培训补偿和团结基金争议；（4）同一足球协会的俱乐部之间的团结基金争议（条件是球员转会的争议发生在不同协会的俱乐部之间）。教练和俱乐部或者足协之间发生的具有国际性质的雇佣合同争议以及有关申请国际转会证明的争议不属于 DRC 的管辖范围。值得注意的是，国际足联没有对书面仲裁协议或者仲裁条款作强制性要求，因为DRC受理案件的依据是国际足联的有关章程或者条例规定，并不是当事人之间签署的仲裁协议或者合同中的仲裁条款。

在解决DRC的管辖权问题时，还有一个问题需要明确，那就是PSC和DRC的管辖权划分问题。国际足联《程序规则》第三条第一款和第二款分别对其管辖的争议种类作了规定。第一款规定，PSC和DRC应当审核他们的管辖权，尤其根据《转会规则》第二十二条和第二十四条的规定，在PSC和DRC的管辖权不确定的情况下，由PSC主席决定哪个机构行使管辖权。第二款指出，PSC独任仲裁员和DRC仲裁员的身份和管辖权在《转会规则》第二十三条第三款和第二十四条中作了规定。根据《转会规则》第二十三条规定，国际足联PSC解决的争议包括教练和俱乐部或者足协之间发生的具有国际性质的雇佣合同争议，以及不同协会的俱乐部之间发生的不属于DRC管辖的争议等。

PSC独任仲裁员的管辖范围比较窄，当一个案件非常紧急或者不涉及很复杂的事实或法律问题时，或者是有关《转会规则》附件三所涉及的国际许可临时注册问题纠纷时，可以由PSC独任仲裁员仲裁。根据《转会规则》第二十四条规定，DRC独任仲裁员可以仲裁以下3类案件：第一，所涉金额不超过10万欧元的案件；第二，没有复杂事实和法律问题、与培训补偿相关的纠纷，或者DRC有确定管辖权的案件；第三，没有复杂事实和法律问题、与团结基金相关的纠纷，或者DRC有确定管辖权的案件。

DRC对球员与俱乐部的雇佣关系争议享有排他管辖权，但在此情形下，它应当考虑下列相关因素，如国际因素。根据2021年版《转会规则》第二十二条第（b）款和第二十四条的规定，DRC对球员和俱乐部之间雇佣关系争议行使管辖权的第一个要求是案件具有国际因素（international dimension）。DRC作出的很多裁决都考虑了“国际因素”这一术语。据2004年11月9日DRC的一份裁决记载，球员在与法国X俱乐部的“实习合同”期满后，与英国一家俱乐部签订了雇佣合同。英国足协要求法国足联为球员颁发国际转会资格证，但遭到法国足联的拒绝。在此情况下，英国足协请求国际足联准许其为球员办理注册。鉴于球员与X俱乐部已经不存在合同，球员可以自由转会，国际足联授权英国足协为球员注册。X俱乐部提出反对。双方之后就注册有效性和训练津贴的问题发生争议。DRC在“审议情况”的第2段提到：“对本争议作出裁决的管辖权源于本案的国际因素，即法国 X 俱乐部对英国足球协会球员注册的质疑。”① 可见，“国际因素”是 DRC 在确定对“球员和俱乐部之间的雇佣关系争议”有无管辖权时的首要考虑因素。

依据《转会规则》第二十二条的规定，DRC 对雇佣关系争议行使管辖权的第二个要求是有关足协或者集体谈判协议所在国国内没有能够保障正当程序和给予运动员和俱乐部公平待遇的独立仲裁机构。比如，据 2003 年 6 月 4 日 DRC 的一份裁决记载，一名波兰球员与一家希腊俱乐部发生了合同争议。DRC 裁决希腊足球俱乐部联合会的组成没有以平等为基础。因此，DRC 裁定，尽管国内仲裁委员会已经作出了裁决，DRC 仍有权审查事实的实质内容。在 2004 年 6 月 10 日的裁决中，DRC 认为案涉国家的足联纪律委员会和仲裁委员会不是由同等数量的球员和俱乐部代表组成的。因此，DRC 主张裁决没有遵守前述规则第二十四条的规定，DRC 有权干涉这个案件。②

至于其他几类争议，虽然有关条款没有明确规定有关争议需具有国际性质，但从有关条款的措辞可以看出，DRC 解决的争议需要具有国际或者跨区域性质。如《转会规则》第二十二条第（a）款规定的维持合同稳定性的争议是与国际转会证明的颁发引起的体育制裁以及违约赔偿等有关的争议，“国际转会证明”的运用表明有关争议具有国际性质；该条第（d）款是不同协会的不同俱乐部之间的培训补偿和团结基金缴纳的争议，“不同协会”的引用通常代表不同法域。因此，有关争议即使不具有国际性质，也属于区际争议。可以说，DRC 的管辖权仅限于国际性的足球争议。

3. 国际篮联的仲裁管辖权和受案范围

首先，国际篮联的内部仲裁对当事人主体有所限制。《国际篮联内部规则》第 3-289 条指出，“篮球仲裁庭的主要目的是解决俱乐部、球员和经纪人之间的争议”，原则上，国际篮联仲裁庭解决的争议只存在于篮球俱乐部、球员和经纪人之间，球员、经纪人、俱乐部等可以成为篮球仲裁庭受理的仲裁案件的当事人，国际篮联隶属的体育组织或其他行业协会不能作为仲裁当事人。与此不同的是，足球协会等行业管理组织可以成为 DRC 受理的仲裁案件的当事人，但篮球协会等行业管理组织不能作为篮球仲裁庭受理的仲裁案件的当事人。

---

① FIFA, DRC No. 114660 Club X v. Joueur, award of 9 November 2004.

② FIFA, DRC No. 6400276 Player X v. Football Federation Y, award of 10 June 2004.

其次，国际篮联的内部仲裁对提交争议的形式有相应要求。《国际篮联内部规则》第3-289条明确规定："在有关争议不直接涉及国际篮联、区域篮球联合会或者其各自会员的情况下，只要产生争议的双方当事人以书面形式同意将有关争议提交篮球仲裁庭仲裁，该规则就可以适用。"该条明确规定了篮球仲裁庭的管辖权依据是双方当事人单独约定的仲裁协议或者合同中的仲裁条款。仲裁协议或仲裁条款必须是书面的，"包括以电报、传真、电传复印件或其他可以用文字证明的形式签订"。只有当事人在争议发生前或发生后以这些方式约定将争议提交篮球仲裁庭，其才对该争议案件享有管辖权。当事人约定的仲裁协议或者仲裁条款不但赋予了篮球仲裁庭对案件的管辖权，同时排除了其他国家法院、组织或国际组织对该案管辖的可能。国际篮联建议的标准仲裁条款为："因本合同发生的任何纠纷或者与本合同相关的任何纠纷，应提交给位于瑞士日内瓦的篮球仲裁庭解决，由篮球仲裁庭主席指定的独任仲裁员按照篮球仲裁庭仲裁规则进行仲裁。仲裁地为瑞士日内瓦。无论当事人的住所地在何处，本仲裁受瑞士联邦国际私法法规第十二章约束。仲裁使用的语言为英语。仲裁员按照公平善良原则进行裁决。"

再次，如果当事人之间没有仲裁协议或仲裁条款，就容易产生管辖权冲突。一方当事人可能会由于争议由篮球仲裁庭管辖对自己有利而向其提出仲裁请求；另一方当事人则会由于争议由本国体育联合会（本国篮协）管辖有利而拒绝由篮球仲裁庭对本案进行管辖。在此情况下，即使篮球仲裁庭受理本案，认为由篮球仲裁庭管辖对其不利的一方当事人可能拒绝参与仲裁程序，使仲裁程序不能正常、顺利地进行。但在有仲裁协议或仲裁条款的情况下，明确赋予了篮球仲裁庭以管辖权，就可以有效避免管辖权冲突（包括积极冲突和消极冲突）。例如，在Dixon和Fox诉浙江广厦案中，[①] 浙江广厦俱乐部与球员Dixon和经纪人Fox签订了球员合同和经纪合同。按照合同约定，浙江广厦俱乐部应当支付球员的薪金和支付给经纪人一定的经纪费用，但俱乐部延迟支付薪金和经纪费用。球员和经纪人因此将浙江广厦俱乐部诉至篮球仲裁庭。篮球仲裁庭受理该仲裁请求并审理案件作出裁决。浙江广厦俱乐部认为该案按照标准合同应当："先由中国篮协进行调解，调解不成的到人民法院起诉。"国际篮联对该案没有管辖权，俱乐部因此对篮球仲裁庭的裁决置之不理，也未提出上诉。事实上，球员与国际篮联签订的

① FIBA, FAT 0032/09 Dixon, Fox v. Zhe Jian Guan Sha BC, award of 23 September 2009.

合同约定了仲裁条款，该合同第十一条规定："如果发生任何与本协议有关的争议，争议双方当事人同意在采取救济措施前先试着进行谈判解决。如果争议是因为协议内容产生的事项，并且当事人不能友善解决争议时，任何基于该合同产生的或者与其有关的未解决争议应当提交瑞士日内瓦的篮球仲裁庭解决，并由篮球仲裁庭主席指定的独任仲裁员依据篮球仲裁庭规则处理。仲裁地应为瑞士的日内瓦，仲裁由瑞士国际私法法规调整，不管当事人的住所地。仲裁语言应当是英语。仲裁员和 CAS 应当按照公允和善良原则裁决案件。"因此，篮球仲裁庭认为其对该争议具有管辖权并作出裁决。

最后，国际篮联的受案范围不仅涉及国际性争议，还包括纯国内篮球争议。如希腊球员 Dimitropoulos 和雅典 AEK 的欠薪争议，① 双方签订的合同含有篮球仲裁庭仲裁条款，虽然双方都是希腊国籍，案件没有国际性质，但篮球仲裁庭认为自己有管辖权，并裁定俱乐部赔偿球员所欠的薪资。

（三）国际体育组织内部仲裁程序

1．CAS 的仲裁程序

CAS 的仲裁程序规定在《体育仲裁规则》（Code of Sports-related Arbitration）。在过去的 30 年之间，《体育仲裁规则》分别在 1994 年、2004 年、2010 年、2011 年、2012 年、2013 年、2016 年、2017 年、2019 年和 2020 年经历 10 次修改，最新的修订版本的规则于 2021 年 1 月 1 日生效。就《体育仲裁规则》的具体内容而言，共包含六个部分：一般规定；普通仲裁程序；上诉仲裁程序；解释；仲裁程序的费用；其他规定。本部分仅就上文所述 CAS 所设的三个不同的仲裁机构即普通仲裁庭、上诉仲裁庭和反兴奋剂仲裁庭，结合程序规定，分别介绍各个仲裁庭的程序特点。

（1）普通仲裁程序

普通仲裁庭所受理的案件是因体育合同关系发生的争议或纠纷，仲裁庭的管辖权来自体育合同中的仲裁条款或双方当事人在争议发生后订立的仲裁协议，并适用普通仲裁程序。主要包括申请和答辩、仲裁庭的组成、审理、裁决。

其一，申请和答辩。根据 CAS 规则规定，有争议的当事人向 CAS 提交仲裁申请时，应按照要求提交申请书，具体内容包含：双方的姓名和完整地址、简要陈述事实和法律论据、仲裁请求；仲裁协议的合同副本或其他仲裁条款的副本；

---

① FIBA，FAT 0020/08 Dimitropoulos v. AEK BC，award of 6 November 2009.

有关仲裁员人数和选择的任何相关信息；如果相关仲裁协议规定了三名仲裁员，则该仲裁员的姓名来自申请人选择的 CAS 仲裁员名单。提出请求后，申请人应支付第 R64. 1 条规定的法院办公费。除非从一开始就明确没有涉及 CAS 的仲裁协议，否则 CAS 办公室（CAS Court Office）应采取一切适当行动启动仲裁。它应将请求传达给被申请人，呼吁各方就适用于争议案情的法律发表意见，并为被申请人设定时间限制，以提交有关仲裁员人数和选择的任何相关信息。CAS 名单，以及提交对仲裁请求的答复。答复内容应该包括简短的辩护陈述；任何对缺乏管辖权的辩护；任何反诉。被申请人可以要求在申请人支付本法第 R64. 2 条规定的预付费用份额后确定提交答复的期限。仲裁庭应就其管辖权作出裁决，无论是否已经在国家法院或其他仲裁庭就同一当事人之间的同一目标进行了未决的任何法律诉讼，除非有实质性理由要求暂停诉讼程序。当对 CAS 管辖权提出异议时，CAS 办公室或仲裁庭（如果已经组成）应邀请对方（当事人）就管辖权提出书面意见。仲裁庭可以在初步决定或关于案情的裁决中裁定其管辖权。如果一方就仲裁协议和类似事实向 CAS 提出仲裁请求，仲裁庭主席或如果她/他尚未被任命时的分部主席，在与当事人协商后可以决定合并两个程序。如果在提出仲裁请求时不满足上述要求，CAS 办公室可以给申请人一个较短的期限来完成请求，否则 CAS 办公室将不予处理。

其二，仲裁庭的组成。仲裁庭由一名或三名仲裁员组成。然后，当申请人提出要求且被申请人未在 CAS 办公室规定的时限内支付其预付费用份额时，分庭庭长可以选择指定一名独任仲裁员。当事人可以约定从 CAS 名单中指定仲裁员的方法。在没有协议的情况下，仲裁员应按照以下各款指定。如果根据仲裁协议或分部主席的决定指定独任仲裁员，当事人可以在 CAS 办公室规定的 15 天期限内，通过相互协商选定独任仲裁员。如果在该期限内没有达成协议，分部主席应进行任命。如果根据仲裁协议或分部主席的决定，将任命三名仲裁员，申请人应在请求中或在仲裁员人数决定规定的期限内提名其仲裁员，否则视为撤回仲裁请求。被申请人应在收到申请后，在 CAS 办公室规定的期限内提名其仲裁员。在没有这样的任命的情况下，分部主席应继续任命以代替被申请人。如此任命的两名仲裁员应在 CAS 办公室规定的时限内通过双方协议选择仲裁庭主席。未能在该期限内达成协议，分部主席应任命小组主席。

其三，审理。CAS 在普通仲裁程序中采取书面审理和口头审理相结合的方式。首先是书面陈述，收到文件后，如有必要，仲裁庭主席应就书面意见发出指示。一般而言，应有一份申请书和一份答复，如果情况需要，还包括一份对答复的回复及对该回复的答复。当事人可以在申请书和答复中提出仲裁请求和对请求的答复中未包含的主张。当事人可以在请求书和答复中提出仲裁请求和对请求的答复中未包含的请求。此后，未经对方同意，任何一方不得提出新的申请。连同他们的书面意见，当事方应提供他们打算依赖的所有书面证据。交换书面意见后，除非双方同意，或仲裁庭允许，基于特殊情况，否则不得授权双方提供进一步的书面证据。在他们的书面陈述中，各方应列出他们打算传唤的任何证人的姓名，包括他们预期作证的简要摘要，以及任何专家的姓名，说明他们的专业领域，以及应说明他们要求的任何其他证据措施。除非仲裁庭主席另有决定，否则任何证人陈述都应与当事方的陈述一起提交。如果提出反诉或管辖权异议，CAS 办公室应确定申请人对反诉和/或管辖权异议提出答复的时限。

其四，裁决。裁决应根据多数仲裁员的决定作出，或在无多数的情况下，由仲裁庭主席决定。裁决应书面作出，注明日期并签字。除当事方另有约定外，应当简要说明理由。如果仲裁庭主席不签字，则由其他两名仲裁员签字即可，在裁决书签署之前，应将其转交 CAS 总干事，后者可进行单纯形式上的更正，也可提请仲裁庭注意基本原则问题。CAS 不认可反对意见，也不予通报。仲裁庭可以决定在说明理由之前将裁决的执行部分传达给当事人。裁决应在通过快递、传真和/或电子邮件通知执行方后生效。由 CAS 办公室通知的裁决为终局裁决，对当事人具有约束力，在通过邮件或快递通知裁决后的 30 天内，根据瑞士法律在某些情况下可追索。如果当事人在瑞士没有住所、惯常居所或营业所，并且他们已在仲裁协议或后续协议中明确排除所有撤裁程序（尤其是在仲裁开始的时候），则不得以提起撤裁之诉的方式表示异议。

（2）上诉仲裁程序

上诉仲裁机构适用不服国际体育组织所作出的处罚决定而引发的纠纷，上诉仲裁程序在诸多方面与普通仲裁程序并无差异，就其特别规定而言：

其一，上诉期间的规定。如果有关联合会、协会或体育相关机构的法规或规章没有规定时限，或者在以前的协议中没有规定时限，上诉时限应为收到上诉决定之日起 21 天。如果未在规定时间内上诉，则不得启动程序，并应通知提交文件的人。启动程序时，如果上诉陈述未在规定时间内上诉，一方可以要求分部主席或仲裁庭主席（如果仲裁庭已经组成）终止该程序。部门主席或小组主席在考虑其他各方提出的任何意见后作出决定。

其二，上诉申请的规定。上诉人应向 CAS 提交上诉声明，其中包含：被申请人的姓名和完整地址；被上诉的决定副本；上诉人的救济请求；根据第 S18 条，上诉人从 CAS 名单中选择的仲裁员的提名，除非上诉人要求指定独任仲裁员；如适用，申请暂停执行被上诉的决定，连同理由；规定向 CAS 上诉的法规或条例的规定或具体协议的副本。如果在提交上诉陈述书时未满足上述要求，CAS 办公室可授予上诉人一次性完成上诉陈述书的短期期限，如未能在该期限内收到，则 CAS 办公室不得继续进行。

其三，仲裁员的提名和选任。除非当事人已同意由独任仲裁员组成的仲裁庭，或庭长认为应将上诉提交给独任仲裁员，否则被申请人应在收到上诉声明后 10 天内提名一名仲裁员。逾期未提名的，由分部主席任命。如果根据当事人的协议或分部主席的决定指定独任仲裁员，则该分部主席应在收到上诉动议时或在关于仲裁员人数的决定作出时立即任命该独任仲裁员。如果要任命三名仲裁员，分部主席应在被申请人提名仲裁员并与仲裁员协商后任命仲裁庭主席。当事人提名的仲裁员经分部主席确认后视为指定。在进行此类确认之前，分部主席应确保仲裁员遵守第 R33 条的要求。

其四，裁决。该裁决应由多数决定作出，或在没有多数的情况下，由仲裁庭主席单独作出。应写明、注明日期并签字。裁决应说明简要理由。如果仲裁庭主席不签字，则由其他两名仲裁员共同签字即可。在裁决书签署之前，应将其转交 CAS 总干事，后者可进行形式上的更正，也可提请仲裁庭注意基本原则问题。反对意见不被 CAS 认可，不予通知。仲裁庭可以决定在说明理由之前将裁决的执行部分传达给当事人。裁决应在通过快递、传真或电子邮件通知执行方后生效。由 CAS 办公室通知的裁决为终局裁决，对当事人具有约束力，在通过邮件或快递通知裁决后的 30 天内，根据瑞士法律在某些情况下可追索。如果当事人在瑞士没有住所、惯常居所或营业所，并且在仲裁协议或签订的协议中明确排除了所有撤销程序，则不得通过撤销诉讼后对其再次提出异议，尤其是在仲裁开始时。裁决的执行部分应在文件移交仲裁庭后三个月内通知当事人。上诉仲裁部主席可根据仲裁庭主席的合理请求延长该期限。裁决的执行部分（如果有）和完整裁决的副本应传达给作出被异议决定的当局或体育机构，如果该机构不是程序的当事方，裁决、总结和/或说明仲裁结果的新闻稿应由 CAS 公开，除非双方同意对其保密。在任何情况下，案件记录的其他内容均应保密。

（3）兴奋剂仲裁程序

兴奋剂仲裁机构适用兴奋剂纠纷的仲裁程序。其一，申请和答辩。关于涉嫌违反反兴奋剂规则的仲裁请求应由《世界反兴奋剂条例》签字人或其代表（或本规则中另有规定）CAS ADD 提出，指控发生了违反反兴奋剂规则的行为，由书面仲裁请求的方式，包括：被申请人和任何第三方（包括任何应了解仲裁程序的各方）的姓名和完整地址；对当时已知的事实和法律论据的完整陈述，包括提交给 CAS ADD 以供确定的问题的陈述；救济请求，以及任何临时措施请求（如适用）；载有仲裁协议的规章或任何规定按照本规则进行仲裁的文件的副本；适用的反兴奋剂法规的副本；任何有理由要求由三人组成的仲裁庭代替独任仲裁员的请求（见第 A14 条和第 A15 条）。申请人提出仲裁请求后，应支付第 A23 条规定的 CAS ADD 费用。如果在提交仲裁请求时未满足所有此类要求，CAS ADD 可授予申请人一个短期限以完成请求，否则 CAS ADD 不得继续。除非从一开始就明确没有适用的仲裁协议提及 CAS ADD，否则 CAS ADD 办公室应采取一切适当行动启动仲裁。它应将仲裁请求传达给被申请人，并要求被申请人在收到仲裁请求后二十天内对仲裁请求作出答复。答复应包括：任何对缺乏管辖权的辩护；完整的辩护声明。

其二，仲裁庭的组成。当双方同意由三人仲裁庭代替独任仲裁员时，他们也同意放弃向 CAS 上诉部门提出上诉的权利。本协议仅对已同意放弃此项权利的各方具有约束力。在这种情况下，申请人应在 CAS ADD 办公室发出通知的 3 天内从 CAS ADD 名单中提名一名仲裁员。指定仲裁员后，被申请人应在 CAS ADD 办公室发出通知的 3 天内从 CAS ADD 名单中提名一名仲裁员。如申请人或被申请人未在上述期限内提名，CAS ADD 主席应代为任命。仲裁主席应从 CAS ADD 主席的特别名单中提名，由双方当事人在被邀请提名仲裁庭主席之日起 7 日内协商一致，或在未达成一致的情况下，由 CAS ADD 主席任命。如果双方同意设立一个三人仲裁庭，CAS ADD 办公室应通知根据《世界反兴奋剂条例》第 13. 2. 3 条保留上诉权的实体，并设定一个期限，在该期限内实体可以决定：a）干预 CAS ADD 程序。如果干预被接受，干预者将放弃根据《世界反兴奋剂条例》第 13. 2. 3 条提出的上诉权。b）拒绝干预并因此保留根据《世界反兴奋剂条例》第 13. 2. 3 条对决定提出上诉的权利。如果 CAS ADD 办公室通知的实体未在规定的期限内传达其决定，由三人仲裁庭进行的 CAS ADD 程序是免费的（参见第 A23-A25 条）。

其三，审理。CAS ADD 之前的程序包括书面陈述和原则上的口头听证会。

收到文件后，如有必要，仲裁庭主席应就书面意见发出指示。一般而言，应有一份仲裁请求和一份答复，如果仲裁庭主席要求，特别是在没有举行听证会的情况下，应有一份对答复的回复及对该回复的答复。根据第 A19. 2 条，当事人不得在对答复的回复及对该回复的答复中提出仲裁请求或答复中未包含的主张。在书面陈述中，各方应列出他们打算传唤的任何证人的姓名，包括他们预期作证的简要摘要，以及任何专家的姓名，说明他们的专业领域，并应提供任何证据或指定他们打算依赖的所有其他证据，或说明他们要求的任何其他证据措施。除非仲裁庭主席基于正当理由另有决定，否则任何证人陈述都应与当事方的陈述一起提交。

其四，裁决。裁决应由独任仲裁员作出，如果是三人仲裁庭，则由多数决定作出，或在没有多数的情况下，由仲裁庭主席单独作出。应注明日期并签字。裁决应包含简要理由。如果主席不签字，则由其他两名仲裁员共同签字即可。在签署裁决之前，应将其转交给 CAS ADD 的执行法律顾问，后者可以进行纯粹形式上的更正，也可以提请仲裁庭注意基本原则问题。反对意见不被 CAS 认可，不予通知。仲裁庭可以决定在说明理由之前将裁决的执行部分传达给当事人。该裁决自裁决执行部分通知之日起可执行。如果 WADA 还不是诉讼程序的一方，则应将裁决的执行部分（如有）和最终裁决的副本及其理由传达给 WADA。除非第 15 . 1 条适用时，可以在收到最终裁决通知后 21 天内根据第 R47 条及以下条款通过邮件或快递向 CAS 上诉仲裁部提出上诉，并说明理由。CAS《体育仲裁规则》适用于上诉程序。一旦裁决是最终裁决并具有约束力，如果施加任何处罚，裁决、摘要或说明仲裁结果的新闻稿应由 CAS 公开。但是，如果裁决不是最终裁决，并且根据一方的申请，CAS ADD 可能会披露案件记录的某些要素，以便复审法院或法庭了解裁决的事实依据。否则，案件记录的所有其他内容均应保密。

2. 国际足联仲裁程序规则

根据 2010 年版《转会规则》第二十五条第七款的规定，因为适用本规则而产生的纠纷，必须根据国际足联制定的具体程序来解决。为此，国际足联为 DRC 和 PSC 设置了专门的争议解决程序，并制定了具体的《程序规则》。《国际足联程序规则》① 在第二章规定国际足联仲裁庭的一般程序规则，主要包括当事方、沟通、时间限制、程序权利和义务、举证责任、会议和自由裁量权、决定的通

---

① FIFA, Procedural Rules Governing the Football Tribunal, https: //digitalhub. fifa. com/m/29982feff2d2c0a9/original/Procedural-Rules-Governing-the-Football-Tribunal-EN-01-10. pdf, visited on 8 July 2022.

知、语言、出版。第三章规定，在进入 DRC、PSC 和 AC 之前的特殊程序规则，具体包括申请、前置程序、国际足联秘书处的建议（Proposal from the FIFA general secretariat）、受理及反诉（counter-claim）、第二轮资料提交、披露、裁决的宣布（Adjudication）、成本、调解。DRC 和 PSC 在仲裁案件时，所有程序问题必须根据《程序规则》的要求，严格遵循《程序规则》确立的步骤处理案件，这是实现程序公正的基本要求。现行有效的《程序规则》于 2008 年 5 月 27 日由国际足联执委会通过，2008 年 7 月 1 日起正式实施。2010 年 6 月，国际足联执委会又对该规则做了细微修改。

《程序规则》共有三章二十一条及一个附件，各条的小标题分别为：范围、可适用的法律、管辖、组成、一般程序原则、当事人、回避、程序形式、纠纷解决提起、仲裁地、口头听证、证据、国际足联行政机构意见、裁决、不附理由的裁决、时效、预付费用、费用、程序规则裁决送达、公布、强制执行。另有一项规范计算仲裁费用的附件。下面根据该《程序规则》，结合 PSC 和 DRC 的仲裁实践，总结 PSC 和 DRC 的纠纷解决程序。

（1）仲裁的提起和答辩

国际足联对法院介入国际足球纠纷的态度是非常排斥的。《国际足联章程》第六十四条第二款规定，除非《国际足联规则》另有规定，否则禁止向法院寻求救济。对于属于内部纠纷解决机构管辖范围的案件，当事人如果违反规定向法院寻求救济的，则可能会受到国际足联的制裁。特别是当事人在向法院寻求救济后，如果法院的判决不符合其预期，又向国际足联内部纠纷解决机构寻求救济的，国际足联拒绝给予救济。此外，在 DRC 的程序中规定救济的范围包括：a. 低于 200000 美元（或等值的其他货币），一名仲裁员可以作为一般规则进行裁决；b. 相当于或高于 200000 美元（或另一种货币的等值）或该事项具有法律复杂性，至少三名仲裁员可以作出裁决。具体事宜将由主席或副主席主持。在 PSC 或 AC 的程序中，一名仲裁员可以进行裁决。如果案件在法律上比较复杂，至少可以由三名仲裁员裁决。具体事宜将由主席或副主席主持。

根据《程序规则》第九条的规定，仲裁应该由申请人通过国际足联秘书长提起，然后由秘书长移交给 PSC 或 DRC。如果移交出现错误，如本来应该由 PSC 管辖的，却移交给了 DRC，则由它们主动移交给有管辖权的机构。

仲裁申请必须使用国际足联的 4 种官方语言之一，应该包括以下内容：（1）当事人的姓名和住址；（2）代理人的姓名和住址；（3）仲裁请求；（4）案件事实的陈述，提起仲裁请求的理由及详细的证据；（5）与纠纷相关的文件，包括与案件相关的合同、谈判记录等原件，如有可能，这些文件应翻译成国际足联的官方语言之一；（6）案件证据所涉及的其他法人和自然人的姓名和住址；（7）如果涉及金钱纠纷，应明确纠纷涉及的数额；（8）在 PSC 及其独任仲裁员受理的案件，以及有关培训补偿及团结基金案件中，需承担的仲裁前费用数额的证据（参照《程序规则》第十七条）；（9）日期及有效签名。

如果仲裁申请不符合前述要求，将被退回要求申请人补充，并附上警示，告知申请人下次如果不符合要求将不被受理。申请如果包含不合适或者不能接受的内容，将立即被驳回。

如果没有理由拒绝受理一项申请，则应在限定时间内将申请书副本送达对方及相关利益受影响的人，并要求在规定时间内作出陈述或答辩。如果在规定时间内没有收到相关陈述答辩状，裁决将在已收到的材料基础上作出。在特别案件中最多可以答辩两次。国际足联总秘书处在确定申请已完成，并且（如果相关）在任何初步程序事项结束后，如果程序将继续进行，将要求被申请人在批准的期限内提交其对索赔的答复。如果被申请人未能在期限内提交对索赔的回复，将根据文件作出决定。被申请人可以提交一份反请求书及其对该请求的回复。反请求书应当采用与请求书相同的格式，并应当在与回复请求书相同的期限内提交。如果一方当事人提交的新诉求与其作为被申请人的现有案件有关，则新诉求应与现有案件合并，并在现有案件中视为反索赔。如果当事人已经收到现有案件的通知，则新的索赔必须在与现有案件中的索赔回复相同的期限内提交，才能被考虑。如果被申请人有效地提交了反诉，反诉人（即原申请人）应在国际足联总秘书处批准的期限内仅对反诉作出答复。如果反请求的回复涉及不构成反请求一部分的事项，则不考虑这些事项。在期限到期后提交的反诉回复将不予考虑。

在 PSC 和 DRC 的仲裁程序中，还可以提起反诉，虽然《程序规则》第九条没有明确规定反诉，但《程序规则》第十七条规定，预付仲裁费由申请人或反诉人在提起申请或反诉时缴纳。这表明当事人在仲裁程序中可以提起反诉。事实上，在 DRC 的仲裁实践中，已经出现过多次反诉，DRC 在同一份裁决中对申请人的申请以及被申请人的反诉均作出裁决。

（2）法律适用

对于程序问题的法律适用，主要应根据前述《程序规则》，目前适用的是 2010 年 7 月修改的最新版本。

对于实体问题的法律适用，国际足联《程序规则》第二条规定："PSC 和争议解决机构在法律适用上，应该适用《国际足球联合会章程》及其他国际足联规则，并考虑当事人合意选择的国家法和/或者集体谈判协议，同时要考虑体育的特殊性。"由此可见，DRC 适用的法律不是公允和善良原则，也不是特定国家的法律或特定的国际法，首先需要考虑的是《国际足联章程》和国际足联内部的规则，如《转会规则》。另外，DRC 也应当考虑相关国家的国内法，但在国内立法和国际足联的内部规则（如《转会规则》）之间可能会存在一定的紧张关系。在 2004 年上诉至 CAS 的一个案件中，CAS 认为：在法国，足球规则不能适用于具有国际因素的案件。双方签订的合同及可能存在的集体谈判协议也是在仲裁时需要考虑的。

国际足联的《程序规则》没有对案件当事人选择法律作出明确规定。但在实践中，《转会规则》是 DRC 裁决案件的主要依据，而 DRC 受相关国家的国内法和集体谈判协议以及当事人选择的法律的制约。因此，DRC 等裁决机构要受国际足联的指导。这些指导意见反映了国家的特殊情况。

（3）当事人及代理人

《程序规则》第六条规定，国际足联内部纠纷解决机构的当事人是国际足联的会员、俱乐部、运动员、教练员和注册的赛事及球员经纪人。也就是说，除此之外的任何其他主体都不能成为当事人，不能向其提起仲裁或应诉。而根据管辖权的不同，对于 DRC 和 PSC 来说，其当事人存在差别。国际足联的会员、教练员和注册的赛事及球员经纪人之间的纠纷只能提交给 PSC 裁决，不能提交给 DRC 裁决，自然不能成为 DRC 的当事人。而只有俱乐部和运动员才能成为 DRC 的当事人。对于俱乐部来说，又存在职业俱乐部和业余俱乐部，根据《转会规则》的定义条款，前俱乐部（former club）是指运动员转出的俱乐部，而新俱乐部（new club）是指运动员转入的俱乐部。这两种俱乐部都有可能是业余俱乐部。因此，根据《转会规则》，职业俱乐部和业余俱乐部都有资格向 DRC 提起仲裁，都可能是 DRC 的当事人。事实上，很多业余俱乐部已经向 DRC 提起了仲裁并得到了裁决。对于运动员来说，根据《转会规则》第二条第一款，也存在职业运动员和业余运动员的区分。职业运动员毫无疑问可以成为 DRC 的当事人；而根据《转会规则》附件三第三条第二款的要求，业余运动员转会必须持有国际转会证书，DRC 对有关国际转会证书纠纷具有管辖权。因此，业余运动员也可以成为 DRC 的当事人。

《程序规则》没有对第三人加入仲裁程序作出规定，但在 DRC 的仲裁实践中，第三方在某仲裁中可以主张法律权利或者与该仲裁有利益关系的第三方可以申请加入仲裁程序。这在有关培训补偿和团结基金的仲裁实践中尤为常见，因为在这样的纠纷中，新俱乐部可能需要向有资格的多个俱乐部支付培训补偿或团结基金，这些俱乐部都与该仲裁有利益关系，可以申请作为第三人参与仲裁。

《程序规则》第六条第二款规定，当事人可以聘请代理人。所有代理人应该提交一份书面代理合同。如果当事人一方要求到庭，其应遵守传唤令要求。当事人应该将代理人的姓名和住址通知 DRC。在大多数情况下，参加 DRC 仲裁的当事人都聘请了专业的代理人。

（4）仲裁员回避

仲裁员被指定后，如果出现某些需要回避的情形，其需要主动或被动回避。根据《程序规则》第七条的规定，PSC 和争议解决机构的成员如果与案件有个人或直接利益关系，则不能参与案件处理。回避的人员应尽快披露回避原因。如果有合法理由，当事人可以质疑 PSC 和争议解决机构成员的独立性和公正性。该质疑应该在当事人知道回避事由后 5 天内提出，否则将丧失质疑的权利。质疑应该能够证明，如果有可能，应该提供证据证明。

一般认为，如果仲裁员与当事人具有同一国籍，其应该回避。PSC 和 DRC 尽量不要指定与一方当事人具有同一国籍的仲裁员，否则很可能受到另一方的质疑。同一个仲裁庭也要尽量避免两名相同国籍的仲裁员，避免给当事人造成不公平的印象。在 2005 年的一个案件中，作为一方当事人的西班牙俱乐部对仲裁庭的组成提出异议，认为其中包含两名意大利人。最后，这两名意大利籍仲裁员主动退出仲裁庭，由另外两名不同国籍的仲裁员参与该案的仲裁工作。

对于回避请求的处理，根据《程序规则》第七条的规定，如果有回避请求提出，PSC 和争议解决机构应该及时作出决定，受质疑者不能参加相关会议。如果 PSC 和争议解决机构因为回避而不能行使职权，国际足联执行委员会应就此作出决定，如果有必要，可以任命一个临时委员会来处理案件。

（5）证据

在国际足联内部纠纷解决机制中，当事人提供的证据、证人证言、文件、专家意见都可以作为证据。值得特别指出的是，运动员与俱乐部签订的书面雇佣合同是至关重要的证据，在很多案件中，当事人的权益因无法提供雇佣合同而无法得到保护。

对于举证责任，一般实行“谁主张谁举证”的原则。这也是世界上普遍采用的举证责任原则。一方对于自己的主张，如果不能提出相应的证据证明，就无法获得认可。仲裁庭负责对证据进行认定，仲裁庭对证据的采纳享有自由裁量权，它主要考虑当事人在仲裁程序中的行为，特别是当事人拒绝传唤、拒绝回答问题和拒绝按要求提供证据。裁决书一般都会写明所认定的证据。

在2006年的一个案件中，双方当事人对运动员的注册日期发生了争议，运动员提交了运动员签证，上面注明了注册日期，俱乐部不承认该日期，又无法提交证据证明其观点，仲裁庭就根据谁主张谁举证的原则，没有支持俱乐部的主张。

（6）临时措施

对于临时措施，《程序规则》没有作出明确规定。但根据《转会规则》第二十三条的规定，PSC独任仲裁员可以就运动员的临时注册问题作出决定。临时注册是指运动员转入新俱乐部时，无法获得前俱乐部发放的国际转会证书，由PSC独任仲裁员决定是否给予临时注册。如果允许，则此临时注册有效期为一年，除非前俱乐部提出不发放国际转会证书的理由有效、充分。从目前的情形来看，只有PSC独任仲裁员有权决定这项临时措施，DRC及其独任仲裁员无权作出这样的临时措施，实践中也没有这样做的先例。

（7）仲裁费用

对于仲裁费用，国际足联的内部仲裁机构比较特别，出现了两种不同的仲裁费用，一是预付仲裁费（advance of costs），二是仲裁费（costs）。预付仲裁费是在提起某项申请或反诉时需要缴纳的费用，主要包括PSC和PSC独任仲裁员受理的纠纷（运动员临时注册程序除外），以及DRC仲裁与培训补偿和团结基金相关的纠纷，应该预付仲裁费。具体的金额由《程序规则》第十七条具体规定。《程序规则》第十八条规定了仲裁费。对于PSC仲裁、PSC独任仲裁员仲裁（运动员临时注册仲裁程序除外）、DRC有关培训补偿和团结基金的仲裁，其仲裁费最高不能超过25000欧元。对下列3类纠纷则不收取仲裁费：（1）俱乐部和运动员之间有关保持合同稳定性的纠纷；（2）俱乐部和运动员之间的国际性雇佣纠纷；（3）根据《程序规则》第十五条，如果当事人接受不附理由的裁决结果的情形。

（8）裁决

国际足联对裁决的时间和方式，以及裁决书的内容和公开等做了比较详细的规定。《转会规则》第二十五条第一款规定，PSC及DRC应该在受理纠纷60日内作出裁决；如果是独任仲裁，不管是PSC，还是DRC，都应该在受理纠纷30

日内作出裁决。当然，这些时间限制只是在当事人遵守仲裁各项程序的时间限制的前提下才能达到。裁决根据简单多数原则作出，《程序规则》第十四条第一款规定，PSC 和 DRC 的裁决应该经秘密合议后，根据简单多数作出有效的裁决。所有仲裁员及主席均只有一票，不允许弃权。如果出现票数相同的情形，主席可以投决定性的一票。裁决也可通过通讯投票的方式作出。

如果遇见紧急情况，仲裁庭也可以先发布裁决结果。在这样的案件中，裁决的理由应该在发布裁决结果后 20 天内作出。

对于裁决书的形式和内容，国际足联规定，裁决应该以书面形式作出，裁决书至少应该包括以下内容：（1）裁决日期（如果裁决是通过通讯投票方式作出，日期是通讯完成日期）；（2）当事人及代理人的姓名；（3）裁决机构参与仲裁的仲裁员姓名；（4）当事人提出的请求和/或观点；（5）案件的大致情况；（6）裁决理由；（7）证据采信结果；（8）裁决结果。对于裁决书可能出现的错误，裁决作出机构可以依职权或依申请改正其中的明显错误。任何一方当事人不得因裁决书的明显错误而获益。

对于裁决书的公开，《程序规则》第二十条规定，只有为公共利益考虑，经 PSC 或 DRC 决定，裁决书可以由秘书长以适当形式进行公布；如果有必要，也可以压缩后以新闻稿的形式发布。裁决书发布应该保持适当的克制。如果经一方当事人要求，裁决书的部分内容可以不发布。可以看出，并不是所有的裁决书都要公布，也不是裁决书的全部内容都必须公布，可以根据实际情况的需要有选择性地公布。目前，公布的载体是国际足联的官方网站。因为以上原因，我们通过该网站只能找到部分裁决书，有的裁决书也只提供了部分内容。我们认为，从裁决书的公开和透明考虑，也为了给世界足球领域的从业者一个预期，国际足联应尽可能多地公布裁决书。

《程序规则》第十五条还规定了一种简易裁决。根据该规则，PSC、DRC，以及它们的独任仲裁员可以作出不附理由的裁决，而只发布裁决结果。同时，当事人应该被告知，在收到裁决结果 10 天内，其有权书面要求作出附有详细理由的裁决；如果没有要求，该裁决具有最终的约束力。

如果当事人要求作出附有详细理由的裁决，该裁决应该以书面形式全文送达当事人。上诉期限从收到附有详细理由的裁决时起算。如果当事人没有要求作出附理由的裁决，在档案中应该记载对裁决的简单解释。所有涉及体育处罚的裁决只能以附理由裁决形式作出。

另外，PSC、DRC、PSC 独任仲裁员和 DRC 仲裁员的裁决结果不能超出申请人的请求，当一名申请人请求一定数额的救济时，即使 DRC 认为其有权获得更多的救济，也不能超过这一限度。在一个有关培训补偿的案件中，申请人要求被申请人支付 5 万美元的培训补偿，而 DRC 经过计算认为申请人最多可以获得 6 万美元的培训补偿，但因为申请人的请求，DRC 最终只裁决其获得 5 万美元的培训补偿。

（9）裁决的上诉及执行

PSC、DRC、PSC 独任仲裁员和 DRC 仲裁员的裁决均可以上诉至 CAS。根据国际足联与国际体育仲裁理事会于 2002 年 12 月签订的协议，国际足联的内部纠纷解决机构的裁决，可以上诉至 CAS，由 CAS 的上诉仲裁机构仲裁。《国际足联章程》第六十三条第一款也明确规定，对国际足联各机构的决定，可以在收到决定后 21 日内向 CAS 提起上诉。在开始，考虑到足球的特殊性和重要性，国际体育仲裁理事会建立了专门的足球仲裁员名单，由 80 人组成，其中 6 大洲的足球联合会各任命 10 名仲裁员，国际职业球员联合会任命 10 名仲裁员，国际足联任命 10 名仲裁员。现在是与 CAS 的一般仲裁使用同一份仲裁员名单。

裁决书应该明确告知当事人可以在收到裁决书后 21 天内向 CAS 提起上诉，并按照 CAS 上诉指南的要求提交材料。在这一期限结束后 10 天内，上诉人向 CAS 提交对事实和法律依据的详细说明。然后按照 CAS 的程序进行仲裁。

对于发生法律效力的裁决，不能通过国内法院来执行，只能通过国际足联的内部机制来执行。根据《国际足联章程》的规定，所有国际足联的会员都必须遵守其决定，而国内的俱乐部、球员等也受国内协会的规制。因此，从某种意义上说，世界足球领域都间接需要遵守国际足联的规则和决定。在这样的情形下，通过国际足联的内部机制来执行裁决，效果会更好。如果一方当事人不履行裁决，另一方当事人可以要求国际足联纪律委员会采取相应措施，要求对方履行。一般情况下，在纪律委员会的压力下，裁决都会得到较好履行。

（10）时效

向 PSC 及其独任仲裁员、DRC 及其独任仲裁员提起仲裁都有时效限制。根据《转会规则》第二十五条第六款的规定，对于纠纷发生后 2 年内提交仲裁的才予审理，如果超过了 2 年时间，就不再受理。也就是说，如果一件纠纷发生两年后仍不提交仲裁，则视为当事人放弃向 PSC 及其独任仲裁员、DRC 及其独任仲裁员提起仲裁的权利。对于提起仲裁的纠纷是否超过时效，由国际足联内部纠纷解决机构依职权决定。

3. 国际篮联仲裁程序规则

为规范篮球仲裁庭（BAT）的仲裁程序，使其在统一公正的程序轨道上运行，国际篮联为篮球仲裁庭制定了专门的仲裁规则《篮球仲裁庭仲裁规则》。目前有效适用的仲裁程序规则是在原有基础上经过修改并于2011年4月1日生效的，该规则共有25条，各条的小标题分别是前言、管辖权、仲裁地、决定仲裁员的程序、弃权、语言、代理人、时效、仲裁员、责任的限制、仲裁申请、预付仲裁费、临时措施和保全措施、仲裁程序的开始、答辩、进一步答辩、程序裁定、调解、开庭、仲裁申请的撤回、答辩的弃权、法律适用、裁决、仲裁费、附则。

国际篮联仲裁庭的仲裁程序规则主要特点是：其一，篮球仲裁庭依据瑞士法律下的进行仲裁。所有仲裁地都在瑞士日内瓦。仲裁始终受瑞士国际私法（PILA）第十二章管辖，无论当事人的住所如何，仲裁语言均为英语。其二，独任仲裁员。篮球仲裁庭之前的所有争议均由篮球仲裁庭总干事（Ulrich Haas教授）从7名仲裁员的封闭名单中任命的一名独任仲裁员裁决。其三，仲裁员和国际篮联仲裁庭主席按（中等）小时费率获得报酬；因此，他们的费用根据手头案件的复杂程度而有所不同，通常在4000欧元到12000欧元之间，平均不到8000欧元。其四，仲裁员以公平和公正的方式裁决。仲裁员在不参考任何特定的国家或国际法的情况下基于公正和公平的一般考虑作出决定，仲裁员适用合同条款，除非这明显不公平，在这种情况下，此类合同条款将经不起大多数国家法律的审查。与其适用一般抽象的规则，必须坚持案件的具体情况，同时享有“全球自由裁量权”，而非依法裁决争议的有限自由裁量权。其五，临时措施。听证会和听证会仅在例外情况下举行，并且有临时和保护措施可用。其六，仲裁的审理。高效的程序，提交简报的截止日期短，并尽可能采用无纸化仲裁，程序仅限于一次书面提交的交换。这些决定是在裁决结束后6周内作出的，以促进直接、迅速和具有成本效益的决定。其七，仲裁裁决的承认和执行根据《纽约公约》或根据FIBA的规定执行。未能兑现篮球仲裁庭仲裁裁决可能会受到国际篮联的制裁，例如罚款、撤销国际篮联经纪人执照、禁止球员进行国际转会或禁止俱乐部注册新球员。[①]

---

① Erika Hasler, Chapter 6: The Basketball Arbitral Tribunal—An Overview of Its Process and Decisions, visited on 8 July 2022.

（四）小结

国际足联与国际篮联的内部争端解决机制都属于体育组织的内部争端解决机制，是同一类型的体育纠纷解决机制，它们具有以下相同点：

第一，二者都是国际体育组织的内部争端解决机制，其目的是解决本项目内产生的体育争议。体育是一个自治性很强的领域，一般情形下，体育组织希望充分运用自治权将纠纷在本组织范围内解决，而不愿意诉诸体育外的纠纷解决机构。篮球和足球作为世界范围内举足轻重的两项体育运动，参与人数众多，职业化程度也非常高，由此产生的纠纷，特别是国际体育纠纷也比较多，国际篮联和国际足联建立的两个纠纷解决机制在性质和目的上都是一致的。

第二，仲裁程序存在很多相似之处。因为它们都是体育组织的内部争端解决程序，基本上都是按照普通仲裁的运行模式设计的。因此，在具体的程序上，两者存在一些共同点，如仲裁申请的提出、答辩、裁决的作出等。

第三，裁决都可以上诉至 CAS。根据国际足联和国际篮联与 CAS 签署的协议，对这两个机构作出的裁决，当事人都可以上诉至 CAS，也就是说，这两个机构作出的裁决并不具有终局效力，CAS 上诉仲裁机构作出的裁决才是终局的。

国际足联与国际篮联的内部争端解决机制作为两个国际单项体育联合会分别建立的内部争端解决机制，由于两项体育运动的不同特点和各自实际情况的差别，它们的差别也是明显的。

第一，机构组成不同。国际足联内部争端解决机制根据管辖权的不同有两个不同的仲裁机构，国际篮联内部争端解决机制只有一个仲裁机构。另外，在仲裁庭的组成方面，国际足联的仲裁庭可以由 3 人组成，也可以是独任的；但国际篮联的仲裁庭都是独任仲裁员。

第二，它们的管辖权不同。首先，它们都是内部解决机制，当然只能管辖其项目范围内的纠纷，也就是说不能越界，足联解决机制不能管辖篮球领域的纠纷，反之亦然。其次，国际足联要求纠纷具有国际性，而国际篮联没有这一要求，即使是国内的篮球体育纠纷也可以提交其解决。

第三，裁决的形式有所不同。虽然两者都可以作出普通裁决或不附理由裁决，但国际足联还可以通过管理性建议的形式解决纠纷。

第四，国际足联的仲裁规则比国际篮联的仲裁规则更为细致完备。导致这种现状的原因至少有两个：一是国际篮联建立内部争端解决程序的时间较晚，尚处于起步阶段，而国际足联已经有了很多经验；二是足球的职业化程度更高更广泛，客观上产生的纠纷比篮球领域多得多，纠纷解决的实际需求决定了纠纷解决机制的供给。

对于上述两个内部争端解决机制作出的裁决，当事人可以选择立即执行，也可以选择上诉至 CAS。从前面对国际足联与国际篮联的内部争端解决机制的介绍可以看出，这两个内部争端解决机制均允许当事人将裁决上诉至 CAS，CAS 的上诉仲裁机构可以对这两个机构的裁决进行审查，并根据 CAS 规则进行仲裁。但是，根据《国际足联章程》第六十三条第三款的规定，以下 3 类争议不能提交 CAS 仲裁：（1）违反足球运动规则（Laws of the Game）的争议；（2）禁赛时间不足 4 场比赛或 3 个月的争议；（3）得到国际足联或其会员承认的独立公正的仲裁机构所做的裁决。虽然根据《转会规则》第二十二条的规定，PSC 和 DRC 所管辖的争议类型与前述争议类型不会有交叉；即便有交叉，也应该尊重《国际足联章程》的规定。而且，《程序规则》第一条明确指出，本规则与《国际足联章程》及其他国际足联规则有冲突的，以《国际足联章程》及其他国际足联规则为准。因此，如果 PSC 和 DRC 对《国际足联章程》第六十三条第三款规定的争议作了裁决，当事人也不能将该裁决上诉至 CAS。

CAS 的仲裁裁决既可能维持，也可能推翻两个机构的内部裁决，而 CAS 的仲裁裁决具有终局效力，当事人必须履行。但是，我们不能据此认为，CAS 与这些国际体育组织的内部争端解决机构之间存在上下级关系，它们都是有着相对独立地位并按照自己制定的规则运转的争端解决机构，不受任何其他机构和个人的干涉。

除上述相似点之外，CAS、国际足联和国际篮联内部仲裁机制在仲裁程序上并无差异，但是在机构独立性和仲裁受案范围上却存在一定的差异。

首先，本文所述独立性是指体育组织内部仲裁机构独立于体育组织。CAS 作为国际体育“最高司法机构”，其独立性曾经备受诟病，直至 ICAS 的设立才使 CAS 独立于国际奥委会。而国际足联内部仲裁机构的独立性值得怀疑，因其内部仲裁机构由体育组织设立并由国际足联内部人员构成。国际篮球内部仲裁机构的独立性备受嘉奖，因其内部仲裁机构已经明确与国际篮联区分。由此可见，确保内部仲裁机构的独立性已是国际体育组织内部纠纷解决机制有效运行的重中之重。

其次，CAS 内部仲裁机制解决与体育直接相关和间接相关的纠纷。国际足联 PSC 解决的纠纷包括教练和俱乐部或者足协之间发生的具有国际性质的雇佣合同争议以及不同协会的俱乐部之间发生的纠纷。国际足联 DRC 则主要解决对球员与俱乐部的雇佣关系所产生的纠纷。篮球仲裁庭解决纠纷主体原则上仅包括俱乐部、球员和经纪人，只有球员、经纪人、俱乐部等可以成为篮球仲裁庭仲裁的当事人，体育组织则不能作为仲裁当事人。另外，篮球仲裁庭不仅可以解决国际纠纷，还可以解决国内纠纷。由此可见，国际体育组织内部仲裁机制就受案范围区别的主要原因在于，国际体育组织内部仲裁机制是作为专门运动项目的纠纷解决机构，而 CAS 是所有运动项目的一个裁决机构。

二、国际体育组织内部调解机制

调解为解决任何类型的体育纠纷提供了一种快捷、经济的途径。它的本质将促进双方之间的公开沟通，延续前期的协作与合作关系。在体育纠纷解决实践中，国际体育组织和国家体育组织发现，利益各方对快速、低成本和双方需求日益增长，为体育纠纷提供专业 ADR 服务的最大机构 CAS 也认可体育纠纷调解的优势。为了提高争议解决服务质量，不少国际体育组织，如世界拳击理事会（World Boxing Council，WBC）[①]、国际冰球联合会（International Ice Hockey Federation，IIHF）、业余游泳协会（Amateur Swimming Association，ASA）积极引入并促进调解，作为仲裁程序的补充。

（一）国际体育组织内部调解机构

通过查阅国际体育组织的章程和纠纷解决的程序规则发现，以 CAS 为代表的国际性体育组织，未设立独立的内部调解机构，调解程序通常是作为仲裁的补充程序在运行。一般而言，调解在人员的安排上与仲裁相似，大多数体育组织并未区分调解员和仲裁员。

（二）国际体育组织内部调解程序

1. CAS 调解程序

前 CAS 高级法律顾问 Ousmane Kane 在其任期内主要负责调解工作，他表明：“国际体育仲裁委员会主动在仲裁的同时引入调解，因为调解保护和鼓励公平竞争和相互理解的精神。”[②] 1999 年 5 月，国际体育仲裁理事会决定在体育仲裁机

---

① 《WBC 宪章》在第 K 段中规定，调解以解决争议。在任何可能的时候和任何地方调解争议，目标是使拳击成为一个廉洁的行业，进行道德竞争，尊重所有相关人员的权利。

② CAS，CAS Mediation Rules，https：//www. tas-cas. org/fileadmin/user_upload/CAS_Mediation_Rules_2016__clean_. pdf，visited on 17 April 2022.

制之外，再建立一个体育调解机制，为纠纷双方提供一条灵活、非对抗、非公开、花费少的纠纷解决途径，使双方在讨论中取得和解。《CAS 调解规则》（CAS Meditation Rules）第一条第一款规定如下："体育仲裁院的调解是一种没有拘束力的非正式程序，它建立在双方当事人同意调解的协议基础之上，各方当事人在体育仲裁院调解员的帮助下，本着善意原则与对方进行协商谈判，试图解决与体育有关的纠纷。"作为一种非正式的程序，CAS 的调解不具有强制性，从调解程序的开始到终止，都体现了当事人高度的意思自治，当事人可以在达成合意后，将进入普通仲裁程序或者上诉仲裁程序的案件提交调解，也可以在调解失败后，继续诉诸仲裁，而不会影响到正式的仲裁程序。下文将结合相关规定，对 CAS 调解程序进行详细介绍。

（1）调解的开始

首先，提出调解申请。和仲裁一样，CAS 受理调解申请的前提条件是当事人必须事先达成"同意调解的协议"，即当事人同意将已经发生或将来可能发生的与体育有关的纠纷提交 CAS 调解。这种调解协议的形式既可以是单独的协议书，也可以是载入某个合同的调解条款。任何具有民事法律能力的自然人或法人都可以向 CAS 提交调解申请，但申请应当符合特定的程序和格式要求。纠纷的一方或双方当事人应当向 CAS 调解机构办公室提交一份书面调解申请，申请书的语言应采用英语或法语。调解申请应注明以下内容：当事人及其代理人的身份，对争议事实的简单陈述，调解协议的副本。提出申请时，当事人应当支付 1000 瑞士法郎管理费。

其次，任命调解员。国际体育仲裁委员会从 CAS 的仲裁员名单或该名单之外的人员中确定调解员名单。但和 CAS 仲裁员的选拔标准不同，调解员不需任何法律教育背景也可入选名单，选任调解员的唯一标准是其声望、个人能力及其谈判技巧。CAS 受理调解申请后，将给当事人提供一份调解员名单，当事人可通过协商方式共同选定一名调解员。调解员一经选择即可确定，无需其他确认手续。如果当事人未能就调解员人选达成一致，CAS 主席有权从 CAS 调解员名单中确定一名调解员协助解决纠纷。一旦接受任命，调解员应承诺保证有足够的时间参加调解程序，并保证程序将迅速展开。调解员必须保持公正和独立，并应披露任何可能在一方当事人中质疑独立性的事实或情况。调解员确定后，调解申请就由 CAS 调解办公室转交给调解员。之后若当事人任何一方提出异议，或者调解员自身认为无法完成调解，则调解员还可以重新选择。

（2）调解的运作和保密性

调解程序应当以当事人约定的方式运作。如果当事人对此没有约定，调解员也可以决定调解程序运作的方式。当事人应当与调解员进行善意的合作，保障调解员能迅速地展开调解程序。

各方当事人应当在规定的时间内向调解员和其他当事人提交具体的纠纷陈述意见，该纠纷陈述意见应包括以下细节：（1）对事实与法律的简要概况，包括向调解员提交的请求解决的问题列表；（2）调解协议副本。此外，调解员可以向当事人提出任何其认为合适的建议；只要情况合适，也可以与一方当事人单独会谈。

调解程序还需具有保密性。调解员、当事人、他们的代表和顾问，以及参加当事人会议的任何其他人，应签署保密协议，不得向任何第三方透露调解期间提供的任何信息，除非适用法律要求这样做，并且当事人没有任何相反的协议，否则一方不得强迫调解员泄露记录、报告或其他文件，或在任何仲裁或仲裁中就调解作证。司法程序。一方提供的任何信息，只有在得到其同意的情况下，调解员才能向另一方披露。但对于调解员或当事人的个人笔记，不得对会议进行录音、录像、笔录、会议记录等任何形式的记录。除非适用法律要求这样做并且当事人没有任何相反的协议，否则当事人不得在任何仲裁或司法程序中将下列内容作为证据提出：一方对可能解决争端的意见或建议；当事人在调解过程中作出的承认；在调解过程中获得的文件、笔记或其他信息；调解员提出的建议或表达的意见；或者一方已表示或未表示愿意接受提案的事实。

（3）调解的终止

根据《CAS调解规则》第十一条可知："任何一方或调解员均可随时终止调解。调解应终止：通过双方签署和解；通过调解员的书面声明，表明进一步的调解努力不再值得；一方或多方当事人书面声明调解程序已终止；当事人一方或双方拒绝在本规则第十四条规定的期限内支付其应分摊的调解费用。"

具言之，出现下列情形时，任何一方或者调解员都可以随时终止调解：

第一，因当事人放弃调解而终止。当事人可以随时放弃调解，调解程序也随之终止。但放弃的表示必须以一方当事人或双方当事人的书面声明作出。

第二，调解员决定结束调解。如果调解员认为进一步的调解努力无益于纠纷的解决，并对此做了善意的解释，也有权书面声明结束调解。但是，如果有证据表明调解员终止调解的决定出于恶意，调解员应为此承担相应的法律责任。

第三，因调解期限届满而终止。调解的期限一般为 90 天，如果在该期限内调解未能获得成功，调解即告结束，当事人可以根据 CAS 的附加条款启动简易仲裁程序。不过，90 天的期限不是绝对的，CAS 分部主席可以根据调解员的建议或应当事人的请求适当延长期限。

第四，因当事人签署和解协议（settlement）而终止。如果该和解协议未能得到执行，任何一方当事人都可以不受调解程序的保密性限制，将其提交给司法或仲裁程序。和解协议由调解员拟定，并由当事人和调解员签署。各方应收到一份副本。如果发生任何违约，一方可以在仲裁或司法当局面前依赖该副本。如有违约，双方可约定由 CAS 根据《体育仲裁规则》，通过仲裁程序解决。提交和解的副本，纳入 CAS 办公室的记录。

第五，双方应当在调解开始时即预支费用 1000 瑞士法郎，作为 CAS 的管理费，如果双方没有预支此项费用，且一方也不同意支付另一方的份额，调解程序将立即终止，换言之，如果没有支付此类费用，将不会启动调解程序。当然，CAS 的管理费不等于调解的最终费用，调解费用将在下文进一步介绍。

如果争议未通过调解解决，当事人可以诉诸仲裁，但当事人之间存在仲裁协议或条款，仲裁条款可以纳入调解协议。在这种情况下，可以适用 CAS《体育仲裁规则》第 R44 条第 4 款规定的快速程序。如果未能通过调解解决争议，则调解员不得在涉及同一争议当事人的任何仲裁程序中接受指定为仲裁员。但是，如果调解程序终止后各方均以书面形式明确同意，则调解员可以随后担任同一争议的仲裁员，并根据 CAS 仲裁规则（Med-Arb 程序）。此类调解员只有在其也在 CAS 仲裁员名单上时才能担任仲裁员。

将体育纠纷适用调解机制解决原本就是当事人意思自治的高度体现，CAS 制定体育调解规则更是体育纠纷解决机制在制度设计和体系构建上显示出自治性，秉持了体育纠纷内部解决原则。通过设立除仲裁外的调解方式解决体育纠纷，更是拓宽了体育纠纷自治方式的多样化。

（4）调解程序的费用

当事人应当分别负责各自的调解费用。对于调解的最终费用，包括 CAS 的管理费用、调解员根据 CAS 的费用表收取的费用、对 CAS 的开支的补偿费用，证人、专家及翻译人员的费用，除非当事人另有约定，一般将由当事人平均分摊。CAS 办公室也可以要求双方当事人预先支付一笔相同的费用，作为调解程序先期开支的费用。

2. 国际足联调解程序

国际足联并没有单独的调解程序规则，但在《国际足联程序规则》第二十六条中规定了调解，规定如下：如果国际足联仲裁庭主席认为合适，他们可以邀请各方调解争议。此外，调解是一个自愿且免费的程序。由于国际足联争议解决规则中并未对调解程序进行明确规定，故国际足联争议解决规则规定适用根据CAS调解规则的一般原则，通过国际足联总秘书处批准的名单认可的调解员进行调解。如果调解成功，双方将签署和解协议，并由调解人和各自分庭的主席批准。根据国际足联的相关规定，和解协议应被视为国际足联仲裁院的最终且具有约束力的决定。如果调解不成功，国际足联总秘书处应在暂停时继续该程序。

3. WBC 调解程序

WBC 在《WBC 规则》（RULES & REGULATIONS OF THE WORLD BOXING COUNCIL）中第 5.3 条规定了“强制调解”程序，涉及 WBC 的任何公开的、未解决的争端，必须在用尽《WBC 规则》第 5.2 条所述行政救济措施后 30 天内，按照以下程序提交非约束性调解。调解程序如下：(a) 双方必须真诚地尽最大努力，试图选择双方都能接受的调解员。(b) 如果双方无法就调解员达成一致，双方应从 CAS 调解员名单中提名两名合格人选。然后，CAS 应从双方选择的四名 CAS 候选人中随机选择一名调解员。(c) 调解应当按照选定的调解人规定的程序，在调解人指定的方便地点进行。调解员的费用应由调解各方平均分担。(d) 如无特殊情况，调解应在选定调解员后三十天内进行。(e) 调解各方必须同意，在有意义地试图解决争议、索赔或争议的过程中，与一方或一方代表进行善意调解，该方或该方代表经正式授权可在调解现场解决该问题。虽然选定的调解员可能是 CAS 调解员，但调解应遵守这些 WBC 规则和条例，而不是 CAS 调解规则，包括与纪律事项有关的争议，如兴奋剂问题（包括遵守或不遵守反兴奋剂检测）、假球和腐败。WBC 的调解是强制性的，未经双方事先明确书面同意，不允许 CAS 调解规则进行控制。

如果申请人对根据本规则进行强制调解后其索赔的解决方案仍不满意，则申请必须根据本规则第 5.4 条寻求强制仲裁。未能根据本协议第 5.4 条规定及时寻求强制调解，将自动终止索赔，且索赔人无权进一步上诉，且该事项视为已了结。未根据第 5.2 条规定寻求行政救济或根据第 5.3 条规定进行强制调解，任何一方均不得援引或寻求第 5.4 条规定的补救措施，并向 WBC 提供行政救济的机会。

（三）国际体育组织调解受案范围

1. CAS 调解的受案范围

提交 CAS 调解解决的纠纷必须同时具备"商业性"和"与体育的相关性"两个条件。

（1）商业性

一般情况下，只有 CAS 普通仲裁程序受理的纠纷才可能适用调解解决，因为进入普通仲裁程序的案件通常是因商业性纠纷引起的。对于因当事人不服体育组织的决定及其他纪律处罚和兴奋剂处罚决定，提交给 CAS 上诉仲裁程序的纠纷，都明确排除在 CAS 调解服务的受案范围之外。因为一旦进入上诉仲裁程序，这类纠纷就已经无法通过协商一致的调解方式得以解决。但这并不等于当事人意思自治的方法不能适用于此类纠纷，如很多国家在解决纪律性纠纷和兴奋剂纠纷时，将和解规定为必经程序。

（2）与体育的相关性

对于适用于 CAS 调解服务的纠纷的"体育相关性"标准，有学者借用国际私法中的"连结点"概念来界定，即纠纷与体育之间必须存在一个"连结点"。但这个标准对 CAS 调解制度的受案范围来说也不是绝对的，如果当事人自愿将纠纷提交 CAS 调解解决，即使该纠纷与体育并没有关联性，CAS 也可以受理。这体现了 CAS 调解规则的灵活性和非正式性。

《CAS 调解规则》第一条明确指出，CAS 体育调解程序原则上适用于解决合同纠纷。与纪律相关的问题，如兴奋剂问题、假球和腐败被排除在 CAS 调解之外。一般而言，与纪律事项相关的纠纷因涉及公共利益和体育行业自治而不被允许调解，但是，CAS 调解规则规定在某些情况下，如果情况需要双方明确同意，与纪律事项相关的争议可提交给 CAS 调解。

2. WBC 内部调解的受案范围

WBC 在《注册发起协议》（Reregistered Promotes Agreement）和《世界拳击理事会章程》中规定了调解的受案范围。其一，WBC 在其《注册发起协议》中明确规定注册人与其他当事人发生争议时，应当按照《世界拳击理事会章程》解决争议，其中就包括调解和上诉。由此可见，WBC 对注册人和其他当事人的争议规定的是强制调解。其二，《世界拳击理事会章程》第 F 段规定，当地方委员会、董事会或会员联合会无法解决会员联合会、董事会或会员联合会、拳击手、经理、推广人和其他持证拳击个人或团体之间的争议，以及拳击运动中可能出现的其他争议和上诉时，采取调解这些争议，以及在涉及 WBC 或其任何冠军、挑战者或其经理、推广人或其他利益相关方的任何争议中进行调解。由此可见，WBC 调解范围涉及主体广泛，对于运动员以外的其他主体也适用先行调解，并且具有一定的强制性。

（四）小结

由上述国际体育组织内部调解机制可知，国际足联和 WBC 的内部调解机制均与 CAS 调解规则存在直接或间接的联系。国际足联直接以 CAS 调解规则作为内部调解蓝本，WBC 则以 CAS 调解员名单作为调解员选任范围。但从中可以看出，WBC 相较于国际足联的调解规则更为完善，其拥有属于自己的调解程序规则适用于拳击项目有关的纠纷。此外，笔者通过检索发现，鲜有国际体育组织在内部章程中规定调解程序，就算是有，也未设专章规定，而是作为仲裁的一部分。近年来，仲裁呈现出“诉讼化”倾向，对于一些影响参赛资格的纠纷难以及时解决，而调解能弥补这个漏洞，国际体育组织作为国内体育组织的上级机构，应该重视内部调解机制的建立。

三、国际体育组织内部听证机制

（一）CAS 的听证机制

在体育领域，听证程序一般是处罚作出的前置程序，是指由实施处罚主体的听证机构主持，给被处罚对象提供发表意见的机会，一般包括陈述、举证、质证和申辩程序的活动。

首先是普通程序中的听证。如果要举行听证会，仲裁庭主席应尽快就听证会发出指示并确定听证会日期。作为一般规则，仲裁庭应举行一次听证会，在此期间听取当事人、任何证人和任何专家的意见，以及当事人的最后口头辩论，最后听取被申请人的意见。仲裁庭主席应主持听证会，并确保所发表的陈述简明扼要，并仅限于书面陈述的主题，只要这些陈述是相关的。除非当事人另有约定，否则听证会不公开。听证会可能会被记录下来。仲裁庭审理的任何人都可以由传译员协助，费用由通知该人的一方承担。当事人只能传唤他们在书面陈述中指定的证人和专家。各方应对其召集的证人和专家的可用性和费用负责。仲裁庭主席可以决定通过视频会议进行听证，或者通过电话会议或视频会议听取一些当事人、证人和专家的意见。经当事人同意，如果证人或者鉴定人之前已经作过陈述，也可以免除证人或者鉴定人出庭。仲裁庭可以以不相关为由限制或不允许任何证人或专家出庭，或他们证词的任何部分。在听取任何证人、专家或翻译陈述之前，仲裁庭应为证词真实性进行严格要求。听证会结束后，除非仲裁庭有此命令，否则不得授权当事方提出进一步的书面诉状。在与当事方协商后，如果仲裁庭认为自己充分了解情况，可以决定不举行听证会。

其次是上诉程序中的听证。仲裁庭全权审查事实和法律。它可以发布新的决定来取代被质疑的决定或撤销决定并将案件退回前一审。仲裁庭主席可以要求提交上诉所针对的联合会、协会或体育相关机构的档案。在将 CAS 文件移交给仲裁庭后，仲裁庭主席应就听证会发出指示，以对当事人、证人和专家进行讯问以及口头辩论。在与当事方协商后，如果仲裁庭认为自己充分了解情况，可以决定不举行听证会。在听证会上，除非当事人另有约定，否则仲裁程序将不公开进行。应诉讼当事方的自然人的要求，如果事项具有纪律性质，则应举行公开听证会。但是，出于道德、公共秩序、国家安全的利益，如果未成年人的利益或保护当事人的私生活有此需要，如果宣传会损害司法利益，如果仲裁程序完全是涉及法律问题或一审听证会已经公开的情况，如果当事人提供的证据可供当事人使用，或者当事人在提出异议的决定之前可以合理地发现这些证据，仲裁庭有权酌情排除当事人提供的证据。第 R44.2 条和第 R44.3 条也应适用。如果任何一方或其任何证人在被适当传唤后未能出庭，仲裁庭仍可继续进行听证并作出裁决。

最后是兴奋剂程序中的听证。在与当事方协商后，如果仲裁庭认为自己充分了解情况，可以决定不举行听证会。如果要举行听证会，仲裁庭主席应尽快就听证会发出指示并确定听证会日期。作为一般规则，仲裁庭应举行一次听证会，在此期间听取当事人、任何证人和任何专家的意见，以及当事人的最后口头辩论，而对被告应最后听取意见。仲裁庭主席应主持听证会，并确保所发表的陈述简明扼要，并仅限于书面陈述的主题，同时限于这些陈述相关的范围内。在听证会上，除非当事人另有约定，否则程序应不公开进行。应当事方的自然人的要求，应举行公开听证会。但是，出于道德、公共秩序、国家安全层面的考量，需要保护未成年人的利益或当事人的私权利时，在宣传会损害司法利益时，或当仲裁程序完全相关时，可以拒绝此类请求。听证会可能会被记录下来。仲裁庭审理的任何人都可以由传译员协助，费用由通知该人的一方承担。当事人只能传唤他们在书面陈述中指明的证人和专家。各方应对其召集的证人和专家的可用性和费用负责。仲裁庭主席可以决定通过电话会议或视频会议进行听证，或者通过电话会议或视频会议听取部分当事人、证人和专家的意见。如果证人或专家先前已提交陈述，小组主席也可以豁免证人或专家出席听证会。在这种情况下，任何宣誓声明的权重将由小组评估。仲裁庭可以以不相关为由，限制或不允许任何证人或专家或其证词的任何部分出庭。在听取任何证人、专家或翻译陈述之前，仲裁庭应为证词真实性进行严格要求。听证会结束后，除非仲裁庭有此命令，否则各方不得提出进一步的书面诉状。

（二）国际足联的听证机制

国际足联的争端解决机构根据书面文件作出决定。在特殊情况下，主席可以决定案件适合口头审理。主席将决定任何口头听证会的程序。审议可通过线上或线下方式或亲自进行，并应保密。一项决定由指定的分庭以简单多数通过。如果票数相等，主席有权投决定性一票。此外，《国际足联章程》第六十九条规定了听证与裁决程序，国际足联仲裁庭的庭长应通知所有有关各方，案件应根据调查分庭的报告和调查档案作出裁决，或根据任何有关各方的请求，安排听证会。

如果没有要求举行听证会，审判分庭主席应通知仲裁各方和调查分庭，案件应根据现有文件和呈件作出裁决，并应确定提交各自最后请求的最后期限。如果举行听证会，审判分庭秘书处应通知所有有关各方，并应向他们转交一份程序令，以及由审判分庭主席制定的听证会规则。诉讼中的所有当事人及其代表，以及调查分庭的代表有权出席听证会，讨论并口头提交各自的请求。作为审判程序的一部分，审判分庭还可以对违反《国际足联纪律守则》中有关不道德或不道德行为的规定作出裁决。

《国际足联章程》第七十四条规定具体的听证程序。听证会应在要求方在场的情况下闭门进行。审判分庭的听证会不向公众开放，除非被告正式提出要求。主席或其提名人可自行决定在何种条件下举行公开听证会。调查分庭可在其结案陈述中处理提交最终报告后发生的一方的不当行为。从这个意义上说，调查分庭可以提出相关事实和证据，提及可能违反规则的情况，并就适当措施向审判分庭提出建议。当事人有权在听证会期间对这些新指控作出回应。在没有举行听证会的情况下，调查分庭可以在当事人陈述立场后两天内提交建议，当事人有权在审判分庭规定的期限内以书面形式作出答复。如果没有听证会，主席应安排讨论，并决定小组成员的人数和组成。应就此通知双方。

（三）国际篮联仲裁庭的听证机制

国际篮联仲裁庭其仲裁规则第十三条规定了听证机制，具体内容如下：

除非仲裁员在与各方协商后决定举行听证会，否则在根据本规则进行的仲裁程序中不得举行听证会。篮球仲裁庭前的听证会应为非公开听证会。仲裁员应自行决定是否通过电话或视频会议举行听证会，或是否以及在何处举行听证会。仲裁员可根据一方或双方支付的额外费用预付款决定听证会的举行。如果听取了证人的证词，仲裁员应要求他们说出真相，并提请他们注意虚假证词可能导致刑事制裁的事实。双方应对其证人的可用性负责，并应承担与其证词有关的任何成本和费用。

（四）小结

国际体育组织内部的听证程序一般不存在专门的听证机构，而是直接由体育组织内部仲裁机构举行听证程序。但听证又是作为各国际体育组织作出体育纪律处罚所必不可少的一个程序制度，因此国际体育组织内部通常都设有听证程序作为仲裁程序的前置程序，以发挥在仲裁前解决争议的作用。CAS 将听证程序分为普通程序中的听证程序和上诉程序中的听证程序，其在审查范围上有所区别，上诉程序中的听证程序要求全面审查事实和法律，而普通程序中的听证程序并未作此要求。此外，上述国际体育组织均主张听证制度以非公开为原则，这是否有利于裁决的透明性和公正性值得商榷。

第三节　国际体育组织内部处理机制的特点、问题及对策

一、国际体育组织内部处理机制的特点

国际体育组织体育纠纷内部处理机制体现了体育行业自治性的特点，国际体育组织通过自主制定纠纷解决规则、自主设立纠纷解决机构、自主规定纠纷受案范围，以通过一个较为完善的体系解决管辖运动项目内所产生的体育纠纷。CAS 是最为权威的体育纠纷解决机构，为大部分国际体育组织所认可。国际足联是拥有较为完善的内部纠纷解决机制的国际体育组织之一。国际篮联仲裁机构以其独立于国际篮联的地位亦具有鲜明特色。WBC 明确不论是在章程还是在入会注册协议中都规定了强制调解，这是国际体育组织鲜有的制度，因此亦值得研究。从上文分析上述国际体育组织内部纠纷解决机制的以内部调解、内部仲裁、内部听

证三个维度展开对程序规则、受案范围、内部纠纷解决机构的设立的情况来看，具有以下一些特点和趋势。

其一，从上述国际体育组织的内部仲裁机制来看。国际体育组织往往重视或最常采取内部仲裁机构解决体育纠纷，而调解和听证一般是作为仲裁的补充程序或是仲裁的辅助程序。从 CAS、国际篮联、国际足联三个国际上备受瞩目的国际体育组织来看，都设立了内部较为系统和完善的体育仲裁机制，不过依据运动项目的不同，国际篮联和国际足联适用的对象以及管辖的纠纷存有差异。CAS 作为一个国际体育法上最具权威的“司法机构”，国际足联和国际田联等国际体育组织都接受 CAS 的管辖，其管辖范围较国际篮联和国际足联更为宽泛也是理所当然。

其二，从国际足联和 WBC 的体育调解规则可以看出，其均以 CAS 的调解规则作为示范法。如上文所述，国际足联直接在条文中规定国际足联调解的体育纠纷直接适用 CAS 的体育调解规则。尽管 WBC 拥有自己制定的一套调解规则，但其调解员的选择是从 CAS 中的调解员名单选择。由此可见，CAS 体育调解规则的示范法作用得到肯定。

其三，从上述国际体育组织听证规则来看，CAS 严格区分了普通程序中的听证和上诉程序中的听证，这是其他国际体育组织所未能兼顾的。此外，由上文可知，听证机制实质上是一个调查和举证的环节，纠纷解决主体有权提出，纠纷解决机构也有权要求举行。再是，上述国际体育组织均规定除例外情况，听证会不得公开。听证会不公开的情形，一方面，有利于维护纠纷主体的声誉，在一定程度上维护公共利益以及纠纷主体的私人利益。但是另一方面，听证会不得公开不利于公众对国际体育组织内部仲裁程序实施监督。

二、国际体育组织体育纠纷内部处理机制存在的问题

鉴于国际体育组织解决纠纷的自治性，其缺乏外界的监督，以及国际体育组织内部纠纷解决机制也并非一般意义上的司法机构，因此，国际体育组织内部纠纷解决机制在解决纠纷过程中易出现以下问题：

其一，综观上述国际体育组织的内部仲裁机制可以发现，尽管上述国际体育组织的内部仲裁机制在机构组成、裁决效力、仲裁员选任等方面作出了具体而严格的规定，体现了内部仲裁机制在适用仲裁程序解决纠纷时的公正性。但是由于国际体育组织内部纠纷解决机制仅仅是一个体育组织内部的纠纷解决机制，机构

组成人员往往既是“裁判员”，又是“运动员”，具体表现在纠纷当事人为国际体育组织自身时，其与国际体育组织的纠纷解决机构存有密切复杂的关系，其中立性值得商榷。在这种情况下，体育组织内部仲裁机构在裁决过程中容易滥用自由裁量权，随意扩张甚至是歪曲章程和规则中原有的含义。

其二，当事人在任何时候可以就纠纷申请听证，听证程序实质上是一种对抗性程序，双方当事人在听证程序中进行质证和辩论，若听证未果仍要进入仲裁程序，这实质上会造成程序的延宕，不符合体育纠纷解决的时效性。此外，由于听证会组织者的独立性不足，并且缺少一个成本监审程序，导致国际体育组织内部听证会制度很容易沦为某些既得利益集团操纵、压制弱势一方群体（如运动员）利益诉求的工具。

其三，尽管上述国际体育组织均在内部设立了体育调解制度，但在实践中，体育仲裁仍是体育组织内部纠纷救济机制的主要部分，因体育仲裁裁决能够通过《纽约公约》保障执行，而调解所达成的和解协议的执行效力难以保障，尽管《新加坡调解公约》制定并实施，但是应用到与民商事无关的体育纠纷时难以保障执行。

三、应对国际体育组织体育纠纷内部处理机制现有问题的对策

国际体育组织所实施的内部纠纷解决模式存在上述主要弊端，一是内部仲裁机制违背了仲裁中立性规则；二是内部听证制度缺乏独立性和时效性；三是内部调解制度难保有效执行性。为解决上述问题，本文认为可以从内部和外部两个层面来解决：

就内部方面而言，即秉持体育自治的基本原则，由国际体育组织内部纠纷解决机构解决纠纷，但应该保证纠纷解决的独立性和公正性。一是国际体育组织作为运动员与国内体育组织的上级机构，应当要保障运动员和国内体育组织的合法权益。二是国际体育组织同时作为体育纠纷的内部解决机构，是体育自治的主要表现，应当依据其制定的纠纷解决规则或其他正式法律文件公正地解决纠纷，对于实施处罚的工作人员不得再是实施裁决的仲裁员或调解员。

就外部方面而言，首先是结合司法审查制度。基于体育自治，部分国家完全排除司法对体育纠纷的干预，实质上在涉及公共利益等国内公法上所保护的利益时应该允许一定程度上的司法介入，才能实现实质正义。也即，应该将有限的司法介入与体育自治相结合来解决体育纠纷，使司法对国际体育组织解决纠纷起到

一个监督作用。故可以借助外部纠纷解决机构解决体育纠纷，如加拿大、美国、英国等国家均以不同形式设立了外部纠纷解决机制，加拿大体育争端解决中心（Canada Sport Dispute Resolution Center，SDRCC）、美国仲裁协会（America Arbitration Association，AAA）等作为体育组织内部纠纷解决的补充，将体育纠纷解决市场化，避免体育组织内部纠纷解决的不公正性。

第五章

国际体育组织自治法治化对我国体育组织管理的启示

随着数字信息技术与社交媒体的兴盛，体育赛事得到更广泛地传播，各类体育组织的商业价值与影响力日益增加，体育行业进入蓬勃发展时期。这在为体育组织带来丰富机遇的同时，也使得体育组织内部治理面临巨大挑战。对此，国际奥委会和国际足联等大型国际体育组织率先推动内部管理改革，从规则制定、执行与监督方面逐步构建起精密复杂的法治化治理体系，使决策能够得到有效地执行与落实，避免贪腐行为影响体育组织的纯洁性与公正性。具体而言，在规则自治方面，国际体育组织通过自行制定的内部规则明确组织的设立目标与基本原则、管理各项工作程序、协调不同下属机构关系等，形成稳定运行的内部秩序体系；在组织自治方面，国际体育组织通过提高组织运行的透明度、强化金字塔结构下各个成员组织的问责机制，促进组织内部治理能力的提高；在纠纷解决自治方面，国际体育组织通过协议给予 CAS 和 WADA 一定的管辖权，在内部无法解决纠纷时将其交由独立权威的外部纠纷解决机构，从而仍在体育组织的框架内解决纠纷，实现体育组织自治与个体权利保护的协调。以史为鉴，可以知兴替。国际体育组织自治法治化过程中遇到的一些问题与我国国内体育组织所面临的困难有着相似性，研究和学习国际体育组织自治法治化的模式，不仅有助于推动我国体育组织与国际接轨，提高我国在国际体育领域的话语权和地位，更能够为我国体育组织提升自我治理水平提供参考与借鉴。

新中国成立至今的 70 多年里，伴随着国家宏观环境的深刻变化，我国不同类型的体育组织，包括体育社会团体、体育类民办非企业单位，都得到一定程度的成长与发展。尤其是党的十八大以来，得益于宏观环境的持续优化，体育组织的数量与增速大幅跃升。根据民政部 2018 年 7 月公布的《2017 年社会服务发展统计公报》，全国共有社会团体35.3万个，比上年增长5.6%，其中体育社会团体3.0万个，占社会团体的比重为8.5%；民办非企业单位40.0万个，比上年增长11.0%，其中体育类民办非企业单位1.8万个，占民办非企业单位的比重为4.5%。[①] 这充分说明在我国，体育组织的发展已经步入黄金期。然而，时至今日，体育组织的范围与类别仍界定不清，体育领域里政府与体育社会团体“同构”状态没有被打破，体育社会团体基本行使着政府的职能。[②] 囿于严苛的注册登记条件，体育类民办非企业单位仍未得到充分发展。政府以权力覆盖体育组织为中国体育组织的发展带来了诸多不利影响。因而，本章探讨中国体育组织的范围、现状、问题，以探寻中国体育组织的改革方向，助力中国体育的发展。

第一节　中国体育组织的术语与范围梳理与厘定

现阶段，法律法规与学术理论尚未明确中国体育组织的定义与范围，法律法规存在“体育社会团体”“体育类民办非企业单位”“体育社会组织”“体育组织”的表述，学术界存在“体育非营利组织”“体育社会团体”“体育类民办非企业单位”“体育社会组织”“体育民间组织”的表述。通过总结立法界与学术界有关体育组织的相关表述，分析其由来，确定本章研究对象的称谓。

一、立法界关于中国体育组织术语与范围的梳理

（一）体育社会团体

在法律术语方面，自1950年9月政务院发布《社会团体登记暂行办法》起，“社会团体”就一直是我国此方面法规、规章、行政命令、决定的最主要用语。[③] 国务院于2016年2月6日发布的《社会团体登记管理条例》第二条规定：“本条例所称社会团体，是指中国公民自愿组成，为实现会员共同意愿，按照其章程开展活动的非营利性社会组织。国家机关以外的组织可以作为单位会员加入

---

① 《2017年社会服务发展统计公报》，http：//www. mca. gov. cn/article/ sj/tjgb/2017/201708021607. pdf，最后访问时间：2022年5月24日。

② 黄亚玲：《中国体育社团的发展——历史进程、使命与改革》，载《北京体育大学学报》2004年第2期，第155页。

③ 汪流、王凯珍、李勇：《我国体育类民间组织现状与未来发展思路》，载《成都体育学院学报》2008年第1期，第22页。

社会团体。”[①] 由该法条可知，社会团体具有自愿性和非营利性的特点，其兴办主体为公民。第六条第一款规定：“国务院民政部门和县级以上地方各级人民政府民政部门是本级人民政府的社会团体登记管理机关（以下简称登记管理机关）。”第九条第一款规定：“申请成立社会团体，应当经其业务主管单位审查同意，由发起人向登记管理机关申请登记。”[②] 这两条规定可知，民政部门是社会团体的登记部门，在民政部门以外的其他政府部门或国家机关进行的登记，将不被视为有效登记。[③]

体育类法律法规中并未出现有关体育社会团体的定义，仅有《体育法》《反兴奋剂条例》《全国性体育社会团体管理暂行办法》《国务院办公厅关于加快发展体育产业的指导意见》四部法律法规涉及“体育社会团体”的相关表述。

国家体育总局于2001年9月24日根据《社会团体登记管理条例》等有关规定发布《全国性体育社会团体管理暂行办法》。第三条规定：“本办法适用于国家体育总局依法负有业务指导和管理职责的社团，包括国家体育总局作为业务主管单位以及由国家体育总局发起成立的全国性体育协会、学会、研究会、联谊会、基金会等非营利性社会组织。地方性体育社团以及机关、部队、学校、企事业单位内部成立的群众性体育组织不适用于本办法。”[④] 由该法条可以明确两点。第一，体育社会团体包括国家体育总局作为业务主管单位以及由国家体育总局发起成立的非营利性社会组织。机关、部队、学校、企事业单位内部成立的群众性体育组织不属于体育社会团体的范围。第二，体育基金会属于体育社会团体的范围。基金会是利用自然人、法人或者其他组织捐赠的财产，以从事体育慈善公益事业为目的，按照《基金会管理条例》的规定成立的非营利性组织。[⑤] 体育基金会通常由政府推动而成立，国家体育总局或各省市体育行政部门作为其业务主管单位，通常将体育基金会视为体育系统的一部分，从而支持基金会的工作。[⑥] 按

---

① 国务院《社会团体登记管理条例（2016年修订）》，国务院令第250号发布、第666号修改，第2条。

② 国务院《社会团体登记管理条例（2016年修订）》，国务院令第250号发布、第666号修改，第6条和第9条。

③ 谢海定：《中国民间组织的合法性困境》，载《法学研究》2004年第2期，第21页。

④ 国家体育总局《全国性体育社会团体管理暂行办法》，体人字〔2001〕473号，第3条。

⑤ 国务院《基金会管理条例》，国务院令第400号，第2条。

⑥ 赵子江：《我国公募体育基金会现状及发展对策》，载《体育文化导刊》2013年第3期，第87—97页。

照募集资金的方式，体育基金会可分为公募体育基金会和私募体育基金会两种，两种均需向相关民政部门登记备案。按照登记备案部门类型的不同，又可进一步分为全国性和地方性公募体育基金会。不同的是，因直接面向公众公开募集基金，公募体育基金会只能在其登记注册的行政区域内开展募捐活动，非公募体育基金会资金来源则无地域性限制。①

国务院办公厅于2010年3月19日发布的《国务院办公厅关于加快发展体育产业的指导意见》提到，“改革和创新体育社会团体管理模式，在加强业务指导和依法监管的同时，完善体育社团法人治理机制，充实体育社会团体业务职能，发挥体育社会团体服务功能。提高体育社团自我发展、自我管理、自我服务和自律规范的能力。鼓励支持社会力量兴办体育类民办非企业单位，促进体育事业健康发展”。② 该部规范性文件将“体育社会团体”与“体育类民办非企业单位”作并列表述，可知“体育社会团体”并不包括“体育类民办非企业单位”。

2022年6月24日修订的《体育法》第六章将体育社会团体分为中华全国体育总会和地方各级体育总会、中国奥林匹克委员会、体育科学社会团体、全国性单项体育协会五类团体，其中中华全国体育总会、中国奥林匹克委员会、全国性单项体育协会、体育科学社会团体四类体育社会团体均属于非营利性体育社会团体，兴办者均为国家体育总局，在民政部门登记，接受国家体育总局的业务指导。详见表1。

表1　2022年《体育法》规定的五类体育社会团体

体育团体	业务主管单位	备案登记机关	是否营利	成员	主要职能
中华全国体育总会	各级体育局	民政部	否	地方体育局；足球、篮球、网球等68个全国性单项体育协会	发展竞技体育运动
地方各级体育总会	各级体育局	各级民政局	否	各级单项运动协会、体育协会、行业体育协会以及各下级体育总会	致力于发展本级地方的体育事业

① 张宗银、张丽颖：《我国公募与非公募体育基金会对比研究》，载《体育成人教育学刊》2018年第6期，第49页。

② 《国务院办公厅关于加快发展体育产业的指导意见》，国办发〔2010〕22号，第3条。

续表

体育团体	业务主管单位	备案登记机关	是否营利	成员	主要职能
中国奥林匹克委员会	国家体育总局	民政部	否	中国奥林匹克委员会实行单位代表和个人代表相结合的委员制包括全国性单项体育协会代表、国家奥委会的中国委员等	发展竞技体育运动
全国性单项体育协会	国家体育总局	民政部	否	足球、篮球、网球等68个全国性单项体育协会	发展竞技体育运动
中国体育科学社会团体	国家体育总局	民政部	否	中国体育发展战略研究会、中国学校体育研究会、中国体育科学学会及相应分会	发展体育科学事业

从上文对于法律法规涉及“体育社会团体”法条的梳理，可以发现两个问题：第一，涉及“体育社会团体”的法律术语杂乱无章，范围界限模糊。例如，现行《体育法》将中华全国体育总会、地方各级体育总会、中国奥林匹克委员会、全国性单项体育协会、体育科学社会团体五类社会团体纳入体育社会团体的范围。《全国性体育社会团体管理暂行办法》又将体育基金会纳入体育社会团体的范围。第二，体育类法律法规所提及的体育社会团体都是由官方力量兴办，然而，依据国务院发布的《社会团体登记管理条例》，社会团体的兴办者为公民等社会力量。第一个问题涉及本章研究对象的称谓与范围，下文将总结概括学术界成果，统一本章研究对象的称谓与范围。第二个问题是体育领域政企不分所导致，将在本章的问题部分继续研究。

不同于前四类体育社会团体，部分体育科学社会团体（如中国体育科学学会）主管机关并非国家体育总局等政府机构，官方色彩较弱。一方面是因体育科学社会团体的人员组成。受限于研究的专业性，其成员大多是高水平的科研人才，鲜有政府官员，体育行政部门对于其控制力较弱。另一方面是因体育科学社会团体的职能。体育科学社会团体发展体育科学事业，自身没有像全国性单项体育协会那样承受着各种竞技比赛成绩的巨大压力，体育行政管理部门对体育科学研究工作更容易“放权”。现阶段的体育科学社会团体主要有：1980 年 12 月 15 日成立的中国体育科学学会，其业务主管单位是中国科学技术协会，主要负责团结和组织广大科技工作者，广泛开展体育科技活动，推动体育科技创新和促进体育科技人才成长，增强人民体质、提高运动技术水平、促进体育产业发展、推动体育文化建设；① 1985 年 10 月 7 日成立的中国体育发展战略研究会，会员主要由体育行政高级官员和体育局资深专家组成，其法定代表人为国家体育总局政策法规司原司长——刘岩，业务主管单位是国家体育总局，② 主要负责研究中国体育发展战略、为体育决策服务；③ 2000 年 6 月 16 日由原中国教育学会体育专业委员会与原中国高等教育学会体育研究会联合成立的中国学校体育研究会，会员主要由大中小学校教学科研人员组成，挂靠中央教育科学研究所，④ 主要负责研究从小学到大学贯穿于整个学校教育阶段的学校体育的有关问题，提高学生体质健康水平和基本素质。⑤ 至此，我国的体育科学社会团体主要由中国体育科学学会、中国体育发展战略研究会和中国学校体育研究会组成，它们在不同的研究领域承担着各自的任务职责，为我国的体育科学事业发展发挥重要的作用。

（二）体育类民办非企业单位

20 世纪 90 年代，随着体制改革，尤其是单位制度改革的深入，过去完全由国家兴办的事业单位开始部分地转向由私人或社会资金兴办，在政府与市场组织之外开始出现一种有别于“社会团体”的“民办事业单位”的组织。1996 年 11 月，中共中央办公厅、国务院办公厅发出《关于加强社会团体和民办非企业单位管理工作的通知》，开始正式将这一组织类型称为“民办非企业单位”，与“社会团体”相并列。⑥ 1998 年 10 月，国务院发布《民办非企业单位登记管理暂行条例》，其中，第三条和第十七条分别规定民办非企业单位的申请成立和撤销程

---

① 中国体育科学协会：《学会简介》，https：//csss. scimall. org. cn/about/，最后访问时间：2022 年 5 月 25 日。

② 全国社会组织信用信息公示平台：《中国体育发展战略研究会》，https：//xxgs. chinanpo. mca. gov. cn/gsxt/newDetails？ b=eyJpZCI6IjUxMTAwMDAwNTAwMDA0MjZYRiJ9，最后访问时间：2022 年 4 月 24 日。

③ 孙德红、田雨普：《中国体育发展战略研究会之研究》，载《天津体育学院学报》2009 年第 5 期，第 424 页。

④ 杨杰：《社会转型期中国体育科学学会改革研究》，北京体育大学 2015 年博士学位论文，第 15 页。

⑤ 司云：《中国学校体育研究会正式成立》，载《中国学校体育》2000 年第 4 期，第 3 页。

⑥ 《关于加强社会团体和民办非企业单位管理工作的通知》，中办发〔1996〕22 号，第 2 条。

序与范围。[①] 第三条："成立民办非企业单位，应当经其业务主管单位审查同意，并依照本条例的规定进行登记。" 第十七条："民办非企业单位法定代表人或者负责人应当自完成清算之日起 15 日内，向登记管理机关办理注销登记。办理注销登记，须提交注销登记申请书、业务主管单位的审查文件和清算报告。登记管理机关准予注销登记的，发给注销证明文件，收缴登记证书、印章和财务凭证。" 根据第五条第一款规定："国务院民政部门和县级以上地方各级人民政府民政部门是本级人民政府的民办非企业单位登记管理机关（以下简称登记管理机关）。" 可知民政部门是民办非企业单位的登记部门，这意味着在民政部门以外的其他政府部门、国家机关进行的登记，将不被视为有效的登记。[②]

2000 年 11 月，国家体育总局根据《民办非企业单位登记管理暂行条例》制定《体育类民办非企业单位登记审查与管理暂行办法》首次提出"体育类民办非企业单位"的概念。[③] 该办法将"体育类民办非企业单位"定义为"由企业事业单位、社会团体、其他社会力量和公民个人利用非国有资产举办的，不以营利为目的的，以开展体育活动为主要内容的民办的中心、院、社、俱乐部、场馆等社会组织"。从定义可知，体育类民办非企业单位的举办主体为企业事业单位、社会团体、其他社会力量和公民个人，不具有官方身份。从近几年登记情况看，体育类民办非企业单位绝大多数以"俱乐部"名称进行登记注册，其他还有以"学校""健身中心""场""馆"等类型的命名。[④] 根据兴办主体不同，体育俱乐部有青少年体育俱乐部与商业体育俱乐部之分。青少年体育俱乐部是指在体育彩票等公益金扶持下，由体育活动场地的组织（如社区、体育场馆、各类体校、各类学校、各基层体育项目协会等）自发创办的，以培养青少年体育兴趣、爱好和终身体育锻炼习惯，增强青少年体质，向其传授体育运动技术，发现和培养体育人才为宗旨的公益型社会基层体育活动组织。[⑤] 从 2000 年到 2013 年，国家体育总局和各地方体育局，共资助国家级和各级青少年体育俱乐部约 6000 家，占了全国体育类民办非企业单位总数的一半以上，可以说，我国体育类民办非企业

---

① 《民办非企业单位登记管理暂行条例》，国务院令第 251 号，第 3 条和第 17 条。

② 谢海定：《中国民间组织的合法性困境》，载《法学研究》2004 年第 2 期，第 21 页。

③ 《体育类民办非企业单位登记审查与管理暂行办法》，国家体育总局、民政部令第 5 号，第 2 条。

④ 汪流、王凯珍：《我国体育类民办非企业单位发展研究》，载《北京体育大学学报》2010 年第 8 期，第 24 页。

⑤ 陆作生：《我国青少年体育俱乐部运营模式研究》，北京体育大学 2004 年博士学位论文，第 12 页。

单位的开展形式，是以青少年体育俱乐部为主。[1]商业体育俱乐部主要指由民间资本出资，在民政部门注册的俱乐部。由于与政府的关系不如政府资助的青少年体育俱乐部，商业体育俱乐部规模相对较小，运作能力低，很少获得承接政府转移职能的机会。

（三）体育社会组织

2018 年 8 月 3 日，民政部发布《社会组织登记管理条例（草案征求意见稿）》，将基金会、社会团体、民办非企业单位统称为社会组织，这意味着“社会组织”获得法律层面的认可。[2]

在体育领域，《国务院关于印发全民健身计划（2021—2025 年）的通知》《国务院办公厅关于促进全民健身和体育消费推动体育产业高质量发展的意见》《国务院办公厅关于印发体育强国建设纲要的通知》《国务院办公厅关于加快发展健身休闲产业的指导意见》《国务院关于印发全民健身计划（2016—2020 年）的通知》《国务院关于加快发展体育产业促进体育消费的若干意见》《国务院办公厅关于加快发展体育产业的指导意见》七篇行政法规涉及“体育社会组织”的表述，详细情况见表 2。

表 2　现行行政法规关于“体育社会组织”的表述

法规名称	颁布时间	颁布机关	相关表述
《国务院关于印发全民健身计划（2021—2025 年）的通知》	2021 年 7 月 18 日	国务院	（六）激发体育社会组织活力。鼓励体育总会向乡镇（街道）延伸、各类体育社会组织下沉行政村（社区）。加大政府购买体育社会组织服务力度。 （九）规范青少年体育社会组织建设，鼓励支持青少年体育俱乐部发展。
《国务院办公厅关于促进全民健身和体育消费推动体育产业高质量发展的意见》	2019 年 9 月 4 日	国务院办公厅	（十九）推动体育社会组织发展。体育社会组织符合直接登记条件的，可直接向民政部门依法办理登记。重点扶持一批运行良好、积极作为的基层体育组织。

① 孙璐：《体育类民办非企业单位的治理研究》，北京体育大学 2016 年博士学位论文，第 35—36 页。

② 《社会组织登记管理条例（草案征求意见稿）》第二条第一款：“本条例所称社会组织，包括社会团体、基金会、社会服务机构。”

续表

法规名称	颁布时间	颁布机关	相关表述
《国务院办公厅关于印发体育强国建设纲要的通知》	2019 年 8 月 10 日	国务院办公厅	发挥全国性体育社会组织示范作用，推进各级体育总会建设，完善覆盖城乡、规范有序、富有活力的全民健身组织网络，带动各级各类单项、行业和人群体育组织开展全民健身活动。
《国务院办公厅关于加快发展健身休闲产业的指导意见》	2016 年 10 月 25 日	国务院办公厅	（十一）壮大体育社会组织。推进体育类社会团体、基金会、民办非企业单位等社会组织发展，支持其加强自身建设，健全内部治理结构，增强服务功能。对在城乡社区开展健身休闲活动的社区社会组织，降低准入门槛，加强分类指导和业务指导。
《国务院关于印发 全民健身计划（2016—2020 年）的通知》	2016 年 6 月 15 日	国务院	（五）推进体育社会组织改革，激发全民健身活力。积极发挥全国性体育社会组织在开展全民健身活动、提供专业指导服务等方面的龙头示范作用。加强各级体育总会作为枢纽型体育社会组织的建设，带动各级各类单项、行业和人群体育组织开展全民健身活动。加强对基层文化体育组织的指导服务，重点培育发展在基层开展体育活动的城乡社区服务类社会组织，鼓励基层文化体育组织依法依规进行登记。
《国务院关于加快发展体育产业促进体育消费的若干意见》	2014 年 10 月 2 日	国务院	（一）加快推进体育行业协会与行政机关脱钩，将适合由体育社会组织提供的公共服务和解决的事项，交由体育社会组织承担。 （五）丰富业余体育赛事，在各地区和机关团体、企事业单位、学校等单位广泛举办各类体育比赛，引导支持体育社会组织等社会力量举办群众性体育赛事活动。
《国务院办公厅关于加快发展体育产业的指导意见》	2010 年 3 月 19 日	国务院办公厅	（二）主要目标。形成与国际接轨、管理规范、充满生机活力的体育社会组织体系。

由表2可知，现行行政法规并未明确“体育社会组织”的定义。2021年7月18日发布的《国务院关于印发全民健身计划（2021—2025年）的通知》提到：“规范青少年体育社会组织建设，鼓励支持青少年体育俱乐部发展。”据此可知，青少年体育俱乐部属于体育社会组织的范畴，《体育类民办非企业单位登记审查与管理暂行办法》已经明确体育俱乐部是体育类民办非企业单位的重要组成部分，因此体育类民办非企业单位也属于体育社会组织的范围。

2019年8月10日发布的《国务院办公厅关于印发体育强国建设纲要的通知》提到：“发挥全国性体育社会组织示范作用，推进各级体育总会建设，完善覆盖城乡、规范有序、富有活力的全民健身组织网络，带动各级各类单项、行业和人群体育组织开展全民健身活动。”据此可知，中华全国体育总会属于体育社会组织的范畴，根据前文所述中华全国体育总会是体育社会团体的重要组成部分，可以推断体育社会团体属于体育社会组织的范围。

2016年10月25日发布的《国务院办公厅关于加快发展健身休闲产业的指导意见》提到：“推进体育类社会团体、基金会、民办非企业单位等社会组织发展，支持其加强自身建设，健全内部治理结构，增强服务功能。对在城乡社区开展健身休闲活动的社区社会组织，降低准入门槛，加强分类指导和业务指导。”据此可以推断体育基金会属于体育社会组织的范围。值得强调的是，前文提到，国家体育总局于2001年9月24日发布的《全国性体育社会团体管理暂行办法》第三条将体育基金会纳入体育社会团体的范围，该指导意见又将体育基金会与体育社会团体并列表述，究竟体育基金会是否属于体育社会团体的范畴，令人疑惑。

综观上述七部行政法规的规定，可知体育社会组织包括体育社会团体、体育类民办非企业单位，至于“体育基金会”是否属于体育社会团体的范畴还有待进一步讨论。下文将考察学术界关于体育社会团体的表述，以辨明体育社会团体的范围。

（四）体育组织

2016年《体育法》规定中并未出现“体育组织”的表述，2022年6月修订的《体育法》将2016年《体育法》第五章“体育社会团体”改为第六章“体育组织”，“体育组织”的表述第一次在法律法规中出现，详见表3。

表3　2022年《体育法》第六章“体育组织”与2016年《体育法》第五章“体育社会团体”比较

2022年《体育法》第六章体育组织	2016年《体育法》第五章体育社会团体
第六十一条　国家鼓励、支持体育组织依照法律法规和章程开展体育活动，推动体育事业发展。 国家鼓励体育组织积极参加国际体育交流合作，参与国际体育运动规则的制定。	第三十五条　国家鼓励、支持体育社会团体按照其章程，组织和开展体育活动，推动体育事业的发展。
第六十二条　中华全国体育总会和地方各级体育总会是团结各类体育组织和体育工作者、体育爱好者的群众性体育组织，应当在发展体育事业中发挥作用。	第三十六条　各级体育总会是联系、团结运动员和体育工作者的群众性体育组织，应当在发展体育事业中发挥作用。
第六十三条　中国奥林匹克委员会是以发展体育和推动奥林匹克运动为主要任务的体育组织，代表中国参与国际奥林匹克事务。	第三十七条　中国奥林匹克委员会是以发展和推动奥林匹克运动为主要任务的体育组织，代表中国参与国际奥林匹克事务。
第六十四条　体育科学社会团体是体育科学技术工作者的学术性体育社会组织，应当在发展体育科技事业中发挥作用。	第三十八条　体育科学社会团体是体育科学技术工作者的学术性群众组织，应当在发展体育科技事业中发挥作用。
与2016年《体育法》第三十九条相比，第六十五条至第六十七条规定全国性单项体育协会的权利义务。①	第三十九条　全国性的单项体育协会管理该项运动的普及与提高工作，代表中国参加相应的国际单项体育组织。
第六十八条　国家鼓励发展青少年体育俱乐部、社区健身组织等各类自治性体育组织。	

现行《体育法》将2016年《体育法》第五章“体育社会团体”修改为第六章“体育组织”，用以指代各级体育总会、中国奥林匹克委员会、体育科学社会团体、全国性单项体育协会四类体育社会团体和青少年体育俱乐部、社区健身组织等各类自治性体育组织。前文论述到体育俱乐部是体育类民办非企业单位的重要组成部分。因此，在现行《体育法》的语境下，“体育组织”的范围包括体育社会团体、体育类民办非企业单位。前文明确“体育社会组织”包括“体育社

① 《体育法》第六十五条：“全国性单项体育协会是依法登记的体育社会组织，代表中国参加相应的国际单项体育组织，根据章程加入中华全国体育总会、派代表担任中国奥林匹克委员会委员。全国性单项体育协会负责相应项目的普及与提高，制定相应项目技术规范、竞赛规则、团体标准，规范体育赛事活动。”第六十六条：“单项体育协会应当依法维护会员的合法权益，积极向有关单位反映会员的意见和建议。”第六十七条：“单项体育协会应当接受体育行政部门的指导和监管，健全内部治理机制，制定行业规则，加强行业自律。”

会团体”和“体育类民办非企业单位”。由此，可以推断，“体育组织”实质上等于“体育社会组织”。值得强调的是，现行《体育法》存在混用“体育组织”与“体育社会组织”的现象，这将导致民众对于“体育组织”与“体育社会组织”的关系存疑，术语混用折射出规范体育组织法律法规的不完备，这一问题将在本章的问题部分继续阐述。

二、学术界与本书关于中国体育组织术语与范围的厘定

“体育民间组织”“体育非营利组织”“非营利体育组织”“体育社会组织”虽表述不同，但本质上并无差别，只是从不同角度突出体育组织在某个方面所存在的特点。通过表4就可以看出，目前，学术界关注和研究的体育组织主要是指法定的体育组织，即体育社会团体、体育类民办非企业单位与体育基金会等。但在现行的登记注册管理模式下，还有很大一部分体育组织因无法获得合法身份，而游离于体制之外，[①] 学者们将这部分体育组织称为“草根体育组织”“自发性体育社会组织”“社区草根体育组织”，为统一表述，下文将这部分组织统称为“草根体育组织”。

表4　学术界有关体育组织的称呼与概念整理汇总[②]

研究者	称呼	概念	出处
卢元镇	体育社团	体育社团是以体育为共同特征的人相聚而成的互益组织。它具有民间性、非营利性、互益性和同类相聚性等基本性质。具有代表群体参与政治活动、协助政府体育部门完成某些政府职能、成员发展、维护成员的群体权益和个别权益等功能。体育社团可分成竞技运动、社会体育、体育科学技术、体育观众、体育娱乐享受等类别。	1996年《北京体育大学学报》[③]

① 冯晓丽：《我国民间体育组织的研究进展与发展路径》，载《体育研究与教育》2015年第4期，第2页。

② 在知网数据库以“体育组织”“体育社会组织”等为关键词检索形成该表格，表格部分内容参考冯晓丽：《民间体育组织——中国经验与本土治理》，社会科学文献出版社2018年版，第11—12页。

③ 卢元镇：《论中国体育社团》，载《北京体育大学学报》1996年第1期，第1页。

续表

研究者	称呼	概念	出处
崔丽丽等	体育社团	体育社团是一种社会组织，即执行一定的体育职能，完成特定的体育目标，有计划地组织起来的非营利的社会团体，包括全国性体育社团（指经国家体育总局审批并经民政部依法核准登记成立，由国家体育总局作为业务主管单位的全国性体育协会、学会、研究会、联谊会、基金会等非营利性社会组织）和地方性体育社团（登记管理机关是县级以上地方各级人民政府民政部门，业务主管单位是县级以上地方各级体育局）。	2002年《山东体育学院学报》①
陈泽兵	民间体育组织	民间体育组织是为了满足人们某一方面体育需求而自愿结合起来的社会团体，是我国大众体育快速、持续、健康发展的中坚力量，是政府联系、沟通、管理和促进大众体育发展的桥梁与纽带。	2002年《成都体育学院学报》②
马志和、张林	非营利体育组织	不以营利为目的，主要开展各种志愿性服务的公益或互益体育活动的非政府组织，包括各类体育社团和体育类民办非企业单位。	2003年《天津体育学院学报》③
魏来、石春健	体育非营利组织	以服务社会大众的体育方面的需求为宗旨，独立于政府之外的，不以营利为目的的公益性组织，包括体育社团、体育类民办非企业单位和大量活动于民间的、未在民政部门注册的非营利组织。	2005年《体育学刊》④
孟凡强	自发性群众体育组织	是基于人们共同的爱好、利益、感情与友谊，在教育实践的基础上，不受任何外界“建制”部门的因素影响和制约的情况下自发形成，并自主管理的非正式的、结构松散的，利用公共场所进行以健身、娱乐、交际、休闲为目的的体育活动组织。	2006年《体育学刊》⑤

① 崔丽丽等：《中国体育社团研究（综述）》，载《山东体育学院学报》2002年第1期，第33—34页。

② 陈泽兵：《社会转型期我国民间体育组织的发展研究》，载《成都体育学院学报》2002年第4期，第27页。

③ 马志和、张林：《非营利体育组织发展前瞻：一个市民社会的视角》，载《天津体育学院学报》2003年第2期，第60—61页。

④ 魏来、石春健：《体育非营利组织的界定》，载《体育学刊》2005年第3期，第130页。

⑤ 孟凡强：《自发性群众体育组织成因的理论探讨——兼论后继实证研究面临的主要课题》，载《体育学刊》2006年第2期，第59页。

续表

研究者	称呼	概念	出处
汪流等	体育类民间组织	不以营利为目的，以开展体育活动为主要内容的中心、院、社、俱乐部、场馆等民办社会组织。	2008年《成都体育学院学报》①
张金桥	自发性体育社会组织	具有共同体育爱好的人民自下而上发起成立的，具有成员普遍认可的行为规范和较为稳定的组织结构，并实现自主运作管理的非营利性体育组织，主要包括自发形成的基层全民健身组织、基层体育健身活动站点、业余体育赛事组织、民间体育文化交流组织、体育志愿者组织，以及自发的利用非国有资产举办的非营利性的以开展体育活动为主要内容的中心、院、社、俱乐部等社会组织。	2013年《天津体育学院学报》②
周华锋等	草根体育组织	没有经过登记注册的组织，不在现行法律制度框架内，得不到法规制度保护的社会组织，具有非政府性、非营利性和志愿性等特征。	2013年《广州体育学院学报》③
张宏伟、成盼攀	社区草根体育组织	指那些植根于社区基层，属于民间自下而上发起，不具有被现行法规正式认可，但在相当程度上具备民间组织核心特征（即非政府性、非营利性）的各类体育组织。	2013年《北京体育大学学报》④
张伟	体育社会组织	我国的体育社会组织主要有四类：体育社团、体育民办非企业单位、体育基金会和自发性群众体育组织。	2017年《体育学刊》⑤

① 汪流等：《我国体育类民间组织现状与未来发展思路》，载《成都体育学院学报》2008年第1期，第23页。

② 张金桥：《我国自发性体育社会组织的合法性及其发展中的政府职责》，载《天津体育学院学报》2013年第3期，第213页。

③ 周华锋等：《草根体育组织现状与发展对策研究——以广州市为例》，载《广州体育学院学报》2013年第6期，第23页。

④ 张宏伟、成盼攀：《社区草根体育组织的涵义、生成与功能定位》，载《北京体育大学学报》2013年第6期，第13页。

⑤ 张伟：《我国体育社会组织治理结构分析》，载《体育学刊》2017年第4期，第25页。

续表

研究者	称呼	概念	出处
李晶	体育社会组织	是为公众提供体育服务并能反映、维护公众体育权益的非营利性组织，包括体育社会团体、体育基金会，体育类民办非企业单位。	2021 年《体育科研》[①]

在检索过程中，笔者发现：第一，从 2010 年开始，学术界多使用"体育社会组织"这一术语，很少使用"体育组织"这一术语；[②] 第二，立法界与学术界就体育基金会是否应纳入体育社会团体的问题存在分歧；第三，立法界与实务界就符合条件但未在民政部门登记的组织是否应纳入体育类民办非企业单位的问题存在分歧。下文将分析立法界与学术界各自观点的合理性，以明确本书的观点，进而确定本章研究对象的范围。

（一）体育社会团体的范围

体育学术界与立法界对于体育类民办非企业单位的范围存在分歧。两者争议点在于体育基金会是否属于体育类民办非企业单位。2001 年 9 月，国家体育总局根据《社会团体登记管理条例》发布的《全国性体育社会团体管理暂行办法》将体育基金会纳入体育社会团体的范围。[③] 但在体育学术领域，学者们普遍质疑将"体育基金会"纳入"体育社会团体"的提法。学者们普遍认为，体育基金会与体育社会团体在成立基础、设立人数、法人分类上存在诸多不同，不能简单等同。（1）在成立基础上，基金会以从事公益事业为目的的捐赠财产为基础，而社会团体法人以会员为基础；（2）在设立人数上，基金会可以由一人设立，而社会团体法人对成员人数存在严格要求；（3）在法人分类上，基金会必须为公益法人，而社会团体法人包括公益法人和中间法人。[④]

本文赞同学者们的观点，认为基金会是典型的公益性财团法人，不属于社会团体法人，不能纳入体育社会团体。理由有三，第一，基于法律位阶的考量。现

① 李晶：《我国体育社会组织培育的法治路径》，载《体育科研》2021 年第 6 期，第 51 页。

② 在知网数据库以"体育社会组织"为关键词检索文献名称部分，共获得 408 篇文献，使用知网数据库自带的可视化分析，发现这些文献发表于 2010—2022 年。

③ 《全国性体育社会团体管理暂行办法》第三条："本办法适用于国家体育总局依法负有业务指导和管理职责的社团，包括国家体育总局作为业务主管单位以及由国家体育总局发起成立的全国性体育协会、学会、研究会、联谊会、基金会等非营利性社会组织。地方性体育社团以及机关、部队、学校、企事业单位内部成立的群众性体育组织不适用于本办法。"

④ 肖鹏：《体育社会组织的法人地位研究》，载《成都体育学院学报》2018 年第 5 期，第 42 页。

行《体育法》作为全国人大制定通过的法律，法律位阶高于《全国性体育社会团体管理暂行办法》这一行政规范性文件。《全国性体育社会团体管理暂行办法》制定于 2001 年，现行《体育法》修订于 2022 年，现行《体育法》颁布时间晚于《全国性体育社会团体管理暂行办法》。因此，无论是基于上位法优先于下位法，或是基于新法优先于旧法，有关体育社会团体的范围都应以现行《体育法》为指引。第二，基于对《民法典》的法律解释。《民法典》总则编第三章第三节规定"非营利法人"包括事业单位、社会团体、基金会、社会服务机构等,[①] 同时在《民法典》第八十七条将"基金会"与"社会团体"并列表述，可知"基金会"与"社会团体"并非包含与被包含的关系。第三，基于对法人分类的考量。基金会属于捐赠法人，其设立是以财产为基础，且没有社员，纯粹是一个财产的集合；而社团属于社会团体法人范畴，将一定的会员数量作为成立的条件之一。由于上述三点原因，在此我们认为体育社会团体中不包含体育基金会。不仅在理论上体育基金会不能纳入体育社会团体的范围，而且在实践中，体育基金会作为基金会的一种，其法律体系较为完备。如表 5 所示，我国体育基金会的法律体系是以国家体育总局于 2024 年发布的《中华全国体育基金会专项基金管理办法》为统领，辅之以其他间接规范体育基金会行为的行政法规、部门规章、部门规范性文件等。由于法律体系较为完备，实践中的相关纠纷较少，体育学术界对于体育基金会的研究亦较为稀少。因此，体育基金会不属于本文的研究对象。

表 5　我国体育基金会法律法规规范[②]

直接规范体育基金会行为的法律法规		
名称与类别	主要内容	发布机关与时间
《中华全国体育基金会专项基金管理办法》部门规范性文件	体育基金会专项资金设立、管理、使用	国家体育总局 2024. 3. 29

① 《民法典》第八十七条："为公益目的或者其他非营利目的成立，不向出资人、设立人或者会员分配所取得利润的法人，为非营利法人。非营利法人包括事业单位、社会团体、基金会、社会服务机构等。"

② 本表格主要参考戴红磊：《中国体育社会组织治理研究》，大连理工大学 2016 年博士学位论文，第 121 页。并通过检索北大法宝数据库，结合现行法律法规情况予以修改完善。

续表

间接规范体育基金会行为的法律法规		
名称与类别	主要内容	发布机关与时间
《基金会管理条例》行政法规	设立、变更、注销条件；组织机构；财产的管理和使用；监督管理；法律责任	国务院 2004. 3. 8
《基金会信息公布办法》部门规章	基金会信息公布范围与渠道	民政部 2006. 1. 12
《民间非营利组织会计制度》部门规范性文件	资产、负债、净资产、收入、费用范围；财务会计报告的内容	财政部 2004. 8. 18
《关于非营利组织企业所得税免税收入问题的通知》部门规范性文件	非营利组织企业免税收入的范围	财政部、国家税务总局 2009. 11. 11
《全国性体育社会团体管理暂行办法》部门规范性文件	体育社会团体的成立与变更；业务指导与管理；组织机构；任职管理	国家体育总局 2001. 9. 24
《关于规范基金会行为的若干规定（试行）》部门规范性文件	基金会接收和使用公益捐赠；基金会的交易、合作及保值增值；基金会的信息公布	民政部 2012. 7. 10
《关于规范全国性社会组织年度财务审计工作的通知》部门规范性文件	年度审计报告所应提交材料	财政部、民政部 2015. 2. 25

（二）体育类民办非企业单位的范围

体育学术界与立法界对于体育类民办非企业单位的范围存在分歧。两者争议点在于未在民政部门登记的体育组织是否能视为体育类民办非企业单位。由国务院于 1998 年发布的《民办非企业单位登记管理暂行条例》所规定的民办非企业单位的申请成立程序可知，[①] 立法界将未经登记或者在民政部门之外的其他政府

① 《民办非企业单位登记管理暂行条例》第三条：“成立民办非企业单位，应当经其业务主管单位审查同意，并依照本条例的规定登记。”第二十七条：“未经登记，擅自以民办非企业单位名义进行活动的，或者被撤销登记的民办非企业单位继续以民办非企业单位名义进行活动的，由登记管理机关予以取缔，没收非法财产；构成犯罪的，依法追究刑事责任；尚不构成犯罪的，依法给予治安管理处罚。”

部门登记的体育组织排除出了体育类民办非企业单位的范畴。①

体育学术界提出“草根体育组织”的概念，用以指代未在民政部门登记注册，但在一定程度上具备体育组织核心特征（即非政府性、非营利性）的各种体育组织。② 以冯晓丽为代表的学者赞同将该类组织纳入“体育类民办非企业单位”范围的观点，认为此举不仅在社会转型期我国公民社会建设过程中具有一定的前瞻性，同时遵循体育组织民间性的特点，符合我国国情。③

体育学术界与立法界上述分歧的实质是对于合法性理解的不同。根据谢海定的观点，中文“合法性”一词集结了两种主要含义：第一种是“合法律性”，意指一个行为或者一个事物的存在符合法律的规定，接近英文词 legality；第二种是“正当性”“合理性”，表征一个行为或者一个事物的存在符合人们某种实体或程序的价值准则，以及因其他非强制的原因而为人们所认可或赞同，进而自愿接受或服从，接近英文词 legitimacy。④ 立法界采用第一种含义，认为合法性是指合乎实在法规范，只有根据《民办非企业单位登记管理暂行条例》《体育类民办非企业单位登记审查与管理暂行办法》的规定进行注册的组织才能被视为体育类民办非企业单位；学术界采用第二种含义，认为合法性是指正当性，即符合人们的某种价值准则（如正义、公平、理性、自由）或者人们的理想、期待，从而被认为是正当、合理的并自愿地服从。笔者赞同冯晓丽等学者的观点，认为草根体育组织也应纳入体育类民办非企业单位。理由有二：第一，基于政府管理效率的考量。据民政部官员于 1998 年 1 月公布的初步摸底统计，当时我国民办非企业单位就已有约 70 万个，⑤ 而截至 2023 年底，在民政部门登记的民办非企业单位仅 50 万个不到。⑥ 由此可推知，目前仍存在大量草根体育组织。根据《取缔非法民间组织暂行办法》第三条规定：“社会团体和民办非企业单位登记管理机关（以下统称登记管理机关）负责对非法民间组织进行调查，收集有关证据，依法作出取缔决定，没收其非法财产。”但在实际上，出于人力、物力、财力的限制，登

---

① 国务院《民办非企业单位登记管理暂行条例》，国务院令第 251 号，第 3 条。

② 谭新莉、戴志鹏：《我国草根体育组织的分类研究——基于“缘”的视角》，载《四川体育科学》2016 年第 6 期，第 94 页。

③ 冯晓丽：《我国民间体育组织的研究进展与发展路径》，载《体育研究与教育》2015 年第 4 期，第 1—2 页。

④ 谢海定：《中国民间组织的合法性困境》，载《法学研究》2004 年第 2 期，第 19—20 页。

⑤ 民政部民间组织管理局：《有关民间组织管理最新法规政策摘编》（内部资料），1998 年 12 月，第 71 页。转引自谢海定：《中国民间组织的合法性困境》，载《法学研究》2004 年第 2 期，第 21 页。

⑥ 民政部：《2023 年民政事业发展统计公报》，2024 年 8 月 6 日，第 10 页。

记管理机关不得不放任大量未经合法登记的民间组织实际存在。这些不合法律性的民间组织长期游离于法律的范围之外，不利于政府的管理。第二，基于对于公民结社权的保护。公民的结社自由是我国宪法明文规定的基本权利，这一基本权利的实现当然要通过法律、法规中设定的程序进行保障。然而现行法规一方面规定了申请登记的严格条件，另一方面又规定未经登记即为“违法”，就不仅仅是从程序上限制了宪法赋予公民结社的自由，而且涉及实体上的限制，这就将公民的一般权利变成了一种特许权利，从而超越了行政管理的职权范围。

需要强调的是，草根体育组织所具有的“民间性”不意味着“不正规”，其必须具有自己的名称、宗旨、负责人和理事会的产生程序与治理范围章程及修改程序、组织机构、管理规范、经常性活动以及终止程序。临时性或一次性的、非正式的沙龙、晚会、体育比赛、论坛等集体活动形式不属于草根体育组织的范畴。①

第二节　中国体育组织治理的现状

政府与社会组织关系的“度”是进一步转变政府职能和提升社会组织治理水平，形成现代社会组织所要解决的重点和难点问题。② 通过上一节论述，可以发现中国体育组织包括体育社会团体和体育类民办非企业单位两大类。其中，体育社会团体的兴办主体为官方机构，体育类民办非企业单位的兴办主体为社会力量。兴办主体的身份差异导致两类体育组织不同的管理方式与状况，因此，本节探寻体育社会团体与体育类民办非企业单位的治理现状，为下文分析两类组织存在的特色问题作铺垫。

一、体育社会团体的现状考察

下文选择全国性单项体育协会作为研究对象，考察体育社会团体的现状。选择全国性单项体育协会作为研究对象主要是基于两个原因。第一，根据学者们的调查，全国性单项体育协会是数量最多的体育社会团体，最能代表体育社会团体的整体情况；③ 第二，相较于其他体育社会团体，全国性单项体育协会的管理模式变化最大。由于职能不明，缺乏人员、经费和编制，全国性单项体育协会在成

① 谭九生：《职业协会惩戒权的公法规制论》，湘潭大学出版社 2011 年版，第 18 页。

② 戴红磊：《中国体育社会组织治理研究》，大连理工大学 2016 年博士学位论文，第 15 页。

③ 崔丽丽等：《全国性体育社团现状分析》，载《天津体育学院学报》2002 年第 4 期，第 1—2 页。

立后的很长一段时间与体育行政部门合为一体，形成“运动项目管理中心+单项体育协会”的同构管理模式。同构管理模式存在历史局限性，其本质是原有体制内权力与职能的优化与调整，存在政府主导决策、缺少监督机制等方面的问题。① 自1998年开始，作为竞技体育管理体制改革重要环节的全国性单项体育协会实体化改革与项目管理中心“脱钩”探索以多种形式铺开。② 所谓“脱钩”，是按照去行政化原则，实现行政机关与单项体育协会之间“机构、职能、资产财务、人员管理和党建外事”等事项的分离，从而规范双方的权力边界。2014年，国家体育总局以问题为导向进行了试点先试、分类推进、分步实施的顶层设计，并制定了《以运动项目管理中心和单项体育协会改革试点为突破口，深化体育管理体制改革的方案》来指导全国性单项体育协会综合改革。③ 综合上述原因，下文从全国性单项体育协会入手，考察体育社会团体的治理情况。

（一）全国性单项体育协会治理情况

从成立的方式来看，在民政部门登记的体育社会团体多由政府部门发起成立。按照国际规则，要加入国际体育组织、参加一些国际比赛必须以体育社会团体的身份，许多体育社会团体，特别是全国性单项体育协会不得不因此成立。甚至有时为了参加国际赛事，国家体育总局的某项目中心就先以未成立协会的名义去参赛，事后才到民政部门申请成立。由此看来，全国性单项体育协会就是体育部门为获得国际比赛资格而成立。这些虚设的全国性单项体育协会，以其先行的行政优势，占据了国际单项体育协会会员的合法席位，剥夺了来自民间的结社诉求。全国性单项体育协会的政府选择，使其实际上变成：政府所有、部门所有或单位所有，如其成立后，会员多由体育部门安排，相关组织和成员成为当然的会员，并不存在其章程规定的入会程序。④ 没有民间力量的响应，缺少广泛的代表性，缺乏社会公信度，因而缺少其存在的社会合法性，已经并继续造成与普通群众、体育爱好者“对立”的危险。

从与政府的关系看，体育社会团体与政府关系密切，行政色彩比较浓厚。体

① 袁钢：《全国性单项体育协会改革的法治化路径》，载《体育科学》2019年第1期，第20—21页。

② 《新时期中国体育改革与制度创新》，https：//www.sport.gov.cn/n4/n15285/n15288/c964230/content.html，最后访问时间：2022年5月25日。

③ 《国家体育总局将以足球等项目为试点深化体育管理体制改革》，http：//www.gov.cn/xinwen/2014-12/29/content_2798368.htm，最后访问时间：2022年5月27日。

④ 汪流等：《我国体育类民间组织现状与未来发展思路》，载《成都体育学院学报》2008年第1期，第24页。

育总局内部规定，一个领导在社团兼职不能超过三个，可见其兼职范围之广。尽管中共中央、国务院分别于1994年和1998年颁布《国务院办公厅关于部门领导同志不兼任社会团体领导职务问题的通知》《中共中央办公厅、国务院办公厅关于党政机关领导干部不兼任社会团体领导职务的通知》，但由于体育部门的“特殊性”，至今没有发生实质性的改变。体育部门对所主管的体育协会不重视、不信任、不放手的问题依然不同程度地存在。同时，由于长期以来，体育协会主要依附政府而存在，缺少平等、独立的主体地位，脱钩后其独立性和权威性难以得到保障，缺乏自身“造血”功能，承接政府职能转移和购买公共体育服务方面的能力不足。[①] 从而导致体育社会团体的办事机构大部分仍然依附在行政机关或事业单位（两块牌子、一套人马），以行政管理手段代替社团自我管理的现象难以避免。

随着全国性单项体育协会去行政化改革的深入，外部法律逐渐放松对其管制，其自主制定的内部章程成为其各项工作开展的依据。为了审视各协会章程制定情况，本节选取中华全国体育总会官网所公布的前22个协会，通过登录其协会官网，获取其协会章程，制作表6。

表6　22个全国性单项体育协会章程制定情况

序号	协会名称	章程最后修改时间
1	中国足球协会[②]	2019年12月4日
2	中国篮球协会[③]	2022年12月17日
3	中国网球协会[④]	2023年3月29日
4	无中国体操协会，国家体育总局体操运动管理中心[⑤]	
5	中国射击协会[⑥]	2016年9月29日

① 国家体育总局政策法规司：《体育社会组织建设基本情况调研报告》，2022年5月。

② 中国足球协会：《中国足球协会章程》，https：//www. thecfa. cn/thecfa/upload/20191204/20191204132708684. pdf，最后访问时间：2022年4月28日。

③ 中国篮球协会：《中国篮球协会章程》，https：//cbanetcdn. cba. net. cn/u/cms/www/202302/14142404vp5q. pdf，最后访问时间：2024年11月5日。

④ 中国网球协会：《中国网球协会章程》，https：//www. tennis. org. cn/notice/xiehui/2023/0401/611485. html，最后访问时间：2024年11月5日访问。

⑤ 国家体育总局体操运动管理中心：《体操运动管理中心简介》，https：//gymnastics. sport. org. cn/Olympic/inform/2015- 01-20/463099. html，最后访问时间：2022年4月28日。

⑥ 中国射击协会：《中国射击协会章程》，http：//www. shooting. org. cn/about/regulations/ 2016/0929/132776. html，最后访问时间：2022年4月28日。

续表

序号	协会名称	章程最后修改时间
6	中国射箭协会①	2023 年 12 月 15 日
7	中国手球协会②	2020 年 8 月 17 日
8	中国垒球协会③	2024 年 5 月 20 日
9	中国棒球协会④	2018 年 6 月 26 日
10	中国举重协会⑤	2019 年 4 月 22 日
11	中国柔道协会⑥	2019 年 11 月 8 日
12	中国皮划艇协会⑦	无
13	中国拳击协会⑧	2021 年 9 月 16 日
14	中国摔跤协会⑨	2008 年 9 月 23 日
15	中国田径协会⑩	2022 年 12 月 8 日
16	中国游泳协会⑪	无
17	中国赛艇协会⑫	2004 年 6 月 2 日

① 中国射箭协会:《中国射箭协会章程》, http: //www. archerysport. org. cn/about/regulations/2024/0416/600492. html, 最后访问时间: 2024 年 11 月 5 日。

② 中国手球协会:《中国手球协会章程》, http: //handball. sport. org. cn/association/ regulations/2020/0817/353524. html, 最后访问时间: 2022 年 4 月 28 日。

③ 中国垒球协会:《中国垒球协会章程》, http: //softball. sport. org. cn/xiehui/zhuxi/2018/0601/333930. html, 最后访问时间: 2024 年 11 月 5 日。

④ 中国棒球协会:《中国棒球协会章程》, http: //baseball. sport. org. cn/xhjs/2019/0805/ 285897. html, 最后访问时间: 2022 年 4 月 28 日。

⑤ 中国举重协会:《中国举重协会章程》, https: //www. cwa. org. cn/guanyuxiehui/xiehuizhangcheng/2018/1109/192132. html, 最后访问时间: 2024 年 11 月 5 日。

⑥ 中国柔道协会:《中国柔道协会章程》, https: //judo. sport. org. cn/ziliaoku/xiangguanziliao/2014/0923/186019. html, 最后访问时间: 2024 年 11 月 5 日。

⑦ 中国皮划艇协会: http: //www. chncanoe. cn/, 最后访问时间: 2022 年 4 月 28 日。

⑧ 中国拳击协会:《中国拳击协会章程》, http: //boxing. sport. org. cn/zlk/2015/0707/ 314566. html, 最后访问时间: 2022 年 4 月 28 日。

⑨ 中国摔跤协会:《中国摔跤协会章程》, https: //wrestling. sport. org. cn/gyxh/, 最后访问时间: 2022 年 4 月 28 日。

⑩ 中国田径协会:《中国田径协会章程》, https: //www. athletics. org. cn/bulletin/gzzd/2020/0512/338307. html, 最后访问时间: 2024 年 11 月 5 日。

⑪ 中国游泳协会: https: //www. swimming. org. cn/xhgg/index. html, 最后访问时间: 2022 年 4 月 28 日。

⑫ 中国赛艇协会:《中国赛艇协会章程》, http: //www. rowing. org. cn/cra/regulations/ 2004/0602/331656. html, 最后访问时间: 2022 年 4 月 28 日。

续表

序号	协会名称	章程最后修改时间
18	中国帆船帆板运动协会①	2022 年 7 月 5 日
19	中国冰球协会②	2017 年 10 月 20 日
20	中国滑冰协会③	2018 年 5 月 18 日
21	中国滑雪协会	官网无法访问
22	中国马术协会④	2022 年 12 月 28 日

由表 6 可知，在所检索的 22 个全国性单项体育协会中，除中国滑雪协会官网多次无法访问，共访问 21 个全国性单项体育协会的官方网站。这 21 个全国性单项体育协会官网中，中国皮划艇协会和中国游泳协会的官网上无法获取其协会章程。这说明我国绝大多数的全国性单项体育协会比较重视制定章程，但仍有少数组织存在章程“虚无”的现实窘境。

自 2014 年，国家体育总局制定了《以运动项目管理中心和单项体育协会改革试点为突破口，深化体育管理体制改革的方案》指导单项体育协会综合改革后，共有 16 个全国性单项体育协会积极响应，修改章程。除此之外，中国摔跤协会和中国赛艇协会这两个协会自成立后几乎从未修改过章程；除中国篮球协会、中国网球协会、中国射箭协会、中国垒球协会、中国拳击协会、中国田径协会、中国帆船帆板运动协会、中国手球协会和中国马术协会这 9 个协会在近 4 年间更新过章程外，其余协会在近 4 年间均未修改过章程。这说明，仍有相当一部分全国性单项体育协会的章程仅具形式性作用，流于书面文字层面，并未发挥指导协会工作的实质性作用。体育组织章程是构建现代体育社会组织制度的重要保障，它规定并强化着体育组织的自主建设和特色发展，是体育组织精神的缩影和集中体现，是体育组织治理的主体和关键所在。囿于篇幅，本节无法详细考察每一个全国性单项体育协会的章程。考虑到中国足球协会作为全国性

① 中国帆船帆板运动协会：《中国帆船帆板运动协会章程》，https：//www. chinasailing. org. cn/notice/934，最后访问时间：2022 年 4 月 28 日。

② 中国冰球协会：《中国冰球协会章程》，http：//icehockey. sport. org. cn/about/zcgd/ 2017/1020/160273. html，最后访问时间：2022 年 4 月 28 日。

③ 中国滑冰协会：《中国滑冰协会章程》，https：//115. 29. 143. 203/Constitution/index. aspx，最后访问时间：2024 年 11 月 5 日。

④ 中国马术协会：《中国马术协会章程》，https：//www. c-e-a. org. cn/news-info-1994. html，最后访问时间：2024 年 11 月 5 日。

单项体育协会中最早进行脱钩的协会，① 下文重点分析中国足球协会的章程所规定的治理结构和运行机制，总结经验，分析问题，为其他单项体育协会的治理提供有益借鉴。

（二）中国足球协会内部治理结构和机制

1. 治理结构

参考天津、广东等地为推进社会组织标准化建设所出台的《社会组织法人治理结构标准》，以及各类社团、单项体育协会内部所共有的治理结构，单项体育协会内部最普遍的治理结构一般包括会员大会、理事会、监事会以及秘书处，并以此形成分权制衡。② 根据《中国足球协会章程》，中国足球协会已经按照行业协会要求构建了内部会员代表大会与主席会议，会员代表大会常设的执行委员会负责协会权利行使，主席会议下设秘书处负责协会日常事务运营，基本保证足球协会内部日常工作的开展。③

如图 1 所示，会员代表大会是协会的最高权力机构，主要负责制定和修改中国足球协会章程，选举和罢免主席、副主席和执行委员会委员，审议中长期发展规划、工作报告、专项报告、财务报告等。④ 会员代表大会下设执行委员会（类似于理事会），是中国足球协会最高权力的常设机构。执行委员会由主席、专职副主席、副主席、执行委员会成员组成，在会员大会闭会期间行使大会职权。其主要职权包括：（1）执行会员大会的决议；（2）向会员代表大会提议选举或罢免主席；（3）准备和筹备召开会员大会和特别会员大会；（4）向会员代表大会报告工作；（5）决定会员的吸收或除名；（6）决定足球协会重大事项。⑤

---

① 2015 年 3 月 16 日由国务院办公厅颁布实施的《中国足球改革发展总体方案》，明确了中国足球协会实体化改革的方向，即减少政府机关对体育行业的直接干预，形成适应现代化足球运营需要的协会管理体制。从此，中国足球协会在组织上与国家体育总局脱钩，成为独立的社团法人。

② 王志文、张瑞林：《全国性单项体育协会脱钩后内部治理的完善——基于中国足协的实证考察》，载《天津体育学院学报》2020 年第 2 期，第 196 页。

③ 郑志强、李阳、冯晓丽：《中国足球协会内部法人治理结构的优化策略》，载《体育成人教育学刊》2020 年第 4 期，第 48 页。

④ 中国足球协会：《中国足球协会章程》，https：//www. thecfa. cn/thecfa/upload/20191204/20191204132708684. pdf，最后访问时间：2022 年 4 月 28 日。

⑤ 中国足球协会：《中国足球协会章程》，https：//www. thecfa. cn/thecfa/upload/20191204/20191204132708684. pdf，最后访问时间：2022 年 4 月 28 日。

会员代表大会/最高权力机构

主席会议、秘书处/行政机构

决策机构（无）/监督机构（无）

图 1　中国足球协会内部治理结构

主席会议是执行委员会闭会期间的决策机构，由主席召集，行使指导、管理、服务、监督职责，全面负责足球协会各项工作的决策机制。[①] 主席会议由主席指定的若干副主席和秘书长、司库组成。下设咨询、财务、竞赛、学校足球、新闻、外事等 16 个专项委员会，这 16 个专项委员会是足球协会内部的办事机构，[②] 由秘书长负责领导，秘书长也是中国足球协会真正意义上的行政机构。主席会议下设由秘书长领导的办事机构，负责处理本会的日常工作。常设办事机构的设置，由秘书长提出方案，报主席会议批准。[③] 秘书处是中国足球协会的执行机构。秘书处的具体职责是：（1）执行委员会和主席会议的决定；（2）执行各专项委员会的决定；（3）处理日常事务性工作；（4）处理本会对外联络工作；（5）管理本会财务。

从机构设置上看，中国足球协会治理结构涵盖权力机构、执行机构和工作机构三个主体，基本上具备现代社会组织治理结构的各种要素。与国际单项体育协会的通用范式相比，会员代表大会是最高权力机构，足球协会执委会相当于理事会这一决策机构，主席办公会为足球协会特有机构，并有仲裁委员会这一司法机构以及纪律委员会、道德委员会这类法律机构。目前，中国足球协会仲裁委员会与道德委员会是足球协会内部的主要监督机构，但从机构性质看，这两个机构仅是主席会议下设的内部专项委员会，层级上并不能很好地行使对主席会议与秘书

---

① 中国足球协会：《中国足球协会章程》，https：//www. thecfa. cn/thecfa/upload/20191204/20191204132708684. pdf，最后访问时间：2022 年 4 月 28 日。

② 孔令良、郑志强：《全国性单项体育协会内部治理机制的法治化路径——对标国际足联的中国足协内部自治的考察》，载《体育研究与教育》2021 年第 4 期，第 2 页。

③ 郑志强、李阳、冯晓丽：《中国足球协会内部法人治理结构的优化策略》，载《体育成人教育学刊》2020 年第 4 期，第 49 页。

处的监督职能。监事会的缺失意味着中国足球协会难以形成相互分权与制衡的治理结构。

2. 自我管理机制

自我管理机制是指在治理过程中各种治理手段或方法相互渗透的内在原因及其规律性体现，它存在于制度、功能、环境等不同层面，涵盖了决策、执行、监督等各个方面。随着体育行政机关对于全国性单项体育协会的“放权”，全国性单项体育协会通过决策机制、处罚机制、救济机制对其内部成员（主要指运动员）的管理与控制程度提高。

（1）决策机制

决策机制是设计决策权在组织内部利益相关者之间的分配格局，包括会员大会决策机制、理事会决策机制和领导者决策机制。根据《中国足球协会章程》规定，会员代表大会、理事会、协会领导都有参与协会决策的权力。其中，会员代表大会拥有对协会的最高决策权。但在实践中，会员代表大会从 2015 年脱钩后至今只召开过两次，而且只在大会上讨论一些重大事项。按照足球协会章程，会员大会闭会期间由足球协会执委会执行决策，而执委会会议一年只有三次，不可能全权处理足球协会的日常大小事务，故足球协会日常各项事务的决策权落到了主席办公会身上，并指令下属的秘书处进行实际处理，这样协会章程所规定的会员大会、执委会的最高决策权就被架空，主席所管辖的主席办公会掌握了决策权。① 这意味着足球协会的行政权和决策权几乎都较为集中地掌握在主席、副主席和秘书长手里。然而在实践中，考察中国足球协会的人事任免状况，发现足球协会的领导层都具有政府背景，内部选举程序推行不到位，政府官员意志常影响足球协会内部人事任免。②

（2）处罚机制

中国足球协会官网上在 2023 年共公布 103 份处罚决定书，处罚的对象可以分为自然人和法人两大类，自然人包括运动员、官员；法人则是指俱乐部和赛区。③

---

① 王志文、张瑞林：《全国性单项体育协会脱钩后内部治理的完善——基于中国足协的实证考察》，载《天津体育学院学报》2020 年第 2 期，第 197 页。

② 胡佳澍：《政社分离视域下政府对中国足球协会的嵌入性治理》，载《沈阳体育学院学报》2017 年第 4 期，第 4—5 页。

③ 中国足球协会：《处罚决定》，https：//www. thecfa. cn/cftz/index. html，最后访问时间：2024 年 11 月 5 日。

这一年，对自然人的处罚决定书有74份，[1] 占总数的71.8%，其中涉及运动员的54份、官员的20份，所占比例分别为52.4%和19.4%。对法人的处罚决定书有29份，占总数的28.2%。可见，近年来，对自然人的处罚比例远远高于对法人的处罚比例，而在对自然人的处罚中，对运动员的处罚比例最高。因此，有必要研究并完善足球协会对于运动员的救济机制，使其权力行使及运行进一步规范化、法治化，以期达到维护秩序与保护利益之平衡的目的。

在公开的一千余份纪律处罚决定书中，处罚依据主要是《中国足球协会纪律准则》。然而，以《中国足球协会纪律准则》为例，至今中国足球协会已颁布11部有关纪律处罚的文件，包括2006年和2009年的《中国足球协会纪律准则及处罚办法（试行）》，2011年的《中国足球协会纪律准则及处罚办法》，以及2015年、2016年、2017年、2018年、2019年、2021年、2022年和2024年的《中国足球协会纪律准则》。《中国足球协会纪律准则》作为一部专门规定足球协会纪律处罚的规范性文件，基本是年年修改。规则文本如此频繁改动和更迭，一方面说明中国足球协会与时俱进，通过规则的完善以适应不断变化的新情况，有针对性地解决新问题；另一方面也反映出规则制定中所存在的科学性、预见性不够的问题，从而影响了规则的稳定性、权威性及有效性。

按照法律程序构建的基本逻辑，不同的处罚方式应有不同的处罚程序。但在纪律处罚决定书中，其文书格式基本上是“时间—地点—处罚对象—违规行为—处罚依据—处罚结果”，处罚文书不仅没有说理性，也根本没有提到作出处罚决定的过程和步骤，更不涉及处罚后的救济途径，这样的处罚程序难免显得过于简单。

（3）救济机制

2005年《中国足球协会章程》第六十二条规定，内部成员的业内争议不能提交法院，而只能向中国足球协会的仲裁委员会提出申诉。对此，2019年《中国足球协会章程》有所改变，第五十四条第一项规定，“除本章程和国际足联另有规定外，本会及本会管辖范围内的足球组织和足球从业人员不得将争议诉诸法院。有关争议应提交本会或国际足联的有关机构解决”。该规定虽然同样确认了排斥司法救济原则，但在救济途径上增加了“国际足联的有关机构”。第五十五条进一步规定，“任何对国际足联做出的最终的、具有约束力的裁决上诉，应当

---

[1] 包括同时处罚俱乐部及其有关人员的案件。

向位于瑞士洛桑的体育仲裁法庭提出”。也就是说，即便是排斥司法救济，国际足联的裁决也并非唯一的、终局的。对此，2012 年的《国际足联章程》也有相应规定。2019 年《中国足球协会章程》第五十四条又明文肯定了足球协会内部仲裁的唯一性和终局性，规定中国足球协会对其“管辖范围内的足球组织和足球从业人员不得将争议诉诸法院”，而由中国足球协会行使“管辖权”。随着中国体育仲裁委员会的设立，《中国足球协会仲裁委员会工作规则》第四条也改为：“中国足球协会管辖范围内发生的相关纠纷，可以依法向中国体育仲裁委员会申请仲裁。”从而提供了向足球协会内部仲裁以外的其他途径寻求救济的可能性，这对相对人权利保护和救济而言是一个极大的保障。

二、体育类民办非企业单位的现状考察

作为一种由民间力量兴办的体育组织，体育类民办非企业单位的发展不仅受到内部管理制度的影响，而且受到外部法律法规的影响。下文通过分析体育类民间非企业单位的外部法律与内部治理情况，考察其发展情况。

（一）体育类民办非企业单位的外部法律

目前，国家层面适用于体育类民办非企业单位的法律体系可归纳为法律、行政法规、部门规章和部门规范性文件四个类别，详见表 7。

表 7　我国体育民办非企业单位法律法规规范

直接规范体育民办非企业单位行为的法律法规		
名称与类别	主要内容	颁布机关与时间
《体育类民办非企业单位登记审查与管理暂行办法》部门规章	业务主管和登记审查单位、申请设立条件、从事业务范围与资金来源、对违规行为的处罚	国家体育总局、民政部 2000. 11. 10
间接规范体育民办非企业单位行为的法律法规		
名称与类别	主要内容	发布机关与时间
《民办非企业单位登记管理暂行条例》行政法规	登记管理主体；登记程序与内容；监督管理；对登记违规的处罚	国务院 1998. 10. 25
《民办非企业单位年度检查办法》部门规章	民办非企业单位年检的程序与内容；年检违规的处罚	民政部 2005. 4. 7

续表

《关于对明确民办非企业单位财务管理制度等问题的函》部门规范性文件	明确民办非企业单位适用的财务会计制度与性质	财政部 1999. 10. 20
《关于公益股权捐赠企业所得税政策问题的通知》部门规范性文件	企业向公益性社会团体实施的股权捐赠的范围与程序	财政部、国家税务总局 2016. 1. 1
《关于深入开展民办非企业单位信息公开和承诺服务活动工作的意见》部门规范性文件	明确信息公开与承诺服务的内容与方式；监督管理	民政部 2007. 9. 30

由表 7 可以看出，我国体育类民办非企业单位的法律体系是以国务院于 1998 年发布的《民办非企业单位登记管理暂行条例》为统领，辅之以其他间接规范体育类民办非企业单位行为的行政法规、部门规章和部门规范性文件等。整体来看，直接规范体育类民办非企业单位行为的法律法规较少且法律位阶较低，仅有《体育类民办非企业单位登记审查与管理暂行办法》这部暂行的部门规章，可能无法满足体育类民办非企业单位的发展需要。另外，一些涉及民办非企业单位的主要法律法规及规范性文件，多数颁布已经超过十年，其规定与目前的发展形势脱节，需要及时修改。

与此同时，我国体育类民办非企业单位的法律体系还欠完善，存在些许缺陷。首先，法律结构比较零散，部门之间缺乏衔接。以税收为例，目前涉及体育类民办非企业单位税收优惠政策的条款较多，散见于《企业所得税法》《公益事业捐赠法》《财政部、国家税务总局关于非营利组织企业所得税免税收入问题的通知》《财政部、国家税务总局关于非营利组织免税资格认定管理有关问题的通知》等各种税收法律法规中，而且内容过于粗放笼统、税收对象欠明确，有的按照主体，有的按照客体，有的按照收入，有的按行业等。① 其次，法律法规之间存在矛盾和冲突。首先，《民办非企业单位登记管理暂行条例》的某些规定与上位法之间存在冲突。例如，《民办非企业单位登记管理暂行条例》规定了民办非企业单位可以接受捐赠，但《公益事业捐赠法》却没有直接明确民办非企业单位可以作为受赠主体。其次，《民办非企业单位登记管理暂行条例》与某些法律法规存在矛盾。例如，《民办非企业单位登记管理暂行条例》规定体育类民办非企业单位严禁从事营利性活动，但《企业所得税法》规定，非营利组织从事营

① 戴红磊：《中国体育社会组织治理研究》，大连理工大学 2016 年博士学位论文，第 138 页。

利性活动所得不享受税收优惠。最后，法律法规缺乏具体性和可操作性。《民办非企业单位登记管理暂行条例》和《体育类民办非企业单位登记审查与管理暂行办法》虽然对体育类民办非企业单位的监管做了些许“程序”上的要求，但对于免税资格认定、财务审核评估及信息披露缺乏具体性和可操作性。从本质上说，现有法律法规缺乏关于体育类民办非企业单位法律地位的基本规范，对体育类民办非企业单位民事关系的调整能力极为薄弱，仅依靠部门之间的沟通协调和“选择性适用”法规政策并不能较好地解决职能交叉和管理缺位的问题。

最关键的问题是，现行的法律对于体育类民办非企业单位准入门槛设置较高，不利于其发展壮大。根据《体育类民办非企业单位登记审查与管理暂行办法》第三条的规定：“……国务院体育行政部门负责指导全国体育类民办非企业单位的登记审查工作，并负责在民政部登记的体育类民办非企业单位的登记审查工作。县级以上地方各级人民政府体育行政部门负责本辖区内体育类民办非企业单位的设立审查工作。”可知，国家对体育类民办非企业单位实行“归口登记、双重负责、分级管理”的双重管理体制，即体育类民办非企业单位必须通过业务主管单位（各级体育行政部门）和登记管理部门（各级民政部门）的双重认可才能获得合法身份，并且要同时接受登记管理部门和业务管理单位的双重管理。从社会组织发展历程来看，这一体制总体上适应我国国情，符合体育类民办非企业单位的发展现状。但随着时间的推移，双重管理体制暴露出政府在管理理念上对体育类民办非企业单位的管制心态。双重管理体制分别给予了两个机关“一票否决权”，过于严苛的登记门槛致使实践中存在大量草根体育组织。

（二）草根体育组织治理情况

下文选择草根体育组织作为对象，考察体育类民办非企业单位的现状，原因如下：第一，从理论上来看，学术界与立法界对于草根体育组织是否应纳入体育类民办非企业单位存在分歧，此时梳理草根体育组织的治理现状，更有利于进一步回应这一分歧；第二，由于立法界将草根体育组织排除于体育类民办非企业的范围，现行法律法规缺乏对于草根体育组织的规制；第三，其他体育类民办非企业单位的自我管理权经过法律认可，是一种经过法律确认的权力。草根体育组织所享有的自我管理权产生于组织内部，是一种基于契约而形成的权利，其来源于成员的一致同意，而不是组织外部其他主体的赋予。[①] 自我管理权来源形式的不

① 徐靖：《诉讼视角下社会公权力法律规制研究》，法律出版社 2014 年版，第 33 页。

同可能影响其内部治理，亟待专门研究。

由于草根体育组织发起方式的民间性，即完全由民间自觉发起、不被现行法规认可，其存在形式多种多样。根据学者观点，现阶段草根体育组织主要有三种：第一，在本机关、事业、企业等单位内部成立并开展活动的体育组织，如各企事业单位成立的球类俱乐部；第二，在工商部门登记注册并取得企业法人资格从事公益体育活动的组织；第三，没有注册或登记的大量群众健身组织，如社区广场舞群体、各类社区球类俱乐部等。①

由于草根体育组织几乎未设立官方网站，无法直接通过互联网获取该类组织章程与结构。因此，下文选取数名学者对于草根体育组织所进行的调研报告，通过观察其内部治理制度与机制，分析其内部自我管理情况。（见表8）

表8　草根体育组织内部自我管理情况

序号	组织名称	考察时间	参与方式	内部治理制度	资金来源渠道	内部机构设置
1	咕咚临汾跑团②	2018年	微信、健身APP等新媒体方式	由跑团内志愿者委员会集体讨论决定	所有经费来源于组织成员自愿缴纳	跑团团长等管理人员由成员自愿参与、自发式管理
2	黎明脚步组织③	2015年	实地线下报名方式；QQ、微信等新媒体方式	无规章制度	所有经费来源于组织成员自愿缴纳	成员之间地位平等，不存在任何上下级关系
3	吉泉村广场舞协会④	2016年	吉泉村村民线下报名	有协会章程	入会村民需每人每年缴纳20元作为活动经费，余下部分由村大户赞助或村委会拨款	设有专门办公室和组织机构

① 杨志亭、孙建华、张铁民：《社会转型期我国草根体育组织发展的困境与培育路径》，载《沈阳体育学院学报》2016年第2期，第66—67页。

② 冯晓丽：《民间体育组织——中国经验与本土治理》，社会科学文献出版社2018年版，第168—172页。

③ 冯晓丽、李秀云：《新媒体时代草根体育组织发展的困境与路径选择——以“黎明脚步组织”为例》，载《上海体育学院学报》2015年第2期，第36—39页。

④ 于文谦、戴红磊：《我国农村非正式体育组织的实践逻辑》，载《北京体育大学学报》2016年第11期，第25—30页。

续表

序号	组织名称	考察时间	参与方式	内部治理制度	资金来源渠道	内部机构设置
4	回龙观足球协会①	2011 年	回龙观小区业主线下报名	没有规范的治理制度	所有经费来源于组织成员自愿缴纳	成员之间地位平等，不存在任何上下级关系

由表 8 可知，目前我国草根体育组织的设立方式主要有两种，一种是借助村委会、居委会兴办的地域性草根体育组织，另一种是借助新媒体兴办的新型草根体育组织。前一种草根体育组织的组织过程是在关系社会的特质下进行的，村中或社区中的政治能人、经济能人和技术能人是农村非正式体育组织形成的基础；中国传统的人情法则、人伦秩序和人缘关系是保证该组织运行的因素。② 后一种草根体育组织是依托网络社会的特质进行的，有参与积极性的网民是该类组织形成的基础；网络的便捷性与成员的参与热情是保证该组织运行的因素。

由上述学者们的调研结果可以发现，草根体育组织并无规范的管理制度，仅靠着一群志愿者运用村规民约的方式自主管理。例如“咕咚临汾跑团”摆脱了以往组织定岗定位的管理模式，其管理人员均由成员自愿参与、自发式管理，与其他成员之间地位平等，不存在任何领导与被领导的关系，成员之间以彼此的网名相称，不问各自的工作单位等私人情况。组织没有特定的活动举行日，活动的举行是由热心网友在网上发起，通过上传下达的口头方式，得到大家的同意后，才进行操作。再如“吉泉村广场舞协会”各自然村广场舞蹈队的组建者无行政权威，在与村民的人际交往中是完全平等的，其采取的治理策略是利用其与村民的私人关系和人情法则来维系的，因为这些村中能人平时对村民有过帮助，村民为了还“人情”而情愿参与活动并听从安排。③ 这种交换给予的是情感表达，回报的是情感响应。如黄光国所言：“人情法则适用于亲戚、好朋友和邻居同乡等熟人关系，这一法则不仅是一种用来规范社会交易与经济交易的准则，也是个体在稳定及结构性的社会环境中用来争取可用资源的社会机制。”④ 可以说，人情

① 郝亮等：《当前我国城市社区体育草根组织的运行机制研究——以回龙观地区足球协会为案例》，载《体育科技》2011 年第 1 期，第 91—95 页。

② 于文谦、戴红磊：《我国农村非正式体育组织的实践逻辑》，载《北京体育大学学报》2016 年第 11 期，第 25 页。

③ 于文谦、戴红磊：《我国农村非正式体育组织的实践逻辑》，载《北京体育大学学报》2016 年第 11 期，第 28 页。

④ 黄光国：《人情与面子：中国人的权力游戏》，中国人民大学出版社 2010 年版，第 3 页。

法则取代了规章制度，成为草根体育组织治理的核心要素。

草根体育组织的运作资金和设施配备是组织内部举行活动的物质保障，也是组织良性发展的基础。通过以上学者研究可以发现，草根体育组织的运行经费来源比较匮乏，主要以成员缴费为主，缺乏政府扶持与企业赞助。以“咕咚临汾跑团”为例，其作为一个经费紧缺的组织，组织内所有经费都由组织成员自愿缴纳。如果组织内准备举行跑步以外的各项活动，例如车费、食宿、成员平时的聚会等，需提前通知组织成员是否需要分摊费用，组织内有专人自愿负责帮大家管理财务，活动结束后，该负责人公布总的消费明细，以及人均消费情况，采用多退少补的形式，保证财务公开透明。与此同时，草根体育组织存在设施老化与场地不足的现象。以“吉泉村广场舞协会”为例，在设施配置上，除村委会院内有些许锈迹斑斑的健身路径和一片室外篮球场外，各自然村均无健身路径和专业项目场地。可以看出，缺乏运作资金和设施配备成为制约草根体育组织发展的重要因素。

草根体育组织发展的关键问题是身份认同，其必须同时争取两种合法性：“一种是来自政府的承认和信任，即官方合法性；另一种是来自社会的承认和信任，即社会合法性。”① 从草根体育组织的人数、区域、活动等情况看该组织已赢得了社会的承认与信任，并具备了社会合法性。从官方合法性看，因政府对体制外的草根社会组织的审批还处于严格管理状态，该类体育组织目前还未注册登记为全国性的正式组织。正是由于其还未注册登记为全国性的正式组织，组织也因没有合法性的身份带来许多发展上的限制与困难。在访谈中，某地“黎明脚步组织”代表谈到：“活动场地的审批需要城管部门的批准，活动的内容还需要公安、民政部门的批准，我们要找企业赞助，企业就要求我们出示发票等。因为我们没有公章，请城管、公安、民政审批很难，企业会认为他们的赞助没有名分，也拒绝为我们提供赞助。”② 在实践中，由于缺乏官方身份，草根体育组织无法大力开展组织内部活动，没有资格参与政府购买公共体育服务的公开招标，缺少协会与政府支持，成为制约组织发展的根源所在。

---

① 康晓光：《创造希望：中国青少年基金会研究》，广西师范大学出版社 1997 年版，第 637 页。

② 冯晓丽、李秀云：《新媒体时代草根体育组织发展的困境与路径选择——以“黎明脚步组织”为例》，载《上海体育学院学报》2015 年第 2 期，第 38 页。

第三节　中国体育组织治理问题

一、法律法规不健全

（一）相关法律术语不统一

通过第一节对于规范体育组织的法律法规的梳理，可以发现在现行法律体系中，“体育组织”有着不同的称谓，范围也不一致。不仅法律位阶较低的法规对于“体育组织”的称谓不够统一，而且法律位阶更高的法律对于“体育组织”的称谓也不一致。现行《体育法》存在混用“体育组织”与“体育社会团体”的现象，缺乏对“体育组织”“体育社会团体”范围的说明。详见表9。

表9　2022年《体育法》第六章“体育组织”与2016年《体育法》第五章“体育社会团体”比较

2022年《体育法》第六章体育组织	2016年《体育法》第五章体育社会团体
第六十一条　国家鼓励、支持体育组织依照法律法规和章程开展体育活动，推动体育事业发展。 国家鼓励体育组织积极参加国际体育交流合作，参与国际体育运动规则的制定。	第三十五条　国家鼓励、支持体育社会团体按照其章程，组织和开展体育活动，推动体育事业的发展。
第六十二条　中华全国体育总会和地方各级体育总会是团结各类体育组织和体育工作者、体育爱好者的群众性体育组织，应当在发展体育事业中发挥作用。	第三十六条　各级体育总会是联系、团结运动员和体育工作者的群众性体育组织，应当在发展体育事业中发挥作用。
第六十三条　中国奥林匹克委员会是以发展体育和推动奥林匹克运动为主要任务的体育组织，代表中国参与国际奥林匹克事务。	第三十七条　中国奥林匹克委员会是以发展和推动奥林匹克运动为主要任务的体育组织，代表中国参与国际奥林匹克事务。
第六十四条　体育科学社会团体是体育科学技术工作者的学术性体育社会组织，应当在发展体育科技事业中发挥作用。	第三十八条　体育科学社会团体是体育科学技术工作者的学术性群众组织，应当在发展体育科技事业中发挥作用。

续表

2022年《体育法》第六章体育组织	2016年《体育法》第五章体育社会团体
与2016年《体育法》第三十九条相比，第六十五条至第六十七条规定新增全国性单项体育协会的权利义务。①	第三十九条　全国性的单项体育协会管理该项运动的普及与提高工作，代表中国参加相应的国际单项体育组织。
第六十八条　国家鼓励发展青少年体育俱乐部、社区健身组织等各类自治性体育组织。	

由表9可知现行《体育法》第六章章名为"体育组织"，但是第六十四条规定："体育科学社会团体是体育科学技术工作者的学术性体育社会组织，应当在发展体育科技事业中发挥作用。"以及第六十五条第一款规定："全国性单项体育协会是依法登记的体育社会组织，代表中国参加相应的国际单项体育组织，根据章程加入中华全国体育总会、派代表担任中国奥林匹克委员会委员。"仍出现了"体育社会组织"的措辞。第十一章"法律责任"部分也出现了"体育社会组织"的措辞。如第一百一十七条规定："运动员违规使用兴奋剂的，由有关体育社会组织、运动员管理单位、体育赛事活动组织者作出取消参赛资格、取消比赛成绩或者禁赛等处理。"由第一节的分析梳理可知，"体育组织"的范围等于"体育社会组织"的范围，包括体育社会团体与体育类民办非企业单位两类组织，但法条如此表述会让民众对于"体育组织"与"体育社会组织"的范围与关系充满疑惑。

（二）注册标准设立过高

我国关于体育组织的管理和登记制度，沿用《民办非企业单位登记管理暂行条例》所创设的社会组织登记管理制度，为"双重管理制度"。这一管理产生于20世纪80年代末期，具有以下四类主要的特征：第一，归口登记。所有社会团体都由国务院民政部门和地方县级以上各级民政部门登记，只有经民政部门登记的社会团体才具有社会团体法人资格，具备民事主体的权能。第二，双重负责。

① 2022年《体育法》第六十五条："全国性单项体育协会是依法登记的体育社会组织，代表中国参加相应的国际单项体育组织，根据章程加入中华全国体育总会、派代表担任中国奥林匹克委员会委员。全国性单项体育协会负责相应项目的普及与提高，制定相应项目技术规范、竞赛规则、团体标准，规范体育赛事活动。"第六十六条："单项体育协会应当依法维护会员的合法权益，积极向有关单位反映会员的意见和建议。"第六十七条："单项体育协会应当接受体育行政部门的指导和监管，健全内部治理机制，制定行业规则，加强行业自律。"

社会团体的业务活动受有关业务主管部门的指导，申请成立社会团体，应当经过有关业务主管部门审查同意后，向登记管理机关申请登记，有关业务主管部门和登记管理机关对经核准登记的社会团体的日常管理负责。第三，分级管理。成立全国性的社会团体需要向民政部申请登记，而成立地方性的社会团体，则向其办事机构所在地相应的民政部门申请登记，跨行政区域的社会团体，向所跨行政区域的共同上一级民政部门申请登记。第四，限制竞争。根据《社会团体登记管理条例》规定，在同一行政区域内不得成立相同或者相似的社会团体，这也被称为限制竞争的“一地一会”制。该制度的初衷是基于历史的缘故分散管理风险，稳定社会秩序。[①] 但在现代社会，这种制度造成草根体育组织与其他体育类民办非企业单位因不同原因缺乏明确的监管部门。

对于草根体育组织而言，这种提高注册登记标准的制度使其无法获得合法身份，无法找到明确的监管部门。比如受到海内外媒体广泛关注的北京回龙观业主足球协会的身份认证问题，因为登记制度非常严格，该协会努力了七年也没有得到法律上的认同，至今依然被称为“非法组织”。[②] 这种状态下，草根体育组织的生存和发展极易遭遇困境，主要表现在两个方面：一是在缺乏政府保护和法律监管的条件下，草根体育组织常常无法享受平等竞争权利，无法有效获取资源。草根体育组织在举办体育活动时不可避免地要同政府部门打交道，如在公共场所举办健身活动就需要得到城管部门的同意，同时也要同公安部门、行政部门等沟通协调，以确保活动的顺利举办。如果其身份问题尚没得到解决，其活动的开展便会困难重重。二是在缺乏业务主管部门的情况下，草根体育组织治理效率低。这是由于草根体育组织尚处于摸索时期，很多组织内部都缺乏一套行之有效的运作机制，比如一些社团的资源管理人才比较匮乏，吸纳新成员的相关机制不太健全，运营管理非常随意使得内部成员素质参差不齐，同时成员流动性比较大；有的社团的制度建设尚待健全，出现一些问题以后经常无章可循，更有甚者用口头约定来处理问题。

（三）脱钩后政策保障程度低

我国至今没有国家层面上的行业协会专门法律，相关领域最高位阶法律为

---

① 徐靖：《诉讼视角下中国社会公权力法律规制研究》，法律出版社 2014 年版，第 91 页。

② 国家民政部颁布的《取缔非法民间组织暂行办法》明确规定：“未经批准，擅自开展社会团体筹备活动的”，或者“未经登记，擅自以社会团体或者民办非企业单位名义进行活动的”，均被视为“非法民间组织”。

《社会团体登记管理条例》，该条例仅是行政法规层级。虽然相关部委各自出台了一些政策文件，一些地方政府出台了地方性法规，但这些政策法规难以全面有效地保障行业协会健康发展。此外，《社会团体登记管理条例》并非行业协会专门的立法，忽略了行业协会与其他社会团体的区别，特别是对其性质、职能等内容缺乏明确规定。这种"一法统揽"和单行法缺失的现象，也使得体育协会在与行政机关脱钩过程中出现的许多问题无法可依，从而导致尽管国家出台了《关于全面推开行业协会商会与行政机关脱钩改革的实施意见》，并在其中对于脱钩改革涉及的机构、职能、资产财务、人员管理及党建、外事等事项作出了规定，福建、重庆等多个省份也出台了地方性的体育行业社会组织脱钩改革实施方案，但目前针对体育协会的脱钩制度还不是很完善，对脱钩改革后体育协会的性质、职责、功能认识还不够清晰。

同时，协会脱钩改革之前，大部分协会习惯性地把自己当作体育部门的下属单位，没有从法人主体的角度去思考协会发展的问题。协会脱钩改革后，由于部分协会未及时形成以章程为核心的内部管理制度，没有了"主心骨"后找不到发展方向。再加上政府对社会组织管理的相关法律法规不完善，个别协会存在脱钩后脱管的问题，① 财务不公开不透明，财务审计流于形式，负责人独揽大权，在换届、年检、资质评估、党建等工作上不规范现象较多。②

二、行政管理体制不完善

（一）不同体育社会团体难以互相独立

前文所提及的中华全国体育总会、中国奥林匹克委员会、全国性单项体育协会难以相互独立的现象与我国体育各时期的发展方式与管理模式有关。我国近代体育发端于19世纪末20世纪初，经基督教青年会传入中国并由其主导。建国前期，受五四爱国运动的影响，教育界和体育界知名人士着手组建由中国人自主管理的全国性体育组织——中华全国体育协进会。③ 这一时期，体育事业主要由爱国人士自主管理。建国初期，为在体育社会资源严重不足的情况下，实现国家体

---

① 国家体育总局政策法规司：《体育社会组织建设基本情况调研报告》，2022年体育改革发展调研专题报告之十二，2022年5月。

② 国家体育总局政策法规司：《基层体育治理基本情况调研报告》，2022年体育改革发展调研专题报告之十一，2022年5月。

③ 俞大伟、黄亚玲：《中华全国体育总会职能弱化的历史探析》，载《西安体育学院学报》2015年第2期，第147页。

育发展的目标，首次全国性体育会议将“中华全国体育协进会”改组为“中华全国体育总会”，并以中国奥林匹克委员会的名义和身份参加1952年赫尔辛基奥运会。[①] 1952年，为提高国际体育竞赛成绩，中国借鉴前苏联体育管理模式，成立“国家体育委员会”（以下简称国家体委，现国家体育总局）。国家体委接管了原计划要转到教育部的体育总会，将体育总会同构在自身体系之中。[②] 自20世纪50年代，为了与国际体育组织的接轨，国家体委进行了制度创新，开始设立与其职能合一的单项体育协会，[③] 形成了单项体育协会与体育行政部门合为一体的“国家体委+单项体育协会”的管理模式。

在建国初期计划经济阶段，这种高度集中的体育管理模式使得我国体育事业迅速崛起，于1984年洛杉矶奥运会获得15枚金牌，位居世界奖牌榜第4位。然而，这种政社不分现象导致体育社会团体行政化倾向严重、自主性差，不能真正发挥其应有的作用，表现之一为中华全国体育总会、中国奥林匹克委员会、全国性单项体育协会三类主体难以相互独立，存在人员混同、财务混同、管理混同的现象。单项体育协会自诞生以来一直受“政府主导论”的影响，直至今日，政府与单项体育协会的职能、权力、责任边界仍未制度化、规范化，协会的定位依然不清晰。目前，一些行业协会的脱钩试点工作已经暴露了一些问题，由于行业协会的行政脱钩工作牵涉政府、企业和行业协会诸多复杂利益关系的重构，明脱暗不脱，形脱实不脱的现象依然存在，部分协会存在过度商业化，甚至蜕变为利益集团。单项协会未来也可能面临同样风险，为求得协会发展而被企业资金支持所绑架，协会很可能成为企业营利的工具，从而阻碍国家和公共体育利益的实现。由此导致的单项协会作用与价值失灵，而最终还是要政府来“买单”。[④] 前文在检索22个全国性单项体育协会章程时发现，部分单项体育协会的业务主要归属于国家体育总局体操运动管理中心管理。如此一来，本应属于社会团体的内部治理结构就成了形式上的摆设，本应动态均衡的协同治理结构转而被上下级之间控制与被控

---

① 中国滑冰协会：《中国首次参加冬奥会背后的故事》，https：//new. qq. com/omn/20200428/20200428A0MHGX00. html，最后访问时间：2022年5月23日。

② 俞大伟、黄亚玲：《中华全国体育总会职能弱化的历史探析》，载《西安体育学院学报》2015年第2期，第147页。

③ 刘苏、汤卫东、许兰：《基于法治的自治——后脱钩时代全国单项体育协会改革的思考》，载《武汉体育学院学报》2019年第8期，第50—51页。

④ 黄亚玲、郎玥、郭静：《深化改革背景下全国性单项体育协会治理机制研究》，载《北京体育大学学报》2020年第2期，第23页。

制的关系所取代，权力机构、决策机构和执行机构本应有的职能也无法发挥。

（二）体育类民办非企业单位主管机关权责不明

按照现行法规，我国体育类民办非企业单位的管理制度可以概括为“双重负责和分级管理”。“双重负责”是指，体育组织管理由登记管理机关和业务主管单位分工合作，共同实施对体育组织的监督管理；“分级管理”是指，依照体育组织的规模，全国性体育组织的登记管理机关及相应的业务主管单位负责监督管理，地方性体育组织由地方各级登记管理机关及相应的业务主管单位负责监督。

尽管《体育类民办非企业单位登记审查与管理暂行办法》第四条规定了业务主管单位的广泛职责，① 但并未就谁必须担任业务主管单位作硬性规定，也未对业务主管单位疏于履行职责规定具体法律责任。② 在实践中，一方面，大多数具备法定资格的机关、单位或组织不愿成为体育类民办非企业的业务主管单位；另一方面，即使担任了某些体育类民办非企业单位的业务主管单位后，受限于有限的人力、物力和财力，也很难履行实际职责，这就使得登记管理机关的工作量加大。登记管理机关不仅不得不放任大量未经合法登记的草根体育组织实际存在，而且对那些经过正式登记的体育类民办非企业单位，也无法按照法规、规章的要求进行实际管理。由此，非法体育组织越多，越需要“清理整顿”，而由于“清理整顿”增加了执法的正常成本，执法部门便越是应接不暇。③ 以此观之，因法定职责的执法力量不足导致的执法不能，是体育类民办非企业的困境之一。

三、体育组织内部管理不健全

（一）章程缺乏指导性

从第二节对于体育社会团体现状的考察发现，体育社会团体存在宪章指导性缺失的问题。在中华全国体育总会官网所公布的前 22 个协会中，中国皮划艇协会、中国游泳协会这两个协会的官网上无法获取其协会章程。这说明我国绝大多

---

① 《体育类民办非企业单位登记审查与管理暂行办法》第四条：“体育类民办非企业单位的业务主管单位履行下列职责：（一）负责体育类民办非企业单位设立、变更、注销登记前的审查；（二）监督、指导体育类民办非企业单位遵守国家宪法、法律、法规和政策并按照其章程开展活动；（三）对体育类民办非企业单位进行业务指导；（四）负责对体育类民办非企业单位年度检查的初审；（五）组织经验交流，表彰先进；（六）会同有关机关指导体育类民办非企业单位的清算事宜；（七）协助登记管理机关和其他有关部门查处体育类民办非企业单位的违法行为；（八）其他应由业务主管单位履行的职责。”

② 《体育类民办非企业单位登记审查与管理暂行办法》第四条仅仅规定体育行政部门是体育类民办非企业单位的业务主管单位。

③ 谢海定：《中国民间组织的合法性困境》，载《法学研究》2004 年第 2 期，第 25—26 页。

数的全国性单项体育协会比较重视制定章程，但仍有少数组织存在章程“虚无”的现实窘境。中国摔跤协会、中国赛艇协会这两个协会自成立后几乎从未修改过章程；除中国篮球协会、中国网球协会、中国射箭协会、中国垒球协会、中国拳击协会、中国田径协会、中国帆船帆板运动协会、中国手球协会和中国马术协会这9个协会在近四年间更新过章程外，其余协会在近四年间均未修改过章程。这说明，大多数全国性单项体育协会的宪章仅有形式性作用，流于书面文字层面，并未发挥指导协会工作的实质性作用。

与此同时，体育类民办非企业单位缺乏章程的现象更为普遍，制定章程的组织也往往不会依据章程进行管理。根据学者对于草根体育组织这一民间主导型体育组织的调研结果可知，依托互联网成立的草根体育组织没有正式的治理章程，活动的举办主要依靠组织者在网上发起，参与者相互配合。对于草根体育组织而言，组织者的能力对于活动的开展具有巨大的影响。受到自身能力限制，组织者无法制定出完整的活动实施方案与应急机制，活动过程中出现问题无法得到妥善解决。

依托居委会或村委会成立的草根体育组织，如吉泉村广场舞协会，虽在成立之初便制定了协会章程。然而，在实际操作中，由于组织规模小、人数少，成员非亲即邻，看人情和看面子的行为方式使得制定的协会章程中所要求的行为规范形同虚设。在组织内，成员之间认定的是会员与理事长（会长）的私人关系，而不是会员与组织之间的正式关系，倘若有会员违反了组织的规章制度，会长碍于亲邻情感关系只能是睁一只眼闭一只眼，组织规则的制定者也往往是规则的违反者。可以看出，农村非正式体育组织的“协会章程”虽然对组织内部管理的各个环节作出了原则性规定，但在具体操作中却未体现出制度的刚性一面；因此，人情规范在农村非正式体育组织运作中显示出强大生命力的同时，也造成了组织成员缺乏对正式制度的信任，最终导致组织正式制度的虚无而呈现出真空化的状态。

章程在法律体系中被视为软法，虽然规章是按照协会共同体的内部程序以协商机制产生，但仍然是国家认可的规则体系中的形式，是协会运行、成员利益表达和实现、成员行为约束的内部“宪法”。软法的兴起和行使意味着协会与体育部门强制力的脱钩，其打破了国家对体育资源的垄断，扩展了协会的合法性内涵。软法也能够对硬法进行必要补充，发挥其在单项体育协会治理中柔性、灵活性及协商性约束的优势，成为平衡、协调、规制各主体利益的“内部法律”。此外，促使软法与硬法相衔接，确保单项体育协会改革的有效性与实效性，也是强化协会内部治理和外部监管的重要手段。①

（二）监督机制不完善

体育社会团体监督机制不完善，主要体现为：第一，缺乏独立的监事会；第二，监督主体单一；第三，外部监督存在诸多盲点。

内部监督在规范组织决策机构和执行机构的权力运行方面起着至关重要的作用。然而，令人深思的是，我国并没有相关法律法规来规定体育社会团体必须设立监事会。目前，中国足球协会仲裁委员会与道德委员会是足球协会内部的主要监督机构，但从机构性质看，这两个机构仅是主席会议下设的内部专项委员会，层级上并不能独立公正地行使对主席会议与秘书处的监督职能。监事会的缺失意味着中国足球协会难以形成相互分权与制衡的治理结构。

监督主体单一，尤其是缺少来自运动员、教练员、裁判员的监督。《中国足球协会章程》第十三条赋予其成员广泛的权利，包括提出批评、建议和监督的权利和参与会员大会的权利。② 第十一条规定中国足球协会会员的范围，包括省、自治区、直辖市的足球协会；地区、城市的足球协会；行业、系统的足球协会、青少年足球组织、女子足球组织、各类足球联赛（联盟）组织、会员大会同意接纳的其他组织。由该条可知，运动员、教练员、裁判员不属于中国足球协会的会员，不享有《中国足球协会章程》所赋予的监督权。但在实践中真正容易受到不法利益侵害或遭受错误处罚的往往是运动员、教练员、裁判员。③ 例如，近年来，中国足球协会所组织管理的各类比赛中所发生的“假球”“黑哨”“赌球”“贿赂”等案件影响比赛的公平性，侵害了运动员、教练员、裁判员的合法权益。《中国足球协会章程》却未体现出他们应该具有的监督权，使得其无法维护自己的合法权益。

体育社会团体的外部监管也存在诸多盲点。从实践看，体育社会团体的外部监督以政府监督为主，即实行双重管理体制下的双重监督。这种“天衣无缝”的监督体系，看似强化了监督力度，实质上却存在政出多门、相互推诿的现象，

---

① 黄亚玲、郎玥、郭静：《深化改革背景下全国性单项体育协会治理机制研究》，载《北京体育大学学报》2020 年第 2 期，第 30—31 页。

② 中国足球协会：《中国足协章程》，http：//www. thecfa. cn/xhzc/20191204/28392. html，最后访问时间：2021 年 12 月 22 日。

③ 彭昕、周小敏、罗雅莉：《对体育自治章程及其瑕疵的法理管窥》，载《山东体育学院学报》2011 年第 7 期，第 9—10 页。

人为地制造了职能冲突和监管乏力等问题。更为遗憾的是，除政府监督外，缺少其他的外部监督主体，无法形成内外协调、上下联动、横向互动、运行有序、相互配合的多元监督格局。

体育协会脱钩改革后，相关事项转由民政部门统一管理，民政部门注册登记审核工作量骤增，给其造成巨大的监管压力，面临着帮助体育协会建立内部治理结构、规范管理制度，做好常规性巡查、依法查处与建立合法退出机制等监管新任务。这就极易造成违法违规乱象的发生，如广西反映一些企业假借协会的名义招揽业务，利用行业规则垄断市场或妨碍公平竞争，形成行业小圈子、小山头，公私不分，严重违背了协会公益性原则。全面推进体育协会与行政机关脱钩意味着协会有了更多的权力运作空间和利益获取途径。目前协会现有的信息公开制度和信息发布平台缺失，无法保证体育协会公开透明地接受来自社会公众、会员以及政府的监督；此外，体育协会内部监督制度和内部治理结构尚不健全，导致其公平性、民主性与公正性受到质疑。①

（三）缺乏救济途径

体育社会团体的成员缺乏救济途径。外部渠道来看，现行《体育法》与单项体育协会章程都排除了法院对体育纠纷的管辖权。现行《体育法》第九十一条第一款规定："国家建立体育仲裁制度，及时、公正解决体育纠纷，保护当事人的合法权益。"虽然我国于2023年2月设立中国体育仲裁委员会，但是由国家体育行政部门组织设立的中国体育仲裁机构，在其独立性上可能存疑，从而影响对其公正性的普遍认同。单项体育协会的章程基本上将体育纠纷交由内部机构解决。如《中国足球协会章程》第五十四条第一项规定："除本章和国际足联另有规定外，本会及本会管辖范围内的足球组织和足球从业人员不得将争议诉诸法院。有关争议应提交本会或国际足联有关机构解决。"② 再如《中国篮球协会章程》第六十五条规定："本会建立民主协商和纠纷解决机制，依法依规妥善解决纠纷。"③

从内部渠道本身来看，中国体育社会团体内部救济亦存在供给不足的问题。

---

① 国家体育总局政策法规司：《体育社会组织建设基本情况调研报告》，2022年体育改革发展调研专题报告之十二，2022年5月。

② 中国足球协会：《中国足协章程》，https://www.thecfa.cn/thecfa/upload/20191204/20191204132708684.pdf，最后访问时间：2024年1月11日。

③ 中国篮球协会：《中国篮球协会章程》，https://cbanetcdn.cba.net.cn/u/cms/www/202302/14142404vp5q.pdf，最后访问时间：2024年11月6日。

现行《中国足球协会章程》第五十四条第二项规定："争议各方或争议事项属于本会管辖范围内的为国内争议，本会有管辖权。其他争议为国际争议，国际足联有管辖权。"第五十五条第一项规定，"根据国际足联章程，任何对国际足联做出的最终的、具有约束力的裁决上诉，应当向位于瑞士洛桑的体育仲裁法庭提出"。根据上述规定，只有对国际足联的裁决不服，才可向CAS上诉。这意味着国内争议的唯一解决机构只有中国足球协会仲裁委员会，这剥夺了运动员进一步救济的权利。①

第四节　中国体育组织治理的法治化完善

从第一节对于立法界有关体育组织的术语与范围的梳理来看，目前的法律法规缺乏对于体育组织的定义，不同层级的立法对于体育组织的范围列举存在冲突和矛盾。因此，建议立法界统一有关"体育组织"的术语表述，学术界通用"体育社会组织"指称体育社会团体、体育类民办非企业单位两类体育组织，《体育法（草案）》以"体育组织"指称社会团体、体育类民办非企业单位两类体育组织，考虑到法律的稳定性，建议立法界统一用"体育组织"代指以上两类体育组织。

从第二节对于体育组织治理现状的描述来看，受制于中国体育组织"双重登记"的管理制度，公民等社会力量成立体育类民办非企业单位会遭受阻碍，这将严重损害《宪法》第三十五条所赋予公民的结社权。公民结社权是一项基本权利，其所牵涉的并不是对民间组织的管理问题，而是关系到每位公民，可能牵涉到政治、经济、文化、教育、环境等几乎所有社会生活领域，也与宪法确认的其他的公民权利和自由紧密联系。结社自由是公民的宪法权利，也是国际上都认可的一项基本人权。在对体育组织的管理和维护公民的结社自由两者之间，并不是非此即彼的关系，"结社自由"概念针对的是侵犯结社权的现象，管理针对的是滥用结社权的现象，追求两者的和谐应该是体育组织新的管理价值取向。

从第三节对于中国体育治理的问题研究来看，体育社会团体的问题在于政企不分，其原因在于体育行政机关长期的把控。体育类民办非企业单位的问题在于缺乏法律法规的规制，其原因在于法律法规对于体育类注册登记的标准设立过

---

① 赵毅：《法治化进程中的中国足协内部纠纷解决机制：进展与问题》，载《上海体育学院学报》2020年第6期，第19页。

高。因此，结合具体问题，下文分别对体育社会团体与体育类民办非企业单位提出不同的建议。

一、体育社会团体治理的法治化建议

（一）明确政府角色新定位

长期以来，我国政府在我国体育体制中扮演着非常重要的角色。严格意义上讲，项目管理中心成立之前，国家体委一直在我国体育体制中扮演着“全能政府”的角色，体育政府对体育事业发展具有无限权力。而后出现了政府代理协会管理的项目中心形式，国家体育总局完成了一定的权力下放，实现了“全能政府”向“有限政府”的过渡，实现了体育项目的自我发展。现今，体育协会实体化改革进入了深化阶段，体育总局和项目中心应该完成“有限政府”向“有为政府”的角色转换。

当前，无论是基于历史惯性还是现实考量，政府通过间接方式培育社会组织已经成为一项重要政策，如构建“枢纽型”社会组织这一制度创新。在西方也有类似的组织形式，如“伞状组织”“元组织”等概念。夏季奥林匹克项目国际单项体育联合会就是一个有代表性的伞状组织，其成员由其他具备法律人格的社团或法律实体等构成。一方面，对内就成员间集体关心的问题进行协商并达成共识，并维护其成员的共同利益；另一方面，对外确保成员与国际奥委会及其他组织之间的紧密协作，并捍卫其成员的权威、独立性和自治。[①]

“有为政府”就是由原先的政府包办一切、关注政府角色转向政府政策制定和实施政策的能力，更加关注政府治理能力的体现，实现微观事务事权的下放，明确体育政府服务于体育事业发展的角色定位。值得注意的是要根据体育事业发展规律特点准确确定“有为政府”定位，不能照搬照抄行政体制、经济体制改革的政府定位，这也是我国治理能力现代化的体现。根据我国社会发展现状和长期体育发展的国情，协会实体化发展仍处于改革初期，“有为政府”中应该包含奥运备战的具体事务，待协会实体化发展模式成熟，适时下放奥运备战的事权。当前，政府在协会实体化改革过程中应该重点关注顶层政策制定和政策实施的能力两方面。厘清政府与社会的关系，认真梳理执法职能，把社会能自主解决、行

① 许明思、张佃波：《依法治体视域下全球体育治理中自我规制的正当性理由与启示》，载《天津体育学院学报》2023 年第 6 期，第 651 页。

业组织能够自律管理的职能，转移给具备条件的社会组织，为社会组织的发展释放活动空间。坚持“一手抓积极引导发展、一手抓严格依法管理”的工作方针，将培育发展与综合监管有机统一起来，绝不能出现“一只手硬、一只手软”的现象。①

树立政府角色定位过程中，需要明确党在一切事务中的领导地位。我国国家制度的显著优势就是坚持中国共产党的领导，“坚持党的集中统一领导，坚持党的科学理论，保持政治稳定，确保国家始终沿着社会主义方向前进的显著优势”。体育事业发展中，尤其是体制改革由政府代理协会管理模式向政府监管协会自我管理模式发展，更要明确中国共产党的全面领导。可以通过在中央直属机关工委之下设立“全国性单项体育协会党委”，直接领导各个单项协会的党组织工作。党委履行监督管理主体责任，通过纪律和监察监督对协会进行行为约束。其主要工作应包括：全面领导各个协会的思想政治工作，对协会党建工作进行管理监督，成为政府与社会组织加强联系的重要桥梁，确保“脱钩不脱管”；督促协会健全自身建设发展，监督开展日常工作；通过组织建设和文化建设对工作人员进行激励，弘扬爱国主义精神和体育精神；在赛风赛纪、抵制兴奋剂、新闻宣传等关键领域发挥党组织的独特作用；加强自身的组织工作建设。② 在协会实体化过程中，党委和各党支部应该保留，特别是国家队党支部建设应该是党务工作的重点，作为国家队备战奥运会重要抓手，真正履行好服务国家队、保障国家队的职责。③

（二）完善内部与外部监督

内部监督在规范组织决策机构和执行机构的权力运行方面起着至关重要的作用。现实中，由于我国并没有相关法律规定体育社会团体必须设立监事会，导致监事会的缺失成为单项体育协会普遍存在的问题。设立监事会意义重大，一方面，可以通过完善内部机构设置，提升组织治理水平。另一方面，可以通过监事会监督决策、人事任免，避免体育行政机关的干预，提升组织的独立性。因此，建议各单项体育协会设立监事会完善内部监管。

---

① 国家体育总局政策法规司：《体育社会组织建设基本情况调研报告》，2022年体育改革发展调研专题报告之十二，2022年5月。

② 黄亚玲、郎玥、郭静：《深化改革背景下全国性单项体育协会治理机制研究》，载《北京体育大学学报》2020年第2期，第31—32页。

③ 丁明露：《中国体育单项协会实体化改革研究》，中国政法大学2020年硕士学位论文，第41—42页。

相对于内部监督，外部监督更加具备公正性，是整个监督机制构建中的重中之重。在法律存在空白的领域，政府机关应该以规章、条例或者其他规范性文件等形式对监督的内容与程序、责任予以准确地界定，以弥补法律的空白与僵硬。明确划分业务主管部门、审计部门、登记部门的监督职责，避免监督重叠或空白。行政监督主体应该同时重视事前、事中与事后监督，定期对体育社会团体的资格进行审查，受理相关的体育申诉，对于不符合条件的应该予以撤销，并形成工作报告向社会公布，对于重大事项还必须设置听证程序。为了弥补政府的监督不足之处，行政机关可以委托专业的第三方评估机构。第三方评估是由有资质的评估机构，运用科学、系统、规范的评估方法，对有争议的重要事项进行评估的一种监督形式。引入第三方评估机制，定期对体育社会团体进行评估，并向社会与政府提供评估结果，作为行政监督与社会监督的依据。目前，第三方评估已经在体育部门中被广泛应用，既是购买公共体育服务体系的有机组成部分，也是政府部门监督检查单项协会的有益补充。作为一种有效的外部监督机制，需要建立完善的程序与遴选机制，客观、公正以及可操作的评价内容。此外，在重视完善第三方评估过程的同时，还要加强对评估结果的运用，以此更好地推动单项协会治理的成效。①

（三）完善纠纷解决机制

司法作为坚守社会正义的“最后一道防线”，应当成为所有法律纠纷的终裁者，这也是法治中国的必然要求。司法介入是法治的基本要求，因此体育行业治理必须受司法约束。针对我国体育纠纷司法审查的问题现状，将体育纠纷全面纳入司法审查的轨道的具体措施可以从以下几点寻求突破：首先，应扩大体育纠纷进入司法诉讼的受案范围，对体育纠纷进行类型化分析，确定体育纠纷不同纠纷解决机制适用的边界，对于不属于其他替代性纠纷解决范围内的体育纠纷，原则上全面纳入司法诉讼的受案范围，实现例外排除原则，即凡不属例外的，皆可进入司法诉讼程序。其次，应当努力打造一支高素质的法官队伍，能够科学、高效地审理体育纠纷，尤其是其中的技术性法律问题的识别和认定。值得注意的是，体育纠纷被法院拒之门外，很大程度上也与法院自身缺少懂专门体育技术的主审法官有很大关系。“打铁还需自身硬”，将体育纠纷纳入司法审查的轨道，离不

---

① 黄亚玲、郎玥、郭静：《深化改革背景下全国性单项体育协会治理机制研究》，载《北京体育大学学报》2020 年第 2 期，第 31 页。

开一支高素质的法官队伍。最后，应当努力保持司法的独立性与公正性，防止司法裁判受到体育行政权的干涉。司法不独立问题一直是困扰司法公正的一大顽疾，在体育纠纷的司法裁判中，需要警惕体育行政权对于司法裁判的干涉。

总之，我们应当努力构建多元化的纠纷解决机制，为纠纷当事人提供更多的选择。

二、体育类民办非企业单位治理的法治化建议

（一）创新登记注册方式

我国草根体育组织的高速增长，源于基层体育群众广泛的结社运动，即已取得社会合法身份，[①] 但未同步取得官方合法身份。其原因在于我国现阶段还没有一套比较全面的专门针对草根体育组织管理而设置的法律条例，现行的《体育类民办非企业单位登记审查与管理暂行办法》所设立的登记注册标准过高。

目前，国外关于草根体育组织的管理条例主要分为三种模式：一是借助登报申明的模式来承认其身份，只需登报告知公众，不需要其他多余的手续；二是登记备案的模式，草根体育组织在履行一些手续以后，在政府进行登记存档即可；三是直接批准的模式，草根体育组织先向政府申请，政府经过审查无误后直接批准许可。[②] 前两种许可模式相对来说比较宽松，很多发达国家都采用这种宽进严管的模式，对草根社团的身份合法性问题不太关注，反而将更多的精力用在对草根社团的监督和评估等方面。我国可以借鉴发达国家的做法，采取备案制的登记注册方式，取缔现行的必须经过业务主管部门才能进行注册的规定，由此推动一大批没有官方背景的草根体育组织获取官方合法身份，将其纳入法治化轨道。

考虑到采取备案制的登记注册方式将会使大量草根体育组织获得官方合法身份，进一步扩大其运营规模。为了便于管理草根体育组织，需同时将工作重心放在监管层面，完善监督管理相关制度，用具体的法律条例来监督和管理草根体育组织，一旦发现其有任何违法行为，政府应该对其进行相对应的警告或处罚，对于问题非常严重的草根体育组织，政府可解散或取缔该组织，以此确保草根体育组织能够健康、可持续发展，为社会大众提供更好的体育服务。

---

① 李延超：《新制度主义视野下我国体育草根组织发展的制度困境与路径选择》，载《武汉体育学院学报》2018 年第 9 期，第 46 页。

② 李建林：《嵌入性理论视角下我国草根体育组织的发展困境与路径选择》，载《广州体育学院学报》2021 年第 5 期，第 47 页。

（二）拓宽资金来源渠道

草根体育组织活动所需要的开支与所能筹集到的资金之间存在巨大的缺口。官方主导型体育组织因受体育行政机关扶持，其获取资金的渠道有很多，如体育公益金和政府财政等。充足的资金为其发展提供了物质保障，使其长期占据着大部分体育社会资源，挤占民间主导型体育组织——体育类民办非企业单位的生存空间。受到“非营利性”的组织性质限制，隶属于体育类民办非企业单位下的草根体育组织获取资金渠道单一，以成员交纳会费为主。资金短缺的现状影响草根体育组织举办体育活动，进而制约其发展。

因此建议草根体育组织从社会和政府两个主体引入外部资金。值得强调的是，“非营利性”不是指不开展商业活动，而是指不以营利为目的开展活动，即因开展商业活动所获得的资金不分配给内部成员。因此，草根体育组织应加强自身能力建设，积极举办商业活动，扩大自身社会影响力，引起更多资助者的关注与支持。与此同时，草根体育组织应转变观念，与政府建立良好的合作关系，取得政府的信任与支持，开拓政府向其购买公共体育服务的渠道。

政府购买服务是指政府将原来由自己直接举办的、为社会发展和人民生活提供服务的事项，通过购买的方式交由民间组织来承接，是一种政府承担、定向委托、合同管理、评估兑现的新型公共服务提供方式。现代社会，提供公共服务是政府的一项基本职能，而购买服务是政府提供公共服务的新型方式。[①] 现阶段，我国草根体育组织已经被纳入政府购买公共服务对象的行列中。因此，各草根体育组织应积极与有关政府部门联系，充分发挥自身在“群众性体育活动的组织与实施”“公共体育运动竞赛组织与管理”“ 国民体质测试及指导服务”等方面优势，抓住政府购买公共体育服务的机会，力争成为政府购买公共体育服务的对象。[②]

（三）创设或完善外部监督

完善的外部监管体系是体育类民办非企业单位取得社会公信力的基础，是其获得生存资源的条件，因此，外部监管体系对于体育类民办非企业单位治理来说尤为关键。然而，从上述外部监督情况可知，草根体育组织与其他体育类民办非

---

① 《财政部 民政部 工商总局关于印发〈政府购买服务管理办法（暂行）〉的通知》，http：//news.cnr.cn/native/gd/20150104/t20150104_517296586.shtml，最后访问时间：2022 年 4 月 8 日。

② 杨志亭、孙建华、张铁民：《社会转型期我国草根体育组织发展的困境与培育路径》，载《沈阳体育学院学报》2016 年第 2 期，第 69—70 页。

企业单位在外部监管方面还存在诸多盲点。正如前文所建议的那样，创新登记注册方式，放宽“准入条件”，推广备案管理，将数量庞大的民间草根体育组织纳入国家统一的监督管理体系之中,[①] 为其明确监管部门，创设外部监管制度。

对于已经经过注册登记的体育类民办非企业单位，完善其登记机关与业务主管机关的监管职责，就成为其组织自我管理的重要内容。应当提前明确登记机关与主管机关的不同监管职责，避免其在发生事故后相互推诿，逃避责任。对于登记机关而言，应该从重登记到重监管，注重对直接登记的体育类民办非企业单位的牵头管理，实现综合监管与功能监管的协同；对于业务主管机关而言，应该放松管制，加强扶持，并注重对双重管理的体育类民办非企业单位业务活动的监管，建立以业务主管部门牵头的监管机制。[②]

① 国家体育总局政策法规司：《基层体育治理基本情况调研报告》，2022 年体育改革发展调研专题报告之十一，2022 年 5 月。

② 戴红磊：《中国体育社会组织治理研究》，大连理工大学 2016 年博士学位论文，第 208 页。

结　语

体育是一项专业性极强的全球性活动，它具备与其他活动不同的特质，其特征也催生了体育领域独特的治理模式——体育自治。其中，体育运动的竞争性，使之形成了有别于一般社会生活的独有的行为准则和争议事项。本研究立足于体育自治的核心主体——体育组织，援引国家治理中功能分工理论，解构体育组织自治的重点要素，即规则自治、组织自治和纠纷解决自治。这三个方面不但在实践中符合体育自治跨国性运作的前提和条件，也在理论上符合组织有效运行中“事务分工—职能分定—问责分置”的基本逻辑。

体育组织的规则自治基础是组织内部的自治规则的制定与适用。与严密的法律体系相比，体育自治规则灵活多变，但它同时被赋予了权威性和合理性。长期以来，国内外体育组织自治一方面随着体育自治法治化的新要求和新发展，自治规则不断演进更新；另一方面，仍时刻保持与外部法律规则的积极互动，吸取国际条约和国内法律中有利于体育组织的规定，但由此带来的外部法律以保障运动员权利和实现公平公正为由，干预体育组织制定和适用自治规则的情况不断发生。尽管各体育组织已经进行了艰苦探索，比如通过兴奋剂处罚体系统一，增强自治规则的明确性和管理的统一性，但外部法律与自治规则的冲突一直存在且难以协调。

随着体育自治规则的发展，国际体育组织的法律框架逐渐完善。体育自治规则的主要创制者国际奥委会、国际单项体育联合会、WADA 和 CAS 已在对内组织管理和组织之间形成稳定治理框架。从法律角度来看，其所管理事项充满法律利益，法律问题丛生。尤其是体育组织的自治过程中，得到各国政府以及跨国组织的支持，涉及的成员身份多样，法律利益更多，体育纠纷频发。例如，问责机制欠缺、信息透明度不足、成员参与渠道不畅等，导致国际体育自治框架十分薄弱，组织自治长期广受诟病。然而在体育行业自治的法治化背景下，三类支柱组织分别从公约的制定、强化内外部监督和修改组织管理契约等多方面，吸收外部法治理念，完善自身。

在商业化高速发展的今天，体育事业所涉及的利益不断增加，参与各方对体育管理及争端解决中的公平性诉求不断提升。现行体育组织自治规则及自治的争端解决机制法律化程度偏低，难以公平全面地解决体育争端。尽管体育组织内部纠纷解决机制不断发展，形成内部听证、调解和仲裁层层递进的程序，并由体育组织制定完整的纠纷解决规范、设置完备的纠纷解决机构，但在纠纷解决自治过程中，仍存在对内部纠纷解决机构独立性的质疑、与外部纠纷解决机构管辖权冲突、有效合法的衔接机制无法建立、国际合作机制缺乏等问题。在 CAS 的积极推动下，具体体育纠纷的判决也有了较为统一的裁判原则，如兴奋剂处罚的严格责任原则、裁判争议中技术事项不予审查的原则等。由此可见，为实现体育争端解决中的实体公正和程序公正，一个以体育组织为核心的、结构性更强的国际体育组织争端解决自治机制正逐渐形成。

受到我国特色体育行政管理体制的限制，无论在国际体育界还是国内体育领域，中国体育组织（社团）的存在感极低。不仅如此，中国体育组织的名称长期混用，各名称的成员范围交叉重叠，一套人马多种名称的现象丛生。因此，体育组织常处在法律之外，自我治理不足的艰难境地。与国际体育组织自治相比，我国体育组织治理内部管理机制不健全、外部行政管理体制不完善，法律法规多有缺失的问题十分突出。在国际体育组织自治法治化的大背景下，国际体育自治规则的统一化、组织自我管理的法治化、纠纷解决机制标准化和流程化等先进经验，都对我国体育组织治理的完善和发展具有长期借鉴意义。鉴于国际体育运动的注意力开始从体育向社会、经济、组织转换，更多地落脚于体育争端解决的程序原则及实体公正，尤其是体育仲裁与外部司法干预的界限在不同法律制度下差异明显，自治的纠纷解决机构备受依赖。我国新修订通过的《体育法》已正式确立中国体育仲裁制度，这标志着我国体育法治与国际接轨又迈出一大步，体育仲裁将得到越来越广泛地适用。与此同时，随着体育组织治理体育运动的能力逐步增强，社会大众也希望有更多稳定的、公正的规则及程序可供利用。

参考文献

中文著作

[1] 马宏俊:《中国体育法治发展报告（2022）》，北京大学出版社 2023 年版。

[2] 冯晓丽:《民间体育组织——中国经验与本土治理》，社会科学文献出版社 2018 年版。

[3] 田坤:《国际反腐新趋势》，中国社会科学出版社 2017 年版。

[4] 周爱光主编:《体育法学概论》，高等教育出版社 2015 年版。

[5] 徐靖:《诉讼视角下社会公权力法律规制研究》，法律出版社 2014 年版。

[6] 徐靖:《诉讼视角下中国社会公权力法律规制研究》，法律出版社 2014 年版。

[7] [美] 玛萨·艾伯森·法曼:《自治的神话：依赖理论》，李霞译，中国政法大学出版社 2014 年版。

[8] 董小龙、郭春玲:《体育法学》(第二版)，法律出版社 2013 年版。

[9] 任海:《国际奥委会演进的历史逻辑——从自治到善治》，北京体育大学出版社 2013 年版。

[10] 谭九生:《职业协会惩戒权的公法规制论》，湘潭大学出版社 2011 年版。

[11] 霍淑红:《国际非政府组织（INGOs）的角色分析——全球化时代 INGOs 在国际机制发展中的作用》，中央编译出版社，2011 年版。

[12] 邓正来:《布莱克维尔政治制度百科全书》，中国政法大学出版社 2011 年版。

[13] 黄光国:《人情与面子：中国人的权力游戏》，中国人民大学出版社

2010 年版。

[14] [美] 罗伯特 · A. 达尔:《多元主义民主的困境——自治与控制》，周军华译，吉林人民出版社 2010 年版。

[15] 国家体育总局政策法规司:《外国体育法规选编（二）》，北京体育大学出版社 2009 年版。

[16] 肖永平、郭树理:《外国体育法律制度的专题研究》，武汉大学出版社，2008 年版。

[17] 罗豪才:《软法与公共治理》，北京大学出版社 2006 年版。

[18] 郭道晖:《法理学精义》，湖南人民出版社 2005 年版。

[19] 王杰、张海:《全球管理中的国际非政府组织》，北京大学出版社 2004 年版。

[20] 郭树理:《体育纠纷的多元化的救济机制探讨——比较法与国际法的视野》，法律出版社 2004 年版。

[21] 康晓光:《创造希望：中国青少年基金会研究》，广西师范大学出版社 1997 年版。

[22] [日] 室井力主编:《日本现代行政法》，吴微译，中国政法大学出版社 1995 年版。

中文期刊

[1] 许明思、张佃波:《依法治体视域下全球体育治理中自我规制的正当性理由与启示》，载《天津体育学院学报》2023 年第 6 期。

[2] 李智:《修法背景下我国独立体育仲裁制度的设立》，载《法学》2022 年第 2 期。

[3] 黄璐:《以善治促自治——〈奥林匹克 2020+5 议程〉自治与善治改革新动向研究》，载《成都体育学院学报》2022 年第 2 期。

[4] 李石:《法治的悖论—论霍布斯的“法治”思想》，载《读书》2021 年第 10 期。

[5] 李晶:《我国体育社会组织培育的法治路径》，载《体育科研》2021 年第 6 期。

[6] 李建林:《嵌入性理论视角下我国草根体育组织的发展困境与路径选择》，载《广州体育学院学报》2021 年第 5 期。

[7] 佟德志、贺国元:《民主的自治价值及其边界——达尔对民主价值的拓

展及其局限》，载《江苏行政学院学报》2021年第5期。

[8] 孔令良、郑志强：《全国性单项体育协会内部治理机制的法治化路径——对标国际足联的中国足协内部自治的考察》，载《体育研究与教育》2021年第4期。

[9] 陈国权、皇甫鑫：《功能性分权与中国特色国家治理体系》，载《社会学研究》2021年第4期。

[10] 张婵丽、郭志光、贾志强：《国际反兴奋剂治理特点、新动向及启示》，载《体育文化导刊》2021年2期。

[11] 郭树理：《揆情审势、宽严相济：〈世界反兴奋剂条例〉之新发展》，载《上海体育学院学报》2021年第2期。

[12] 李智、蓝婕：《"俄罗斯兴奋剂事件"的法律争议研究》，载《首都体育学院学报》2021年第1期。

[13] 赵毅：《法治化进程中的中国足协内部纠纷解决机制：进展与问题》，载《上海体育学院学报》2020年第6期。

[14] 郑志强、李阳、冯晓丽：《中国足球协会内部法人治理结构的优化策略》，载《体育成人教育学刊》2020年第4期。

[15] 徐伟康：《2021年版〈世界反兴奋剂条例〉(WADC）的修改评述——基于与2015年版WADC条款的对比》，载《西安体育学院学报》2020年第4期。

[16] 乔一涓、王慧：《律师在调解活动中的角色转变》，载《商事仲裁与调解》2020年第4期。

[17] 王志文、张瑞林：《全国性单项体育协会脱钩后内部治理的完善——基于中国足协的实证考察》，载《天津体育学院学报》2020年第2期。

[18] 郭树理：《2021年实施版〈世界反兴奋剂条例〉之修订》，载《体育科研》2020年第2期。

[19] 黄亚玲、郎玥、郭静：《深化改革背景下全国性单项体育协会治理机制研究》，载《北京体育大学学报》2020年第2期。

[20] 张文闻、吴义华：《基于"造法"权的国际体育组织软法治理研究》，载《北京体育大学学报》2019年第12期。

[21] 张琴、易剑东：《自治、他治、善治：体育治理路何方》，载《北京体育大学学报》2019年第9期。

[22] 刘苏、汤护东、许兰：《基于法治的自治——后脱钩时代全国单项体育

协会改革的思考》，载《武汉体育学院学报》2019 年第 8 期。

［23］高照钰：《从“贝克汉姆法令”探析运动员跨境税收征管问题》，载《国际税收》2019 年第 7 期。

［24］周青山：《CAS 兴奋剂仲裁机制评析》，载《武汉体育学院学报》2019 年第 5 期。

［25］窦峥、石经海：《对他人使用兴奋剂行为入刑的研究》，载《体育科学研究》2019 年第 4 期。

［26］邢婉莹、王大鹏、张世杰等：《政治博弈下世界反兴奋剂机构公信力的流失与重塑》，载《北京体育大学学报》2019 年第 3 期。

［27］任振朋、李利利、刘涛等：《基于“委托代理”理论的国际足联腐败探究》，载《天津体育学院学报》2019 年第 3 期。

［28］张康之：《论“自治”模式在社会转型中的遭遇》，载《党政研究》2019 年第 3 期。

［29］袁钢：《全国性单项体育协会改革的法治化路径》，载《体育科学》2019 年第 1 期。

［30］周青山：《法治视野下全球体育自治规则的合理性构建》，载《天津体育学院学报》2019 年第 1 期。

［31］胡孝乾、郭惠珍、董钢：《国际奥林匹克治理体系发展、影响与思辩》，载《北京体育大学学报》2018 年第 1 期。

［32］李延超：《新制度主义视野下我国体育草根组织发展的制度困境与路径选择》，载《武汉体育学院学报》2018 年第 9 期。

［33］战文腾、孙晋海、曲爱宁：《国际体育组织善治改革问题研究》，载《西安体育学院学报》2018 年第 5 期。

［34］李耀磊、尚荣敏：《体育纠纷解决途径研究》，载《河北法学》2018 年第 7 期。

［35］张宗银、张丽颖：《我国公募与非公募体育基金会对比研究》，载《体育成人教育学刊》2018 年第 6 期。

［36］王振标：《论作为社会公权力的基层自治权之本源》，载《北方法学》2018 年第 6 期。

［37］吴义华、张文闻、李爽：《我国体育法律治理的理念、制度与结构——对全球体育法理治理的回应》，载《成都体育学院学报》2018 年第 5 期。

［38］肖鹏:《体育社会组织的法人地位研究》，载《成都体育学院学报》2018 年第 5 期。

［39］李智、喻艳艳:《体育自治的导向：体育自治权的属性辨析》，载《上海体育学院学报》2018 年第 2 期。

［40］张文闻、吴义华:《基于软法的国际体育组织“内部法律”效力分析》，载《体育文化导刊》2018 年第 2 期。

［41］马春晓:《廉洁性不是贪污贿赂犯罪的法益》，载《政治与法律》2018 年第 2 期。

［42］阿诺特・赫拉尔特、任慧涛:《国际单项体育联合会善治评价体系构建及其实证研究》，载《体育学研究》2018 年第 1 期。

［43］康晓磊:《论国际体育自治的缘起、内涵及实效》，载《体育文化导刊》2017 年第 12 期。

［44］周青山:《论体育法的行业法属性》，载《武汉体育学院学报》2017 年第 11 期。

［45］黄璐、高姊婷、李世森:《论奥林匹克治理体系及其变革趋势——从〈世界体育的治理〉一书谈起》，载《体育成人教育学刊》2017 年第 10 期。

［46］康晓磊:《法律视角下国际体育组织自治研究》，载《南京体育学院学报（自然科学版）》2017 年第 6 期。

［47］戴红磊、于文谦:《国家治理视角下体育社会组织的治理》载《体育学刊》2017 年第 5 期。

［48］张伟:《我国体育社会组织治理结构分析》，载《体育学刊》2017 年第 4 期。

［49］胡佳澍:《政社分离视域下政府对中国足球协会的嵌入性治理》，载《沈阳体育学院学报》2017 年第 4 期。

［50］谭小勇、罗逆:《我国体育行业协会自治研究论纲》，载《体育科研》2017 年第 3 期。

［51］高俊杰:《论行业自治的正当性》，载《深圳大学学报》2017 年第 3 期。

［52］孙欢:《资源依赖：我国社会组织自治权保障的一个框架》，载《甘肃理论学刊》2017 年第 1 期。

［53］于文谦、戴红磊:《我国农村非正式体育组织的实践逻辑》，载《北京

体育大学学报》2016年第11期。

［54］张文闻、吴义华：《国际体育组织自治权的法律分析》，载《武汉体育学院学报》2016年第8期。

［55］马迅：《国际体育组织反腐败若干法律问题的思考——以FIFA反腐败案为切入点》，载《天津体育学院学报》2016年第6期。

［56］谭新莉、戴志鹏：《我国草根体育组织的分类研究——基于“缘”的视角》，载《四川体育科学》2016年第6期。

［57］韦志明：《论体育行业自治与法治的反思性合作——以中国足球协会为中心》，载《体育科学》2016年第4期。

［58］向会英：《体育自治与国家法治的互动——兼评Pechstein案和FIFA受贿案对体育自治的影响》，载《上海体育学院学报》2016年第4期。

［59］李智：《国际足联腐败案冲击下体育自治的反思与完善》，载《天津体育学院学报》2016年第4期。

［60］黄璐：《国际足联改革路线图研究：批判性反思》，载《成都体育学院学报》2016年第4期。

［61］杨志亭、孙建华、张铁民：《社会转型期我国草根体育组织发展的困境与培育路径》，载《沈阳体育学院学报》2016年第2期。

［62］谭小勇：《依法治体语境下的体育行业自治路径》，载《上海体育学院学报》2016年第1期。

［63］黄璐：《国际体育组织自治问题审视——以奥林匹克善治改革为背景》，载《天津体育学院学报》2016年第1期。

［64］张奇、李亮：《体育纠纷的法理重述与规范治理——以体育治理法治化为指引》，载《武汉体育学院学报》2016年第1期。

［65］黄世席：《国际足联善治的法律解读》，载《体育科学》2016年第1期。

［66］乔一涓、李智：《国际体育争端解决中的规则适用》，载《武汉体育学院学报》2015年第10期。

［67］冯晓丽：《我国民间体育组织的研究进展与发展路径》，载《体育研究与教育》2015年第4期。

［68］冯晓丽、李秀云：《新媒体时代草根体育组织发展的困境与路径选择——以“黎明脚步组织”为例》，载《上海体育学院学报》2015年第2期。

[69] 俞大伟、黄亚玲:《中华全国体育总会职能弱化的历史探析》,载《西安体育学院学报》2015 年第 2 期。

[70] 楚英兰、汤际澜:《欧洲体育模式的源流与发展对我国的启示》,载《北京体育大学学报》2015 年第 2 期。

[71] 刘国媛:《刑事检察听证制度的"理"与"法"》,载《法学评论》2015 年第 1 期。

[72] 朱瑞敏:《日本体育博彩业发展及对我国的启示》,载《体育科研》2015 年第 1 期。

[73] 钱静:《中国足球协会内部纠纷解决机制的完善——以体育自治为基础的考量》,载《体育与科学》2014 年第 3 期。

[74] 赵毅:《古希腊罗马:体育法制文明的先驱》,载《天津体育学院学报》2014 年第 3 期。

[75] 张文闻、吴义华:《法律多元视野下的国际体育组织基本法理问题》,载《体育科学》2014 年第 1 期。

[76] 茅铭晨:《介入与止步——司法权在体育纠纷中的边界》,载《北京体育大学学报》2014 年第 1 期。

[77] 徐婧:《论法律视域下社会公权力的内涵、构成及价值》,载《中国法学》2014 年第 1 期。

[78] 郭锐、杨康:《我国运动员职业劳动法律规制的基本问题》,载《河北体育学院学报》2012 年第 6 期。

[79] 周华锋:《草根体育组织现状与发展对策研究——以广州市为例》,载《广州体育学院学报》2013 年第 6 期。

[80] 张宏伟、成盼攀:《社区草根体育组织的涵义、生成与功能定位》,载《北京体育大学学报》2013 年第 6 期。

[81] 邓志、伏创宇:《论司法介入竞技性体育纠纷的正当性——兼对特别权力关系的质疑》,载《政治与法律》2013 年第 6 期。

[82] 赵子江:《我国公募体育基金会现状及发展对策》,载《体育文化导刊》2013 年第 3 期。

[83] 张金桥:《我国自发性体育社会组织的合法性及其发展中的政府职责》,载《天津体育学院学报》2013 年第 3 期。

[84] 王志成:《英国非营利组织体系下的体育自治》,载《上海体育学院学

报》2013 年第 2 期。

［85］胡杰：《论权力的权利性》，载《法治与社会发展》2013 年第 2 期。

［86］王龙飞、蔡文丽：《美国职业体育税收政策及其启示》，载《体育文化导刊》2013 年第 2 期。

［87］张春良：《论竞技体育争议的程序法治——行业自治与接近正义的关系视角》，载《体育与科学》2012 年第 2 期。

［88］王显荣：《关于确立我国竞技体育纠纷解决有限自治原则的思考》，载《天津体育学院学报》2012 年第 1 期。

［89］王涛、朱熙来：《体育自治思想的历史与价值取向研究》，载《少林与太极（中州体育）》2012 年第 1 期。

［90］郭锐、杨康：《我国运动员职业劳动法律规制的基本问题》，载《河北体育学院学报》2012 年第 6 期。

［91］彭昕、周小敏、罗雅莉：《对体育自治章程及其瑕疵的法理管窥》，载《山东体育学院学报》2011 年第 7 期。

［92］袁古洁：《论国际体育法的渊源》，载《体育学刊》2011 年第 6 期。

［93］张春良：《论国际体育仲裁协议的自治性——特别述及 CAS 之规则与实践》，载《天津体育学院学报》2011 年第 6 期。

［94］高升、陆在春、金涛：《论司法对体育协会内部纠纷的介入——从足协风暴谈起》，载《体育与科学》2011 年第 2 期。

［95］白建磊、刘冰：《社会学视角下的权力理论研究进展》，载《首都经济贸易大学学报》2011 年第 2 期。

［96］郝亮等：《当前我国城市社区体育草根组织的运行机制研究——以回龙观地区足球协会为案例》，载《体育科技》2011 年第 1 期。

［97］裴洋：《国际体育组织规章的法律性质及其在中国的适用问题》，载《体育学刊》2010 年第 11 期。

［98］黄世席、孙勇：《国际足联 DRC 和国际篮联 FAT 裁决制度之比较》，载《体育学刊》2010 年第 11 期。

［99］汪流、王凯珍：《中国体育类民办非企业单位发展研究》，载《北京体育大学学报》2010 年第 8 期。

［100］汪莉：《论行业协会自治权的权源及其性质》，载《学术界》2010 年第 7 期。

[101] 彭昕:《体育自治原则的法理解读》，载《天津体育学院学报》2010年第6期。

[102] 李超、范铭超:《体育纠纷与体育仲裁立法的若干法律思考》，载《体育科研》2010年第5期。

[103] 孙德红、田雨普:《中国体育发展战略研究会之研究》，载《天津体育学院学报》2009年第5期。

[104] 丁励翼、鲍明晓:《欧盟体育白皮书研究》，载《体育文化导刊》2009年第4期。

[105] 王家宏、陈华荣:《用尽体育行业内部救济原则反思——兼谈奥运会对我国社会治理的部分影响》，载《体育与科学》2009年第1期。

[106] 苏力:《体育：从事业到产业》，载《中国政法大学学报》2008年第4期。

[107] 冯果:《自治：商会法律制度的灵魂》，载《国家检察官学院学报》2008年第3期。

[108] 汪流、王凯珍、李勇:《我国体育类民间组织现状与未来发展思路》，载《成都体育学院学报》2008年第1期。

[109] 黎军:《基于法治的自治——行业自治规范的实证研究》，载《法商研究》2006年第4期。

[110] 黄世席:《〈反对在体育运动中使用兴奋剂国际公约〉研究》，载《武汉体育学院学报》2006年第3期。

[111] 张笑世:《体育纠纷解决机制的构建》，载《体育学刊》2005年第5期。

[112] 魏来、石春健:《体育非营利组织的界定》，载《体育学刊》2005年第3期。

[113] 孟凡强:《自发性群众体育组织成因的理论探讨——兼论后继实证研究面临的主要课题》，载《体育学刊》2006年第2期。

[114] 郭树理:《多元的体育纠纷及其救济机制的多元化》，载《浙江体育科学》2005年第2期。

[115] 韩丹:《阿诺德绝非“现代体育之父”——兼答熊斗寅同志的商榷之三》，载《体育与科学》2005年第2期。

[116] 季亚丽:《行业协会自治权的法律定位与制度研究》，载《山西省政法管理干部学院学报》2005年第1期。

[117] 司云:《中国学校体育研究会正式成立》，载《中国学校体育》2000年第4期。

[118] 高建萍:《欧洲发达国家群众体育管理的相关经济政策研究》，载《南京体育学院学报（社会科学版）》2004年第6期。

[119] 黄亚玲:《中国体育社团的发展——历史进程、使命与改革》，载《北京体育大学学报》2004年第2期。

[120] 谢海定:《中国民间组织的合法性困境》，载《法学研究》2004年第2期。

[121] 熊斗寅:《新版〈奥林匹克宪章〉解读》，载《体育文化导刊》2004年第2期。

[122] 郭树理:《建立中国体育仲裁制度的设想》，载《法治论丛》2004年第1期。

[123] 马志和、张林:《非营利体育组织发展前瞻：一个市民社会的视角》，载《天津体育学院学报》2003年第2期。

[124] 张江南、李爱群:《国际奥林匹克运动组织管理体制研究》，载《武汉体育学院学报》2003年第1期。

[125] 黄世席:《国际体育争端及其解决方式初探》，载《法商研究》2003年第1期。

[126] 周安平:《社会自治与国家公权》，载《法学》2002年第10期。

[127] 孙莉:《德治与法治正当性分析——兼及中国与东亚法文化传统之检省》，载《中国社会科学》2002年第6期。

[128] 陈泽兵:《社会转型期我国民间体育组织的发展研究》，载《成都体育学院学报》2002年第4期。

[129] 杨红云、张杰:《论体育纠纷的争端解决机制》，载《体育学刊》2002年第4期。

[130] 项建民:《知识经济时代的体育知识产权保护》，载《体育学刊》2002年第4期。

[131] 崔丽丽等:《全国性体育社团现状分析》，载《天津体育学院学报》2002年第4期。

[132] 崔丽丽等:《中国体育社团研究（综述）》，载《山东体育学院学报》2002年第1期。

[133] 漆多俊:《论权力》，载《法学研究》2001 年第 1 期。

[134] 邓正来:《社会秩序规则二元观——哈耶克法律理论的研究》，载《北大法律评论》1999 年第 2 期。

[135] 叶必丰:《论部门法的划分》，载《法学评论》1996 年第 3 期。

[136] 卢元镇:《论中国体育社团》，载《北京体育大学学报》1996 年第 1 期。

[137] 何增科:《市民社会概念的历史演变》，载《中国社会科学》1994 年第 5 期。

中文网络文献

[1] 国家体育总局:《签约方和 WADA 的附加责任与义务，〈世界反兴奋剂条例 2021〉》，https://www.sport.gov.cn/sszx/n15182/c977804/part/627931.pdf。

[2] 新华社:《国际刑警组织宣布将配合针对田径涉药腐败的调查》，http://www.sportsonline.com.cn/n/2015/1110/c22155-27797713.html.

[3] 中新网:《国际奥委会与国际足联批评〈欧盟体育白皮书〉》，https://www.chinanews.com.cn/ty/gjzq/news/2007/07-13/978376.shtml。

[4] 中国奥委会:《体育总会所属单项体育协会》，http://www.olympic.cn/sports/union/domestic/。

[5] 联合国:《教科文组织通过反对在体育运动中使用兴奋剂的公约》，https://news.un.org/zh/story/2005/10/43502。

[6] 联合国大会:《反对体育领域种族隔离国际公约》，https://www.un.org/zh/documents/treaty/files/A-RES-40-64-1.shtml。

[7] 联合国教科文组织:《反对在体育运动中使用兴奋剂国际公约（最后草案）》，https://www.un.org/chinese/documents/convents/docs/cordial.pdf。

[8] 世界知识产权组织:《内罗毕公约》，https://www.wipo.int/treaties/zh/ip/nairobi/summary_nairobi.html。

[9] 民政部:《2017 年社会服务发展统计公报》，http://www.mca.gov.cnarticle/sj/tjgb/2017/201708021607.pdf。

[10] 中国体育科学协会:《学会简介》，https://csss.scimall.org.cn/about/。

[11] 全国社会组织信用信息公示平台:《中国体育发展战略研究会》，https://xxgs.chinanpo.mca.gov.cn/gsxt/newDetails? b = eyJpZCI6IjUxMTAwMDAwNTAwMDA0MjZYRiJ9。

［12］国家体育总局：《新时期中国体育改革与制度创新》，https：//www.sport.gov.cn/n4/n15285/n15288/c964230/content.html。

［13］新华社：《国家体育总局将以足球等项目为试点深化体育管理体制改革》，http：//www.gov.cn/xinwen/2014-12/29/content_2798368.htm。

［14］中国体操运动管理中心：《体操运动管理中心简介》，https：//gymnastics.sport.org.cn/Olympic/inform/2015-01-20/463099.html。

［15］中国足球协会：《处罚决定》，https：//www.thecfa.cn/cftz/index_5.html。

［16］中国滑冰协会：《中国首次参加冬奥会背后的故事》，https：//new.qq.com/omn/20200428/20200428A0MHGX00.html。

［17］财政部、民政部、工商总局：《关于印发政府购买服务管理办法（暂行）》的通知，http：//news.cnr.cn/native/gd/20150104/t20150104_517296586.shtml。

［18］中国棒球协会：《组织机构》，http：//baseball.sport.org.cn/cba。

［19］中国篮球协会：《反兴奋剂》，https：//www.cba.net.cn/fxfjzlxz/index.html。

［20］中国举重协会：《反兴奋剂》，https：//www.cwa.org.cn/fanxingfenji/。

［21］中国自行车协会：《关于第十一届全国运动会自行车项目兴奋剂违规处罚实施细则的通知》，http：//images.sport.org.cn/File/2009/09/10/1203173454.pdf。

［22］网易网：《国际足联反腐败，最后只能靠美国》，http：//news.163.com/special/reviews/fifa0604.html。

［23］搜狐网：《因凡蒂诺案：国际足联丑闻何时休》，https：//www.sohu.com/a/411712580_120250661。

［24］网易网：《没收资金将归还国际足联》，https：//www.163.com/dy/article/GI88CO820549IKJ2.html。

［25］世界反兴奋剂机构：《签约方条例遵守国际标准 2021》，https：//www.sport.gov.cn/fxfjzx/n5555/c23943600/part/23944272.pdf。

学位论文

［1］魏可心：《国际体育赛事中操纵比赛行为的法律规制》，湖南师范大学 2021 年硕士学位论文。

［2］丁明露：《中国体育单项协会实体化改革研究》，中国政法大学 2020 年硕士学位论文。

[3] 罗莎:《国际体育组织管理类纠纷研究——以 CAS 数据库中“G”类判例为视角》，湖南师范大学 2020 年硕士学位论文。

[4] 邵沁雨:《国际体育组织做出中止会员资格处罚存在的问题与改善措施》，苏州大学 2020 年硕士学位论文。

[5] 刘亚萍:《关于社会自治规范与国家法规范衔接的思考》，中南财经政法大学 2018 年硕士学位论文。

[6] 任慧涛:《论体育治理理念》，江西财经大学 2016 年博士学位论文。

[7] 孙璐:《体育类民办非企业单位的治理研究》，北京体育大学 2016 年博士学位论文。

[8] 戴鸿磊:《中国体育社会组织治理研究》，大连理工大学 2016 年博士学位论文。

[9] 杨杰:《社会转型期中国体育科学学会改革研究》，北京体育大学 2015 年博士学位论文。

[10] 罗思婧:《体育行业自治与法律规制问题研究》，武汉大学 2014 年博士学位论文。

[11] 康晓磊:《全球视野下体育自治研究》，北京体育大学 2014 年博士学位论文。

[12] 朱文东:《欧盟体育经纪人法律制度研究》，湖南师范大学 2011 年硕士学位论文。

[13] 夏骄阳:《国际奥委会与国家奥委会法律问题研究》，湘潭大学 2008 年硕士学位论文。

[14] 张成元:《法治观念下的体育行业自治研究》，吉林大学 2007 年博士学位论文。

[15] 朱方毅:《国际体育争议可仲裁性研究》，湖南师范大学 2006 年硕士学位论文。

[16] 陆作生:《我国青少年体育俱乐部运营模式研究》，北京体育大学 2004 年博士学位论文。

英文著作

[1] András Gurovits, Sven Demeulemeester, The Sports Law Review, Belgium, Law Business Research Ltd, 2016.

[2] Erika Hasler, “The Basketball Arbitral Tribunal—An Overview of Its Process

and Decisions", in Antoine Duval and AntonioRigozzi, Yearbook of International Sports Arbitration, Hague, T. M. C. Asser Press The Hague, 2015.

[3] Chappelet, JL, Autonomyof sport in Europe. Europe: Council of Europe Publishing, 2010.

[4] Olivier Rabin, Yannis Pitsiladis. Acute Topics in Anti-Doping, Brussels, Medicine and Sport Science, 2007.

[5] M. Kaldor. H. Anheier. M. Glasius (eds.), Global Civil Society 2001, New York, Oxford University Press, 2001.

[6] W. LAMBRECHTS, "Ons rechtssysteem" in Werkgroep Sportrecht in beweging (ed.), Brugge, die Keure, 1995.

[7] InaKubbel. David Forrest, Corruption and Norms, Palgrave Macmillan Cham, 2018.

[8] Markus Breuer & Annika Engelbert, The Palgrave Handbook on the Economics of Manipulation in Sport, Palgrave Macmillan Cham, 2018.

英文期刊

[1] Abderrazak El AKARI, "Autonomy of sport and the state interventionCase of provisional sport committees in Morocco", The International Journal of Business Management and Technology 6, 2022.

[2] Jodi S. Balsam, "What NCAA V. Alston Means For Professional Sports Leagues", Brooklyn Law School Legal Studies 1, 2022.

[3] Sam C. Ehrlich, "Remembering The Lessons Of The Baseball Exenption IN NCAA v. Alston", Rutgers Law Record 22, 2021.

[4] Shaun Star, Sarah Kelly, "A level playing field in anti-doping disputes? The need to scrutinize procedural fairness at first instance hearings", International Sports Law Journal 21, 2021.

[5] Alan J. Meese, "Will The Supreme Court Recover Its Own Fumble? How Alston Can Repair The Damage Resulting From NCAA'S Sports League Exemption", Wake Forest Law Review Online 11, 2021.

[6] ClaudeStricker, "Geographical map of the three reference areas", The Economic Impact of International Sport Organizations in Switzerland 10, 2021.

[7] John Y. Doty, "Rock the Cash-bah! How Alston Presents a New Challenge

to the Amateurism Justification and Ways the NCAA Can Modernize to Remain Afloat", University Of Miami Business Law Review 9, 2021.

[8] Michael Delle Donne, "'The NCAA Is Not Above The Law': The Changing Landscape of College Athletics Changes Once Again", Journal of Business and Social Science Review 7, 2021.

[9] AprilHenning, "Dealing with doping. A plea for better science, governance and education", British Journal of Clinical Pharmacology 7, 2021.

[10] Spencer Harris, "An analysis of governance failure and power dynamics in international sport: the Russian doping scandal International", Journal of Sport Policy and Politics 5, 2021.

[11] Michael A. Carrier. "Christopher L. Sager The Alston Case: Why the NCAA Did Not Deserve Antitrust Immunity and Did Not Succeed Under a Rule-of-Reason Analysis", George Mason Law Review 4, 2021.

[12] John T. Holden, "Reimagining the Governance of College Sports After Alston", Forthcoming Florida Law Review 1, 2021.

[13] Richard W. Pound, "The Russian Doping Scandal: Some Reflections on Responsibility in Sport Governance", Journal of Olympic Studies 4, 2020.

[14] Sam Noshadha1, Zhanna Kushnir, "Modern sport and dispute resolution at the international arena", International Scientific Journal 2, 2020.

[15] Stacie Gray, "Achieving compliance with the world anti-doping code: learning from the implementation of another international agreement", International Journal Sport Policy Politics 11, 2019.

[16] Roger Pielke Jr, "An evaluation of good governance in US Olympic sport National Governing Bodies", European Sport Management Quarterly 6, 2019.

[17] Platts Smith, "The education, right and welfare of young people in professional football in England: some implication of White Paperon Sport", International Journal of Sport Policy 3, 2019.

[18] Windholz Eric & Hodge Graeme, "International Sports Regulation: An Evolving Private-Public Partnership", Monash University law review 1, 2019.

[19] AndrewMontalbanoI, "Making a Criminal: The James Gatto story-How NCAA Policies Have Threatened to Become Law", Virginia Sports And Entertainment

Law Journal 2, 2019.

[20] Stephanos Anastasiadis, "An Olympic-sized Challenge: Effect of Organizational Pathology on Maintaining and Repairing Organizational", Legitimacy in Sports Governing Bodies 1, 2019.

[21] Conor Slattery, "A New World Order: FIFA Fiscal Scandal Opens The Door For The United States Department Of Justice To Prosecute Crimes Committed Across The Globe Through The Use Of Extraterritorial Jurisdiction", Suffolk Transnational Law Review 41, 2018.

[22] Milena Parent, "Evolution and Issue Patterns for Major-Sport-Event Organizing Committees and Their Stakeholders", Journal of Sport Management 22, 2018.

[23] Jake Elijah Struebing, "Federal Criminal Law and International Corruption: An Appraisal of the FIFA Prosecution", New Criminal Law Review 21, 2018.

[24] Jorge Krieger, "No Struggle, No Progress: The Historical Significance of the Governance Structure Reform of the International Association of Athletics Federation", Journal of Global 11, 2018.

[25] DanielRead, "Balancing Mission Creep, Means, Effectiveness and Legitimacy at the World Anti-Doping Agency", Sports Society 6, 2018.

[26] Jean-LoupChappelet, "Beyond governance: The need to improve the regulation of international sport", Sport in Society 5, 2018.

[27] Mathew Dowling, Becca Leopkey, Smith Lee, "Governance in sport: a scoping review", Journal of Sport Management 5, 2018.

[28] NilesAsle Bergsgard, "Power and domination in sport policy and politics-three intertwined levels of exercising power", International Journal of Sport Policy and Politics 4, 2018.

[29] Tak Minhyeok. The politics of countermeasures against match-fixing in sport: A political sociology approach to policy instruments. International Review for the Sociology of Sport 53, 2018.

[30] Mike Leary, "Where Should They Go? Why the United States Should Have Jurisdiction over Those Being Charged in the FIFA Corruption Scandal", Loy. L. A. Int'l & Comp. L. Rev 40, 2017.

[31] Bruce B. Bean, "The Perfect Crime? FIFA and the Absence of Accounta-

bility in Switzerland", Maryland Journal Of International Law 32, 2017.

[32] Jean-LoupChappelet, "Beyond governance: the need to improve the regulation of international sport", Sport in Society 11, 2017.

[33] Alan Tomlinson, "The supreme leader sails on: leadership, ethics and governance in FIFA ", Sport in Society 9, 2017.

[34] TomSerby, "Sports Corruption: Sporting Autonomy, Lex Sportiva and the Rule of Law", Entertainment and Sports Law Journal 2, 2017.

[35] RabinPitsiladis, Acute Topics in Anti-Doping, Med Sport Science 62, 2017.

[36] Genevieve F. Birren Esq. & Dr. Robyn Lubisco, Whatever Happened to the International Convention Against Doping in Sport: The United States Ratified It, But Then What?, DePaul Journal of Sports Law 13, 2017.

[37] Sahiba Gill, "Whose Game? FIFA, Corruption and the Challenge of Global Governance", The European Journal of International Law 30, 2016.

[38] Milena Parent, "Stakeholder perceptions on the democratic governance of major sports event", Sport Management Review 19, 2016.

[39] FrancisFukuyama, "Governance: What do we know, and how do we know it? ", Annual Review of Political Science 19, 2016.

[40] Jean-LoupChappelet, "From Olympic administration to Olympic governance", Sport in Society 6, 2015.

[41] David Rowe, "Sports Journalism and the FIFA Scandal: Personalization, Co-optation, and Investigation", Communication & Sport 6, 2016.

[42] Arnout Geeraert, "Good governance in international sport organizations: an analysis of the 35 Olympic sport governing bodies", International Journal of Sport Policy and Politics 3, 2016.

[43] RogerPielke Jr, "Obstacles to Accountability in International Sports Governance, in Transparency International", Global Corruption Report: Sport 3, 2016.

[44] CatherineOrdway, "Governance and Anti-Doping: Beyond the Fox and the Hen House. Doping in Sport and the Law. Ed. Ulrich Haas and Deborah Healey", Oxford: Hart Publishing 2, 2016.

[45] Jean loup, "From Olympic administration to Olympic governance", Sports in Society 11, 2015.

[46] Emmanuel Baylea, "'FIFA-gate': an opportunity to clean up international sports governance", Soccer & Society 7, 2015.

[47] Henk Erik Meier, Borja García, "Protecting Private Transnational Authority Against Public Intervention: FIFA'S Power Over National Governments", Public Administration 4, 2015.

[48] GuillermoJorge, "Fixing FIFA: The Experience of the Independent Governance Committee", Southwestern Journal of International Law 21, 2014.

[49] Christopher JohnBoudreaux, "Bend it like FIFA: Corruption on and off the Pitch", Managerial Finance 9, 2014.

[50] John Criste, "The Mediation Protocol: The United States Olympic Committee's Experimental Trial with Mediation as a Form of Doping-Control Dispute Resolution", American Journal of Mediation 7, 2014.

[51] Arnout Geeraert, "A rationalist perspective on the autonomy of international sport governing bodies: towards a pragmatic autonomy in the steering of sports", International Journal of Sport Policy and Politics 7, 2014.

[52] Arnout Geeraert, "New EU governance modes in professional sport: enhancing throughput legitimacy", Journal of Contemporary European Research 3, 2014.

[53] Lloyd Freeburn, "The Union Cycliste Internationale: a study in the failure of organizational governance of an International Federation", International sports law 13, 2013.

[54] Roger Pielke Jr, "How can FIFA be held accountable?", Sports Management Review 12, 2013.

[55] Stuart Miller, "Good governance and anti-doping policy: an international federation view", International Journal of Sport policy and Politics 2, 2011.

[56] PaulDietschy, "Making Football Global? FIFA, Europe, and the Non-European Football World, 1912-74", Journal of Global History 2, 2013.

[57] Jean-Loup, "Basic Indicators for Better Governance in International Sport (BIBGIS): An assessment tool for international sport governing bodies", Jean-Loup Chappelet IDHEAP Working paper 1, 2013.

[58] DinoNumerato and Simone Baglioni, "The dark side of social capital: An ethnography of sport governance", International Review for the Sociology of Sport

5, 2012.

[59] Giulianotti Roland, "Mapping the Global Football Field: A sociological Model of Transnational Forces within the World Game", British Journal of Sociology 2, 2012.

[60] MacAloon, J, "Scandal and Governance: Inside and Outside the IOC 2000 Commission", Sport in Society 3, 2011.

[61] Jean-Loup Chappelet, "Towards better Olympic accountability", Sports in society 3, 2011.

[62] Ken Foster, "Global Administrative Law: The Next Step for Global Sports Law?", Sport & Law 1, 2011.

[63] Lorenzo Casini, "Global Hybrid Public-Private Bodies: The World Anti-Doping Agency", Draft paper for the Global Administrative Law Conference on Practical Legal Problems of International Organizations 3, 2009.

[64] Eva Sorensen, JacobTorfing, "Making governance networks effective and democratic through metagovernance", Public Administration 2, 2009.

[65] Dag Vidar Hanstad, "Drug Scandal and Organizational Change within the International Ski Federation: A Figurational Approach", European Sport Management Quarterly 8, 2008.

[66] Krejza, "The European Commission's White Paper on Sport", International Sport Law Journal 4, 2007.

[67] Dick Molenaar, "Scorpio and the Netherlands: Major Changes in Artiste and Sportsman Taxation in the European Union", European Taxation 2, 2007.

[68] Jin-kyung Park, "Governing Doped Bodies: The World Anti-Doping Agency and the Global Culture of Surveillance", Cultural Studies & Critical Methodologies 5, 2005.

[69] Andy Miah, "Governance, harmonisation, & genetics: The world anti-doping agency & its European connections", European Sport Management Quarterly 2, 2002.

[70] James A. R. Nafziger, "Arbitration of Rights and Obligations in the International Sports Arena", Valparaiso University Law Review 35, 2001.

[71] Marcia B. Nelson, "Stuck Between Interlocking Rings: Efforts to Resolve the Conflicting Demands Placed on Olympic National Governing Bodies", Vand. J.

Transnat'l 26, 1993.

[72] Cuffrey, S. , "Passing the baton", Brooklyn Journal of International Law 2, 2008.

英文网络文献

[1] Department of Justice, "Nine FIFA Officials and Five Corporate Executives Indicted for Racketeering Conspiracy and Corruption", https://www.justice.gov/opa/pr/nine-fifa-officials-and-five-corporate-executives-indicted-racketeering-conspiracy-and.

[2] JacobKornbeck, "White paper on sport", http://www.dualcareer.eu/wp-content/uploads/2017/01/White_Paper_on_Sports.pdf.

[3] International Olympic Committee, "The Olympic Charter", https://stillmed.olympics.com/media/Document%20Library/OlympicOrg/General/EN-Olympic-Charter.pdf? _ga=2.244262275.742837314.1651117090-1601210225.1643202403.

[4] WADA, "Governance", https://www.wada-ama.org/en/who-we-are/governance.

[5] WBSC, WBSC Statutes, https://static.wbsc.org/uploads/federations/0/cms/documents/48ebb7c0-0aad-df45-c502-28ebec82dbab.pdf.

[6] IHF, IHF Statutes, https://www.ihf.info/sites/default/files/2024-02/01%20-%20Statutes_E.pdf,

[7] UWW, UWW Anti-doping Rules, https://cdn.uww.org/2022-05/uww_adr2021_final_approved.pdf.

[8] FINA, "FINA Constitution", https://resources.fina.org/fina/document/2022/01/13/f21af7d9-dc04-45f5-90f6-711f67453b61/23_FINA-Constitution_18.12.2021.pdf.

[9] Alexandra Veuthey, Claude Ramoni, "The Sports Law Review: Switzerland", https://thelawreviews.co.uk/title/the-sports-law-review/switzerland.

[10] Michigan State International Law Review, "Ending Swiss Secrecy: Switzerland's Lex FIFA", https://www.msuilr.org/msuilr-legalforum-blogs/2018/2/15/ending-swiss-secrecy-switzerlands-lex-fifa.

[11] The Guardian, "Fifa awarded $201m in forfeited funds seized after global corruption probe", https://www.theguardian.com/football/2021/aug/25/fifa-awar-

ded-201m-in-forfeited-funds-seized-after-global-corruption-probe.

[12] FIBA, "FIBA General Statutes 2021", https://www.fiba.basketball/documents/fiba-general-statutes.pdf.

[13] FIFA, "FIFA Statutes 2021 Edition", https://digitalhub.fifa.com/m/7e791c0890282277/original/FIFA-Statutes-2021.pdf.

[14] BWF, BWF Statutes, https://corporate.bwfbadminton.com/statutes/, visited on 6 November 2024.

[15] IHF, "IHF General Regulation", http://www.fih.ch/media/13314742/fih-general-regulations-2018.pdf.

[16] IAAF, "IAAF Constitution", https://www.worldathletics.org/about-iaaf/documents/book-of-rules.

[17] World Rugby, "Disciplinary And Judicial Matters", https://www.world.rugby/organisation/governance/regulations/reg-20.

[18] World Triathlon, "Constitution", https://www.triathlon.org/uploads/docs/World_Triathlon_Constitution_2022.pdf.

[19] ISSF, "ISSF Constitution", https://www.issf-sports.org/getfile.aspx?mod=docf&pane=1&inst=452&file=ISSF%20Constitution%20ENGLISH.pdf.

[20] FIE, "FIE Statutes", https://static.fie.org/uploads/26/131723-FIE%20Statutes%20ang.pdf.

[21] FEI, "FEI Statutes", https://inside.fei.org/system/files/FEI%20Statutes_2019_CLEAN.pdf.

[22] FIG, "Gym Statutes", https://www.gymnastics.sport/publicdir/rules/files/en_Statutes%202022.pdf.

[23] ITF, "ITF constitution", https://www.itftennis.com/media/2431/the-constitution-of-the-itf-english-2022.pdf.

[24] FIH, "FIH General Regulation", http://www.fih.ch/media/13314742/fih-general-regulations-2018.pdf.

[25] UWW, "UWW constitution", https://cdn.uww.org/s3fs-public/2021-12/constitution_final_oct2021_eng.pdf? VersionId=8R300xkHAbgBdGos7wVAnq715y.Sdv3r.

[26] FIBA, "FIBA General Provision", https://www.fiba.basketball/internal-

regulations/book1/general-provisions. pdf.

[27] IFF, Field Statutes, https: //static. fie. org/uploads/26/131723 - FIE%20Statutes%20ang. pdf.

[28] Council of Europe, "Convention for the Protection of Human Rights and Fundamental Freedoms", https: //www. echr. coe. int/documents/convention_eng. pdf.

[29] European Court of Human Rights, "Semenya v. Switzerland (no. 10934/21)", https: //hudoc. echr. coe. int/eng# {%22itemid%22: [%22003-7021287-9471834%22]}.

[30] European Court of Human Rights, "Doping control: whereabouts requirement does not breach Convention", https: //hudoc. echr. coe. int/eng - press # {%22itemid%22: [%22003-5977677-7646084%22]}.

[31] European Court of Human Rights, "Ali Riza and Others v. Turkey", https: //hudoc. echr. coe. int/eng-press # {%22itemid%22: [%22003-6622299-8788049%22]}.

[32] European Court of Human Rights, " Harrison and Others v. the United Kingdom", https: //hudoc. echr. coe. int/eng# {%22itemid%22: [%22002-9357%22]}.

[33] European Court of Human Rights, "Ostendorf v. Germany", https: //hudoc. echr. coe. int/eng-press# {%22itemid%22: [%22003-4282482-5111626%22]}.

[34] European Court of Human Rights, "Osmanoğlu and Kocabasî v. Switzerland", https: //hudoc. echr. coe. int/eng - press # {%22itemid%22: [%22003 - 5592122 - 7062572%22]}.

[35] United Nations Educational, Scientific and Cultural Organization, "United States Ratifies International Convention against Doping in Sport", http: //portal. unesco. org/en/ev. php-.

[36] Emmanuel Saez, Henrik Kleven, Camille Landais, "Taxation and international migration of superstars: Evidence from the European football market", https: //voxeu. org/article/taxation-and-international-migration-football-s-superstars.

[37] Robby Houben, Anne Van De Vijver, "Taxing professional football in the EU", https: //www. europarl. europa. eu/committees/en/supporting - analyses/sa - highlights.

[38] Feigenbaum Consulting, "Tax Considerations for Professional Athletes in the U. S", https: //www. feigenbaumlaw. com/sports-entertainment/tax-considerations-for-professional-athletes-in-the-u-s/.

[39] David Schwartz, "Sports Law in the USA", https: //www. lexology. com/library/detail. aspx? g=27995df4-a1da-4b5c-bb5d-682e792471f4.

[40] Der Bundesgerichtshof, "Verurteilungen im Fußballwettskandal rechtskräftig", http: //juris. bundesgerichtshof. de/cgi-bin/rechtsprechung/document. py? Gericht = bgh&Art=en&Datum=Aktuell&nr=38302&linked=pm.

[41] 18 US Code § 224, "Bribery in sporting contests", https: //www. law. cornell. edu/uscode/text/18/224.

[42] Internet. de bundesrecht, "AntiDopG", www. gesetze-im-internet. de/bundesrecht/antidopg/gesamt. pd.

[43] RichardParrish, "The Autonomy of Sport: A Legal Analysis", https: //www. sportetcitoyennete. com/en/articles-en/the-autonomy-of-sport-a-legal-analysis.

[44] Tribunal Arbitral duSport, "Arbitration CAS 2020/O/6689 World Anti-Doping Agency (WADA) v. Russian Anti-Doping Agency (RUSADA), award of 17 December 2020", https: //jurisprudence. tas-cas. org/Shared%20Documents/6689. pdf.

[45] Tribunal Arbitral duSport, "Arbitration CAS 2019/O/6153 International Association of Athletics Federations (IAAF) v. Russian Athletics Federation (RUSAF) & Yulia Guschina, awards of 18 October 2019", https: //jurisprudence. tas-cas. org/Shared%20Documents/6153. pdf.

[46] Tribunal Arbitral duSport, "Arbitration CAS 2019/ADD/1 International Olympic Committee (IOC) v. Mikalai Novikau, award of 20 May 2019", https: //jurisprudence. tas-cas. org/Shared%20Documents/ADD%201. pdf.

[47] Tribunal Arbitral duSport, "Arbitration CAS 2013/A/3452 Indonesian Sporthorse Society/Pengurus Pusat Persatuan Olahraga Berkuda Seluruh Indonesia (PORDASI) v. Olympic Committee of Indonesia (KOI), award of 2 June 2015", https: //jurisprudence. tas-cas. org/Shared%20Documents/3452. pdf.

[48] Tribunal Arbitral duSport, "Arbitration CAS 2017/A/5166&5405 Palestine Football Association v. Fédération Internationale de Football Association (FIFA),

award of 9 July 2018", https: //jurisprudence. tas-cas. org/Shared%20Documents/5166,%205405. pdf.

[49] Tribunal Arbitral du Sport, "Arbitration CAS 2014/A/3863 Bulgarian Sport Shooting Federation (BSSF) v. International Sport Shooting Federation (ISSF) & Bulgarian Shooting Union (BSU), award of 25 August 2015", https: //jurisprudence. tas-cas. org/Shared%20Documents/3863. pdf.

[50] Tribunal Arbitral du Sport, "Arbitration CAS 2010/A/2275 Croatian Golf Federation (CGF) v. European Golf Association (EGA), award of 20 June 2011", https: //jurisprudence. tas-cas. org/Shared%20Documents/2275. pdf.

[51] FIFA, "Regulations Players' Agents", https: //digitalhub. fifa. com/m/61a181520bfe5b8c/original/noocabtokk00rft7ds71-pdf. pdf.

[52] Mr Heiner Kahlert, "The Basketball Arbitral Tribunal (BAT)", https: //jusmundi. com/en/document/wiki/en-the-basketball-arbitral-tribunal-bat.

[53] FIFA, "Procedural Rules Governing the Football Tribunal EN 01. 10", https: //digitalhub. fifa. com/m/29982feff2d2c0a9/original/Procedural-Rules-Governing-the-Football-Tribunal-EN-01-10. pdf.

[54] Tribunal Arbitral duSport, "CAS Mediation Rules", https: //www. tas-cas. org/fileadmin/user_upload/CAS_Mediation_Rules_2016__clean_. pdf.

[55] FIFA, "AboutFIFA", http: //www. fifa. com/about FIFA/index. html.

[56] ANTOIN D, "Time to Cure FIFA's Chronic Bad Governance Disease", http: //www. asser. nl/ SportsLaw/ Blog.

[57] Aaron N. Wise and Bruce S. Meyer, "International Sports Law and Business", http: //webcatplus. nii. ac. jp/webcatplus/details/creator/1026466. html.

[58] Tribunal Arbitral duSport, "Arbitration CAS 2012/A/2688 Persisam Putra Samarinda, Deltras Sidoardjo FC, Pelita Jay FC, L. & E. v. Football Association of Indonesia (PSSI), award of 12 April 2012", https: //jurisprudence. tas-cas. org/Shared%20Documents/2688. pdf.

[59] Council of Europe, "Council of Europe Convention on the Manipulation of Sports Competitions", https: //rm. coe. int/CoERMPublicCommonSearchServices/DisplayDCTMContent? documentId=09000016801cdd7e.

[60] LawEuro, Case of national faderation of sportspersons' associations and

unions (FNASS) and others v. France (European Court of Human Rights), https://laweuro.com/? p=9368.

[61] World Aquatics, Doping Control Rules, https://resources.fina.org/fina/document/2024/02/23/5c40fb38-66b0-4a8a-a124-55b0b5d1ccf9/World-Aquatics-Doping-Control-Rules.pdf.

[62] Olympic Review 2006, Olympic Games Global Impact, https://stillmed.olympic.org/Documents/Reports/EN/en_report_1077.pdf.

[63] Aists, The Economic Impact of International Sport Organizations in Switzerland, https://aists.org/wp-content/uploads/2022/01/AISTS-Ecoimpact-21-Full-Report-FINAL-EN.pdf.

[64] The Cornell Daily Sun, Court Convicts Paris on Charge Of Pro Briberg, https://cdsun.library.cornell.edu/? a=d&d=CDS19470109.2.4&e=--------en-20--1--txt-txIN--------, visited on 6 November 2024.

法律法规和体育组织文件

[1] 国务院:《社会团体登记管理条例（2016年修订）》，2016年2月6日。

[2] 国务院:《基金会管理条例》，2004年3月8日。

[3] 国务院:《反兴奋剂条例》，2004年1月13日。

[4] 国务院办公厅:《国务院办公厅关于加快发展体育产业的指导意见》，2010年3月19日。

[5] 中共中央办公厅、国务院办公厅:《关于加强社会团体和民办非企业单位管理工作的通知》，1996年11月。

[6] 国务院:《民办非企业单位登记管理暂行条例》，1998年10月25日。

[7] 国家体育总局:《全国性体育社会团体管理暂行办法》，2001年9月24日。

[8] 国家体育总局:《体育类民办非企业单位登记审查与管理暂行办法》，2000年11月10日。

[9] 国家体育总局政策法规司:《体育社会组织建设基本情况调研报告》，2022年5月。

[10] 国家体育总局政策法规司:《基层体育治理基本情况调研报告》，2022年5月。

[11] 全国人大:《中华人民共和国宪法》，2018年3月11日修正。

［12］中国足球协会:《中国足球协会章程》，https：//www. thecfa. cn/thecfa/upload/20191204/20191204132708684. pdf。

［13］中国足球协会:《中国足球协会纪律准则》，https：//imageoss. thecfa. cn/File/2019/02/26/1528165733. pdf。

［14］中国篮球协会:《中国篮球协会章程》，https：//cbanetcdn. cba. net. cn/u/cms/www/202302/14142404vp5q. pdf。

［15］中国网球协会:《中国网球协会章程》，https：//www. tennis. org. cn/notice/xiehui/2023/0401/611485. html。

［16］中国射击协会:《中国射击协会章程》，http：//www. shooting. org. cn/about/regulations/2016/0929/132776. html。

［17］中国射箭协会:《中国射箭协会章程》，http：//www. archerysport. org. cn/about/regulations/2024/0416/600492. html。

［18］中国手球协会:《中国手球协会章程》，http：//handball. sport. org. cn/association/regulations/2020/0817/353524. html。

［19］中国垒球协会:《中国垒球协会章程》，http：//softball. sport. org. cn/xiehui/zhuxi/2018/0601/333930. html。

［20］中国棒球协会:《中国棒球协会章程》，http：//baseball. sport. org. cn/about/baseball/2019/0805/411026. html。。

［21］中国举重协会:《中国举重协会章程》，https：//www. cwa. org. cn/guanyuxiehui/xiehuizhangcheng/2018/1109/192132. html。

［22］中国柔道协会:《中国柔道协会章程》，https：//judo. sport. org. cn/ziliaoku/xiangguanziliao/2014/0923/186019. html。

［23］中国拳击协会:《中国拳击协会章程》，http：//boxing. sport. org. cn/zlk/2015/0707/314566. html。

［24］中国摔跤协会:《中国摔跤协会章程》，https：//wrestling. sport. org. cn/gyxh/。

［25］中国田径协会:《中国田径协会章程》，http：//www. athletics. org. cn/bulletin/gzzd/2020/0512/338307. html。

［26］中国赛艇协会:《中国赛艇协会章程》，http：//www. rowing. org. cn/cra/regulations/2004/0602/331656. html。

［27］中国帆船帆板运动协会:《中国帆船帆板运动协会章程》，https：//

www. chinasailing. org. cn/notice/664。

［28］中国冰球协会：《中国冰球协会章程》，http：//icehockey. sport. org. cn/about/zcgd/2017/1020/160273. html。

［29］中国马术协会：《中国马术协会章程》，https：//www. c-e-a. org. cn/news-info-1994. html。

［30］中国乒乓球协会：《中国乒乓球协会章程》，https：//www. ctta. cn/zlk/2019/0225/207701. html。

［31］中国排球协会：《中国排球协会章程》，http：//www. volleychina. org/regulation. html。

［32］中国羽毛球协会：《协会介绍和组织机构》，http：//www. cba. org. cn/gyxh/。

［33］中国击剑协会：《中国击剑协会章程》，http：//fencing. sport. org. cn/zlk/2014/1217/235194. html。

［34］中国空手道协会：《国家空手道对反兴奋剂管理办法》，https：//xhjs2. sports. cn/xhimg/soft/211025/11-211025114500639. pdf。

［35］中国跆拳道协会：《中国跆拳道协会反兴奋剂工作实施细则》，https：//xhimg. sports. cn/Image/soft/211025/6-21102511312Q27. pdf。

［36］中国滑冰协会：《中国滑冰协会章程》，https：//115. 29. 143. 203/Constitution/index. aspx。

图书在版编目（CIP）数据

国际体育组织自治的法治化研究 / 乔一涓著. 北京 ： 中国法治出版社，2024. 12. -- ISBN 978-7-5216-4901-7

Ⅰ. D912. 16

中国国家版本馆 CIP 数据核字第 2024PJ6773 号

策划编辑：赵　宏　　责任编辑：王　悦　　封面设计：杨鑫宇

国际体育组织自治的法治化研究

GUOJI TIYU ZUZHI ZIZHI DE FAZHIHUA YANJIU

著者/乔一涓

经销/新华书店

印刷/北京虎彩文化传播有限公司

开本/710 毫米×1000 毫米　16 开　　印张 / 17. 25　字数 / 269 千

版次/2024 年 12 月第 1 版　　2024 年 12 月第 1 次印刷

中国法治出版社出版

书号 ISBN 978-7-5216-4901-7　　定价：79. 00 元

北京市西城区西便门西里甲 16 号西便门办公区

邮政编码：100053　　传真：010-63141600

网址：http：//www. zgfzs. com　　**编辑部电话：010-63141831**

市场营销部电话：010-63141612　　**印务部电话：010-63141606**